本书出版受到国家自然科学基金（ 41301156 ）和国家旅游局旅游业青年专家培养计划（TYEPT201435）的支持

高等院校旅游管理专业“十三五”规划教材

中国旅游文化与非物质文化遗产

主　编　李江敏　苏洪涛
副主编　张玉珍　梁玥琳

WUHAN UNIVERSITY PRESS
武汉大学出版社

图书在版编目(CIP)数据

中国旅游文化与非物质文化遗产/李江敏,苏洪涛主编.—武汉:武汉大学出版社,2017.9

高等院校旅游管理专业"十三五"规划教材

ISBN 978-7-307-19646-9

Ⅰ.中… Ⅱ.①李… ②苏… Ⅲ.①旅游文化—中国—高等学校—教材 ②非物质文化遗产—中国—高等学校—教材 Ⅳ.①F592 ②G122

中国版本图书馆 CIP 数据核字(2017)第 219119 号

责任编辑:陈 红　　责任校对:汪欣怡　　版式设计:马 佳

出版发行:**武汉大学出版社**　(430072 武昌 珞珈山)

(电子邮件:cbs22@ whu. edu. cn 网址:www. wdp. com. cn)

印刷:湖北省京山德兴印务有限公司

开本:720×1000 1/16 印张:14 字数:280 千字 插页:1

版次:2017 年 9 月第 1 版 2017 年 9 月第 1 次印刷

ISBN 978-7-307-19646-9 定价:32.00 元

第一章　中国传统建筑文化

第一节　中国传统建筑概况

古代建筑是各种族、各民族传统文化的真实载体，具有很强的地域性、民族性和时段性，是了解各地区文化及其发展的一个重要侧面。中国建筑、欧洲建筑和伊斯兰建筑遗址延续至今，被称为世界三大建筑体系。

一、中国传统建筑的发展历程

中国最早的建筑诞生于距今约 1 万年的新石器时代初期，即原始农业开始出现，人们的定居要求开始增强时。而最早显现出关于美的即广义艺术要求的建筑，则出现于公元前 4000 年的新石器时代中期。随后，中国土木结构的建筑历程大致经历了雏形期、发展期、成熟期和总结期四个阶段。

1. 雏形期(夏—春秋)

早在 50 万年前的旧石器时代，中国原始人就已经知道利用天然的洞穴作为栖身之所，北京、湖北、辽宁、贵州、广东、浙江等地均发现了原始人居住过的崖洞。

到了新石器时代，黄河中游的氏族部落开始利用黄土层做墙壁，用木构架、草泥建造穴居、半穴居住所，进而发展为地面上的建筑，并逐渐形成了氏族部落。长江流域，潮湿多雨，常有水患兽害，因而发展成为干栏式建筑。这是中国古建筑的草创阶段。

夏朝木构技术较之原始社会有了很大提高，已有斧、刀、锯、凿、钻、铲等加工木构件的专用工具。木构架和夯土技术均已初步形成，并取得了一定的进步。西周时期，木构架已成为主要的结构方式。屋顶已开始使用陶瓦，而且木构架上饰有彩绘。这标志着中国古代建筑，不论是夯土技术、木构技术，还是建筑的立面造型、平面布局，以及建筑材料的制造与运用，色彩、装饰的使用，都具备了基本的雏形。这为中国古代建筑以后历代发展奠定了基础。

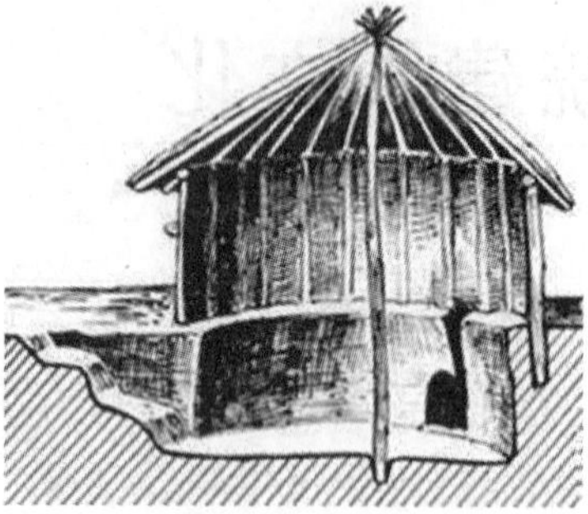
半穴居住所

干栏式建筑

2. 发展期(战国—南北朝)

战国时期出现了砖和彩画。秦汉时期，我国古代建筑的许多主要特征已形成，如建筑具有屋顶、屋身和台基三部分；木构架结构技术已日渐完善，其主要结构方法抬梁式和穿斗式已发展成熟。东汉时出现了全部石造的建筑物，如石祠、石阙和石墓。这些都共同演绎着一个“秦砖汉瓦”的宏阔时代。

魏晋南北朝时期，在建筑材料方面，砖瓦的产量和质量有所提高，金属材料被用作装饰。在技术方面，大量木塔的建造，显示了木结构技术的提高。

3. 成熟期(隋—宋)

隋唐时期，砖的应用逐步增多，砖墓、砖塔的数量增加；琉璃的烧制水平和质量比南北朝有了很大的提升，使用范围也更为广泛，出现了以“材”为木构架设计的标准，从而使构建的比例形式逐步趋向定型化。建筑与雕刻装饰进一步融合、提高，创造出了统一和谐的风格。我国现存最早的木结构建筑的实物仅有唐代的五台山南禅寺和佛光寺部分建筑，其建筑特点是，单体建筑的屋顶坡度平缓，出檐深远，斗拱比例较大，柱子较粗壮，多用板门和直棂窗，风格庄重朴实。

宋朝建筑的规模一般比唐朝小，但出现了各种复杂形式的殿阁楼台，创造了很多华丽精美的作品。建筑构件的标准化在唐代的基础上不断发展，各工种的操作方法和工料的估算都有了较严格的规定，并且出现了总结这些经验的建筑文献《营造法式》。《营造法式》是北宋政府为了管理宫室、坛庙、官署、府邸等建筑工程而颁布的，是各种建筑的设计、结构、用料和施工的“规范”。

4. 总结期(元—清)

元明清三代是中国建筑的充实和总结阶段。元大都按照汉族传统都城的布局建造，是一个规模巨大、规划完整的都城。从西藏到大都建造了很多藏传佛教寺院和塔，大都、新疆、云南及东南地区的一些城市陆续兴建了伊斯兰教礼拜寺，藏传佛教和伊斯兰教的建筑艺术逐步影响全国各地。

明清时期是中国古建筑体系的最后一个高峰期。明代大部分城墙和一部分规模巨大的长城都用砖包砌，地方建筑业大量使用砖瓦。琉璃瓦的生产，无论数量或质量都超过过去任何朝代。民间建筑的类型与数量增多，质量也有所提高。各民族的建筑也有了发展，地方特色更加显著。皇家和私人的园林在传统基础上有了很大的发展，在明末出现了一部总结造园经验的著作——《园冶》，激发了造园事业向更高的层次发展。

二、中国古代建筑的基本要素与工艺特点

中国古代建筑孕育、发展于整个中华文化的背景之中，社会意识形态对中国古代建筑有着深远的影响，如敬天祀祖的礼制思想，以皇权为核心的等级思想，以家长为中心的家族思想在建筑中得到充分反映；古代建筑重在以平面构图为特色，注重群体的组合效果；在与环境的关系中注重与自然的高度协调，尊重自然，在艺术表现中重视对中和、平易、含蓄而深沉的美的追求。

中国古代建筑的具体特点表现为：

1. 使用木材砖瓦作为主要材料

木架建筑是我国古代建筑成就的主要代表。它之所以如此长期、广泛地被作为一种主流建筑类型加以使用，是因为它与其他种类相比，具有取材方便、适应性强、抗震性好、施工快捷、便于修缮等优点，更适宜中国的地理环境和资源特征。中国古代有着丰富的森林资源，木材质地较轻软，便于加工和运输，因而木材成为中国古代建筑的主要材料。

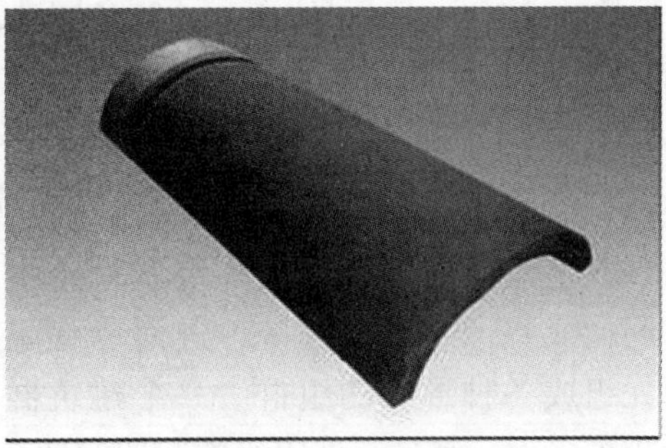

2. 采用框架式结构

中国古代建筑以木构架为主要的结构方式。此结构方式，由立柱、横梁、顺檩

等主要构件建造而成，各个构件之间的节点以榫卯相吻合，构成富有弹性的框架。中国古代木构架有抬梁、穿斗和井杆三种不同的结构方式。

抬梁式构架

穿斗式构架

3. 灵活安排空间布局

中国古代建筑采用框架结构，承重与围护结构分工明确。屋顶重量由木构架来承担，外墙起遮挡阳光、隔热防寒的作用，内墙起分割室内空间的作用。墙体隔墙只起围护作用，并不要求承重，所以有些可以移动或拆除，使室内空间的大小、形状根据需要加以改变。

4. 实行单体建筑标准化

中国古代的宫殿、寺庙、住宅等，都是由若干单体建筑结合配置成组群。无论单体建筑规模大小，其外观轮廓均由基座、屋身、屋顶三部分组成。各种单体建筑的各部分乃至用料、构件及尺寸、彩画都是标准化、定型化的，并按照礼制的规定来应用，每间房屋的面阔、进深和所需构件的断面尺寸，至南北朝后期已有一套模数制的方法。

5. 重视建筑组群平面布局

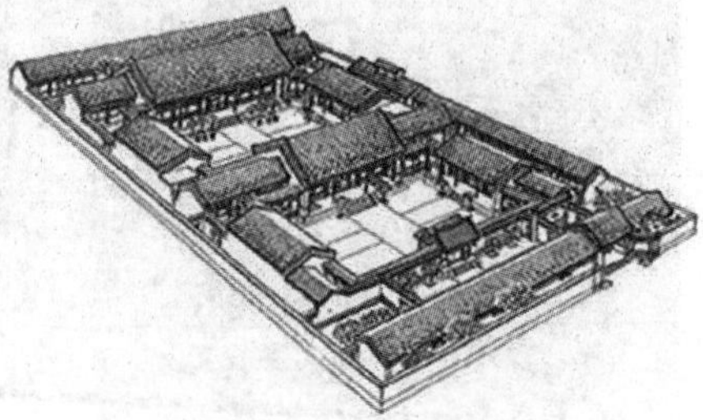

所谓建筑组群的平面布局，就是建筑单体在平面上的布局方式与规律。中国古代建筑体系平面布局方面遵循着一种简明规律，就是以“间”为单位构成建筑单体，再以三座或四座建筑单体围绕着一个中心空间构成一个封闭的庭院，进而以庭院为单元组成各种形式的组群。一个建筑群不管规模多大，都是与外隔绝的封闭空间。每一个建筑组群至少有一庭院，大的建筑都采用均衡对称的方式，以庭院为单元，沿着纵轴线与横轴线进行设计，借助于建筑群体的有机组合和烘托，使主体建筑显得格外宏伟壮丽。

6. 运用色彩装饰手段

中国古代建筑所用材料以木材为主，由于木材极易受风雨侵蚀及虫蚁蛀蚀，为延长木结构的使用年限，人们在木结构的表面涂饰油漆，在有些部位绘制各种图案，称彩画。彩画多出现在内外檐的梁枋、斗拱及室内天花、藻井和柱头上，构图与构件形状密切结合，绘制精巧，色彩丰富。

三、中国古代建筑的基本构件

1. 台基

台基又称基座，是高出地面的建筑物底，用以承托建筑物，另有防潮、防腐功能，同时可弥补中国古建筑单体建筑不甚高大雄伟的欠缺。台基大致有四种类型。

(1)普通台基：用素土或灰土或碎砖三合土夯筑而成，约高1尺，常用于小式建筑。

(2)较高级台基：较普通台基高，常在台基上边建汉白玉栏杆，用于大式建筑或宫殿建筑中的次要建筑。

(3)更高级台基：即须弥座，又称金刚座。“须弥”是古印度神话中的山名，相传位于世界中心。须弥座用作佛像或神龛的台基，用以显示佛的崇高伟大。上有凹凸线脚和纹饰，台上建有汉白玉栏杆，常用于宫殿和著名寺院中的主要殿堂建筑。

(4)最高级台基：由几个须弥座相叠而成，从而使建筑物显得更为宏伟高大，常用于最高级建筑，如故宫三大殿和山东曲阜孔庙大成殿，即耸立在最高级台基上。

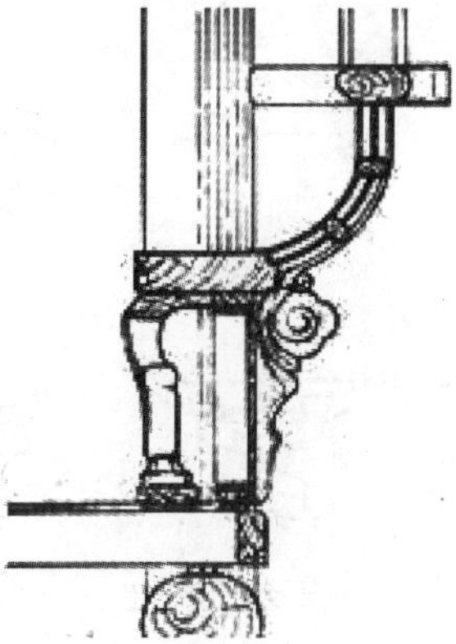

立柱

2. 柱

柱是单体建筑最重要的承重构件，是建筑的“腿”，它把建筑的荷载传递到基础上。常用松木或楠木制成圆柱形木头，置于石头(有时是铜器)为底的台上。多用木头圆柱，用于支撑屋面檩条，形成梁架。

3. 开间

四根木头圆柱围成的空间称为“间”。建筑物迎面的间数称为“开间”，或称为“面阔间数”。建筑物的纵深间数称“进深”。中国古代以奇数为吉祥数字，所以平面组合中绝大多数的开间为单数，而且开间越多，等级越高。一般9间为最高等级，北京故宫太和殿、北京太庙大殿为例外，开间达到11间。

开间

4. 大梁

大梁又称横梁，是架于木头圆柱上的一根最主要的木头，用以形成屋脊。常用松木、榆木或杉木制成。它是中国传统木结构建筑中骨架的主件之一。

5. 斗拱

斗拱是中国古代木结构建筑中的一种支承构件。方形木块叫斗，弓形短木叫拱，斜置长木叫昂，总称为斗拱。一般处于柱顶、额坊与屋顶之间，用来支撑荷载梁架、挑出屋檐，兼具装饰作用。斗拱的大小与出挑的层数有关，层数越多，等级越高。

6. 彩画

彩画的作用原是使木结构防潮、防腐、防蛀，后来才突出其装饰性，宋代以后彩画已成为宫殿不可缺少的装饰艺术。可分为三个等级。

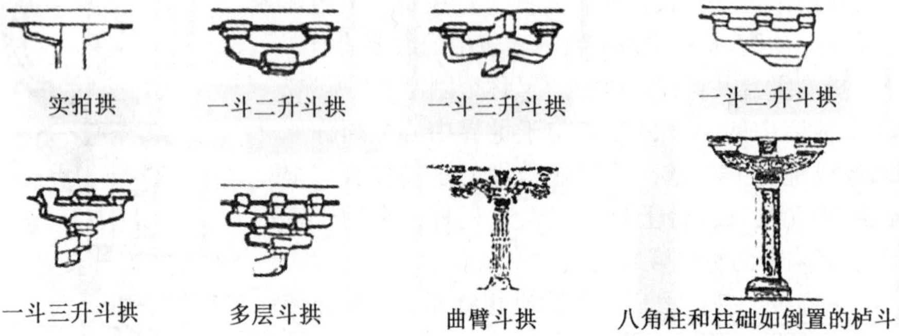

斗拱样式

(1)和玺彩画：等级最高的彩画，其主要特点是：中间的画面由各种不同的龙或凤的图案组成，间补以花卉图案；画面两边用《》框住，并且沥粉贴金，金碧辉煌，十分壮丽。

(2)旋子彩画：等级次于和玺彩画。画面用简化形式的涡卷瓣旋花，有时候也可画龙凤，两边用《》框起，可以贴金粉，也可以不贴金粉。一般用于次要宫殿或寺庙中。

(3)苏式彩画：等级低于前两种。画面为山水、人物故事、花鸟鱼虫等，两边用《》或( )框起。“( )”被建筑家称为“包袱”，苏式彩画便是从江南的包袱彩画演变而来的。

7. 屋顶(屋盖)

我国较常见的屋顶有多种形式，在此笔者根据实际情况，仅介绍庑殿顶、歇山顶、攒尖顶、悬山顶、硬山顶五种形式。

(1)庑殿顶：四面斜坡，有一条正脊和四条斜脊，屋面稍有弧度(有重檐)。

(2)歇山顶：是庑殿顶和硬山顶的结合，即四面斜坡的屋面上部分转折成垂直的三角形墙面。由一条正脊、四条垂脊、四条戗脊组成，所以又称为九脊顶(有重檐)。

(3)攒尖顶：平面为圆形或多边形，上为锥形的屋顶，没有正脊，有若干屋脊交于上端。一般亭、阁、塔常用此形式屋顶(有重檐)。

(4)悬山顶：屋面双坡，两侧伸出山墙之外，屋面上有一条正脊和四条垂脊，又称挑山顶(无重檐)。

(5)硬山顶：屋面双坡，两侧山墙与屋面齐平，或略高于屋面(无重檐)。

根据建筑物屋顶重檐>单檐的原理，所以屋顶形式的等级大小依次是：重檐庑殿式>重檐歇山式>重檐攒尖式>单檐庑殿式>单檐歇山式>单檐攒尖式>悬山式>硬山式。

四、中国传统建筑与数字文化

数字进入文字禁忌系统，是因为其他非数字的字词和它们同音，这就赋予了数字好或坏的含义。举例来说，数字“0”可以代表“虚无”、“完美”或“上帝”，就像表示它的圆圈一样意为“无限的”。

在中国古代，数字9具有特殊的意义。因为9是最大的单数，9被认为是极其幸运的数字。因此，9象征拥有最高权力的皇帝。基于这个原因，人们在设计宫殿的结构时，往往会采用数字9或9的倍数。最显著的例子就是宫殿大门上的饰钉数量，通常有9排，且每排9个，共81个。

北京颐和园有一座十七拱桥，也与9密切相关。无论从哪边开始数，该桥最大的跨度拱都是中间的第九拱。数字9还有一个极端的例子，就是天坛的圜丘坛。这座三层祭坛的最上层由9圈同心圆的地砖组成。第一圈是由9块扇形砖组成，第二圈是18(2×9)块砖，第三层是27(3×9)块……直到第九圈是由81(9×9)块砖组成。

数字9有时还和数字5合用，以代表皇家的威严。天安门的人民大会堂长9开间，宽5开间。紫禁城中有很多地方也都体现了这些神秘的数字。如：显示皇帝权威的太和殿的结构是面阔9间，进深5间，二者之比刚好为9∶5。

第二节　宫殿建筑文化

宫殿是中国古代最隆重的建筑物，多为帝王朝会和居住的地方，规模宏大，形象壮丽，格局严谨，给人强烈的精神感染，突现王权的尊严。中国传统建筑文化注重巩固人间秩序，与西方和伊斯兰建筑以宗教建筑为主不同，中国建筑成就最高、规模最大的就是宫殿。

一、宫殿建筑的布局

中国古代宫室殿堂建筑，既重视内外有别、公私分明的世俗建筑理念，形成仪式、典礼的外朝，处理政务的治朝和生活起居的三朝五门基本制度；又重视国家同构、前朝后寝的政权建筑格局和“外有九室，九卿朝焉”、“内有九室，九嫔居之”和“左祖右社”的宫殿建筑文化。

1. 前朝后寝

“前朝后寝”(也称前殿后宫)是宫室(或宫殿)自身的布局，中国古代宫殿是帝王处理国家大事与日常生活的地方。这两种不同行为的活动空间，在宫殿建筑组群布局中有着严格的规定。大体上有前后两部分，一墙之隔，“前堂后室”，即“前朝后寝”。所谓“前朝”，即为帝王上朝治政、举行大典之处。所谓“后寝”，即帝王和后妃们生活居住的地方。

2. 左祖右社

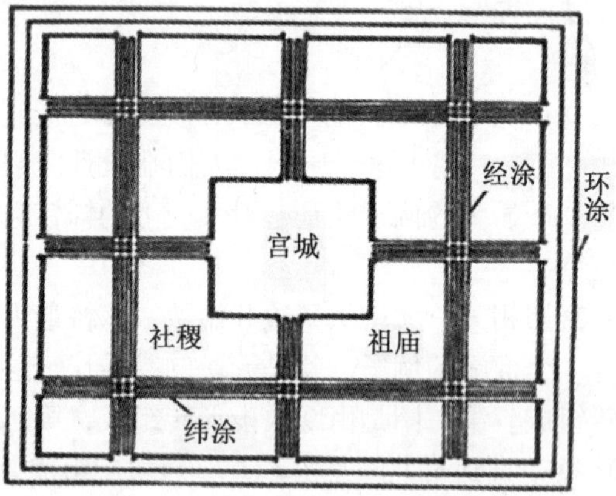

左祖右社，又称左庙右社。中国的礼制思想有一个重要内容，即崇敬祖先，提倡孝道，祭祀土地神和粮食神。有土地才有粮食，“民以食为天”。宫殿中的左祖右社，正是体现了这些观念。

所谓“左祖”，是在宫殿左前方设祖庙。祖庙是帝王祭祀祖先的地方，因为是天子的祖庙，故称太庙；所谓“右社”，即在宫殿右前方设社稷坛。社为土地，稷为粮食。社稷坛是帝王祭祀土地神、粮食神的地方。古代以左为上，所以左在前，右在后。在宫殿的左边(东)设祖庙，右边(西)设社稷，左右对称，便成了中国宫殿的“标准配置”。

3. 中轴对称

中国皇家宫殿建筑因敬天祀祖的礼制思想和捍卫皇权的统治需要，从大处看，特别讲究平分中轴的公允中庸之道，前呼后拥、左右对称的皇恩浩荡之势，前朝后寝、左祖右社的等级家族思想和中央集权、四方俯首的帝王威仪。在驾天役地、唯我独尊的气魄中，又十分注意民主仁德形象，使建筑布局既统一格局又自成天地。

4. 三朝五门

根据帝王朝事活动内容的不同，它们分别在不同规模的殿堂内举行，自古确立了三种朝事活动的殿堂。所谓“三朝”指大朝、内朝、外朝。与大朝、内朝、外朝三朝制度相对应的建筑，则有奉天殿(太和殿)、华盖殿(中和殿)、谨身殿(保和殿)三座大殿。

所谓五门制，即在举行大型朝事活动的宫殿庭院前，沿中线以五道门及辅助建筑构成四座庭院，作为大朝宫殿前的前导空间。这五道门由内向外依次称为朝门、宫门、宫城前导门、皇城门和皇城前导门。

5. 三宫六院

“三宫六院”可以反映出皇家宫殿的一些特制。“三宫六院”泛指帝王的妃嫔，“三宫”是指乾清宫(皇帝住所)、坤宁宫(皇后住所)、交泰殿(存放珍宝、礼品以及皇后生日庆典的地方)，三宫居于建筑群之中。“六院”是指位于“三宫”两侧的东路六宫和西路六宫，这些皇宫均为皇帝后妃、子女居住以及皇帝祭祀、习武等的地方，因为这些建筑物都采用庭院风格，所以总称“六院”。

二、宫殿建筑中的陪衬建筑

古代的宫殿建筑等大型建筑物前面大多会修建一些陪衬建筑，这些建筑或用作装饰，或用作标志，或各具功用。这些建筑和古代宫殿一样，代表着中华建筑文明，成为传统建筑中的标志性建筑。

1. 华表

古代设在宫殿、城垣、桥梁、陵墓前作为标志和装饰用的大柱。设在陵墓前的又名墓表。一般为石制，柱身通常雕有蟠龙等纹饰，上为方板和蹲兽。华表高高耸立，既体现了皇家的尊严，又给人以美的享受，竖立于皇宫和帝王陵园之前，将其作为皇家建筑的特殊标志。

2. 石狮(或铜狮)

宫殿大门前都有一对石狮(或铜狮)。石狮(或铜狮)有辟邪的作用。又因为狮是兽中之王，所以又有显示“尊贵”和“威严”的作用。按照中国文化传统习俗，成对石狮系左雄右雌。还可以从狮爪所踩之物来辨别雄雌。爪下为球，象征着统一环宇和无上权力，必为雄狮。爪下踩着幼狮，象征着子孙绵延，必定是雌狮。

3. 嘉量与日晷

嘉量是中国古代的一种标准量器，有统一度量衡的意义，象征着国家统一和强盛。它一般放置于宫殿前和重要的场所，表示皇帝办事公正(有点类似今天法院的标志“天平”)，是皇权的象征。

日晷是古时的一种计时器，形式为在一个有刻度的圆盘中央垂直装一根金属棒(晷针)，利用太阳投影和地球自转的原理，根据指针所产生的阴影位置指示时间。针影随着太阳运动而移动，刻度盘上的不同位置表示不同的时辰。在倾斜的50度的晷盘中心，立有一根与盘垂直的铁针，针上端指北极，下端指南极，正午时太阳照射，铁针的影子正好落在正北方向，盘的上下两侧均刻有计算精密的时辰，根据投影的长短和方向来确定时间。皇家使用，不但借以计时，还寓意“王”恩如日，光辉普照。

4. 吉祥缸

置于宫殿前盛满清水以防火灾的水缸，有的是铜铸的。古代称为“门海”，以比喻缸中水似海，可以扑灭火灾，故又被誉为吉祥缸，如北京故宫的吉祥缸。古时每年冬天在缸外套上棉套，覆上缸盖，下边石座内燃烧炭火，以防止冰冻，直到天气回暖时才撤火。

5. 鼎式香炉

鼎式香炉，一般摆放在丹陛之上，在这里，丹是红的意思，陛原指宫殿前的台阶。古时宫殿前的台阶多饰红色，故名“丹陛”。鼎式香炉作为宫殿中陈列物由来已久，造型多样，这类香炉是在铜鼎上再设置重檐式结构。每逢大典，炉内燃烧松柏枝及檀香，香烟缭绕，渲染一种神秘庄严的气氛。鼎的造型既沉稳又坚固，体现了国泰民安，象征着政权稳固，鼎也就成为国之重器。

6. 铜龟与铜鹤

中国古代传说中龟、鹤乃神灵之动物，寿命长，故而在宫殿前陈列，象征“万寿无疆，皇朝永存”。铜龟和铜鹤的背项均有活盖，腹中空，与口相通。太和殿举行盛大典礼时，于铜龟和铜鹤腹内点上松香、沉香、松柏枝等香料，青烟自铜龟和铜鹤口中袅袅吐出，令大铜炉香烟缭绕，增加了“神秘”和“庄严”的气氛。

7. 轩辕镜

大殿天花板正中向上隆起一个如伞如盖的蟠龙藻井（藻井也是一种寓意防火的装饰），神龙俯首下视，口叼一巨珠，该巨珠被六个小球环绕，叫做轩辕镜。据说，轩辕镜是轩辕黄帝所制，为辟邪正统之器。轩辕镜与蟠龙一起构成游龙戏珠，既表明历代帝王都是黄帝正统继承人，也暗喻普天之下都属王臣。

太平有象

8. 太平有象

象体大、粗壮，性格温驯而又威严，其四脚立地，稳如泰山。在宫殿皇帝宝座之旁立象，既表示皇帝的威严，又象征社会的安定和政权的稳固。象身上驮一金瓶，瓶内盛五谷或吉祥物，含有五谷丰登、吉庆有余或其他吉祥之意。

9. 角端与仙鹤

角端是古代传说中的神异之兽，能日行一万八千里，通晓四夷之语，置其于帝座旁，显示皇帝是圣明之君。仙鹤亦为传说中的神鸟，它能青春常在，置其于帝座侧，表明江山永世长存。

10. 盘龙香亭

香亭，雏形为香炉，后发展为香筒，再进一步演变为香亭。亭下盘内燃放檀香，缕缕青烟从镂空的亭身升起，恰如置身云雾间。因亭子有安定之意，置其于宫殿内，可显示天下大治，国家安定稳固。

11. 吻兽

吻兽是指建筑在屋脊上的各种兽形构件，属于琉璃建筑艺术。这种艺术始于晋代，使古建筑物既有封建等级观念和封建迷信意义，又兼顾美观、保护瓦钉、加固屋脊的功能。吻兽是通常置于古代大型建筑屋脊上的“避邪物”，传说可以驱逐来犯的厉鬼，守护家宅的平安，并可冀求丰衣足食、人丁兴旺。为此，不论是建筑等级高还是低的宅主均在戗脊端、角脊上饰有“龙”来避邪，并以此来显示宅主的职权和地位。在佛教里，奇数表示清白，所以在屋脊上装饰的跑兽大多是奇数。

三、紫禁城的建筑文化

紫禁城的建筑面积约 16 万平方米，建筑共有房屋九千余间。

（一）紫禁城重要建筑

1. 午门

午门是紫禁城的大门，也是皇帝下诏书、下令军队出征和军队凯旋向皇帝献战俘的地方，所以它是紫禁城最重要的一座大门。午门的形式是在高高的城台上，中央有一座面阔九间的大殿，采用重檐庑殿式屋顶。在午门城台下面有三个门洞，在左右城台的北头还各有一座门称掖门。正面中央的门是专供皇帝进出紫禁城使用。除皇帝之外，皇后在结婚入宫时可从此门进入；各省的举人汇集京城接受皇帝御试，

午门

考中第一、二、三名者可由此门出宫。平时文武官员上朝，文武官进出东门，王公宗室进出西门。

2. 太和门

太和门是前朝部分的大门，是紫禁城内建筑群体的入口。大门坐落在一层白石台基上，面阔九间，采用重檐歇山式屋顶，这是仅次于重檐庑殿顶的一种屋顶形式。大门之前，左右两侧各有一座铜狮子。狮子性格凶猛，俗称兽中之王，所以常用它的形象放在大门两旁，起到守护建筑的作用。

3. 太和殿

太和殿是皇帝举行登基、结婚典礼，做寿辰，在重大节日接受文武官员祝贺和举办宴会的地方。位于其后的中和殿是皇帝上朝前做准备和休息的场所。中和殿北面的保和殿是皇帝举行御试和宴请王公的殿堂。这三座大殿组成前朝部分的中心，也是整座紫禁城的中心。其中太和殿更具有重要的地位，因为它在紫禁城内，体量是最大的，面阔 11 开间，达 60. 06 米，大殿本身高 26. 92 米，加上殿下的台基，自广场地面至大殿屋脊共高 36. 03 米。它的屋顶采用的是最高等级重檐庑殿顶。这三座大殿共处在一座高达 8. 13 米的三层石台基上，全部用汉白玉石料建造。

除此之外，在太和殿前面的台基上还布置着铜龟、铜鹤、石嘉量和日晷。在大殿之前置放它们象征着国家的统一、江山永保和社会的长治久安。每当朝廷举行重大礼仪活动，庞大的仪仗队罗列广场，旌旗招展，殿前香烟缭绕，一时间，钟鼓齐鸣，文武百官齐声祝颂皇帝圣安，这气氛是颇具感染力的。

4. 乾清门和后宫三殿

乾清门是紫禁城后宫部分的大门，它与前朝部分的大门太和门相比，在礼制上要低一等级，所以它的形式尽管也是宫殿式的大门，但面阔只有五间，下面的石台基比太和门低矮，屋顶用了单檐歇山顶，比太和门的重檐歇山顶也低一等级。门前两侧也有铜狮子守护着，但狮子从体量到神态都没有太和门前的狮子那样雄伟。但是乾清门毕竟还是处于中轴线上的一座重要大门，所以特别在大门的两侧加了两道影壁，呈“八”字形分列左右，它们和大门组成一个整体，增添了乾清门的气势。

从殿堂的形制、庭院的大小、台基的高低来看，后宫比前朝都要低一等级，这是传统礼制的要求，是不能超越和违反的。

(二) 紫禁城建筑的装饰

一组建筑群的规划与布局，一座房屋的形式，既体现了建筑的物质功能，也显示了建筑的精神功能。但是建筑群的规划，单体房屋的形象，只能在环境上、景观上、总体形象上给人们一种崇高、宏伟、神秘或者是宁静、清幽、欢快的感受。如果要建筑进一步表现出某种理念与思想，或者强化前面所说的种种不同的感受，那就需要依靠建筑的装饰。

1. 紫禁城的色彩

如果在一个晴朗的天气步入紫禁城，首先让人感受到的是四周环境的色彩。碧蓝的天空下一片黄澄澄的屋顶；座座宫殿的红墙、红门、红窗衬托着屋檐下青绿色的彩画；白色的台基下面是灰黑色的砖地面；这蓝与黄、红与绿、黑与白构成了强烈的对比，这浓烈和绚丽的色彩完全显示了皇家宫殿的宏伟与富贵。

黄为土地之色，土本为万物之本，尤其在中国长期的农耕社会中，土地更具有特殊的重要地位，所以自古以来，黄色在中国被认为是正色，它居于其他诸色之上，是人间最高贵、最美丽的颜色。例如，黄色的袍服成了皇帝的专用服饰，皇帝行走的道路在几条并行道路的中央称为黄道，这样黄色与皇帝联系在一起了。

人类认识红色很早，红色的太阳一早升起给人带来温暖；人类知道了钻木取火，由吃生食改变为吃熟食，这是人类进步的重要一步，而火是红色的。考古学家在原始人类居住的北京房山区周口店的山顶洞内发现了用红色染过的贝壳和兽牙，经论证这可能是原始人类的装饰品，这说明人类不但认识了红色而且还把红色当做是表现美好的颜色了。在中国古代，红装代表妇女的盛装；在民间更以红色为喜庆的色彩。无论在朝廷还是民间，红色都代表着庄重、喜庆、吉祥、欢乐。所以，在紫禁城的建筑上，把黄色与红色当做装饰的主要色彩，应该是情理中的事而不是偶然的现象了。

2. 龙的装饰

在中国建筑的装饰中经常可以见到龙的形象，尤其在紫禁城的宫殿建筑上，龙的装饰随处可以看到。龙代表了古代人类的一种神话意象，或者说龙是人类所崇敬的神或者是原始人类所不认识也不能驾驭的某些超自然力量的化身。经过长期历史的积淀，龙已经成为中国古代一种类似图腾的标记，所以中国的炎黄子孙都被称为是龙的传人。

史料记载，公元前 206 年汉高祖刘邦取得了政权，但他出身低微，所以设法论证自己是龙的后代，自称为龙子，从此之后，皇帝都以真龙天子自居。炎黄子孙既然都是龙的传人，那么真龙天子统治百姓自然符合天意神意了，于是龙成了皇帝的象征。皇帝穿的衣服上绣满龙纹称作龙袍；皇帝坐的椅子上满布雕龙称为龙椅；皇帝用的食具、茶具等器皿上也都用龙纹作装饰。紫禁城既然是皇帝的宫殿，当然要大量应用龙的装饰。有人统计，在太和殿的里里外外，上上下下，共有 13844 条龙，数字可能并不精确，但这里的确可称得上是龙天龙地，一走进这座大殿，仿佛到了龙的世界。

3. 等级制的表现

作为中国礼制核心的等级制在紫禁城的装饰里自然也有表现。中国古人认为世上万物皆分阴阳。天体中天为阳，地为阴；人体中男性为阳，女性为阴；数字中单数为阳，双数为阴；方位中前为阳，后为阴，等等。宫殿的主人是皇帝，当属阳。

皇帝的宫殿用龙作装饰，在某一个部位上，用多少条龙，当然应该用阳性数字中最大的。单数为阳性，单数一、三、五、七、九中九最大，所以就出现了皇帝专用的台阶御道和宫殿前琉璃影壁上的九条龙，大门上 9×9＝81 枚门钉也成了宫殿大门的标记。

(三)紫禁城的建造

明永乐四年(1406 年)明成祖下令营建紫禁城，对于这样一项重大工程，首先进行的是总体规划和建筑的设计。规划、设计包括对现场的地形、地质、环境的勘察；根据朝廷对宫殿在物质功能与精神功能两方面的要求设计，绘制出房屋的图纸并制作出房屋的模型，经过朝廷层层审查，最后得到皇帝的批准；然后估算出所需材料和人工数并核算出需要的钱、粮经核准之后，才正式开始建造。

建造之初首先是采集材料。中国木结构建筑最关键的是木料，而建造宫殿的木料要求质量好、尺寸大、数量多。当时这类木料多产在浙江、江西、湖南、湖北和四川一带，从山林砍伐的木材，多经过当地河道先流入长江，经长江运到南北大运河，然后经运河北上，最后送至北京。如此这样，从采伐地运抵京城有时需要三年时间，而且经长途水运的木材上岸后必须经过晾晒、干燥后才能存入库房备用。

除木料外，建造宫殿需要大量的砖、瓦、石、灰等材料。宫城城墙、室外地面、房屋墙体、室内地面都需要砖，这些用在不同位置的砖的大小和质量要求均不相同，总计需 8000 万块以上。

备料工作一直进行了近 10 年，现场施工才大规模地开始。当时调集了全国各地的十万名工匠和几十万名劳役，在这块 72 万平方米的工地上，全面地展开了宫城的筑造：木构架的架设、房屋墙体和屋顶的建造、屋内外地面的铺砌、门窗的安装、雕梁画栋、石料加工与雕镌，历时数年，于明永乐十八年(1420 年)终于建成了这座紫禁城。1987 年，北京紫禁城被联合国教科文组织列入“世界文化遗产”名录，成为世界性的文化珍宝。

第三节　中国民间建筑文化

与其他建筑相比，民间建筑是最早出现的一种建筑类型，数量最多，分布最广。中国地域辽阔，历史悠久，因各地的地理气候等自然因素，民居建筑因地制宜，就地取材，呈现出不同的特点。中国现存传统民居多为明清两代的遗存，特色鲜明，有显著的地方特点和民族特色，约四十种，分为北方院落民居、南方院落民居、南方自由式民居、西北窑洞民居、岭南客家集体民居、少数民族风格、其他建筑七大类。

一、北方院落民居

北方院落民居以北京四合院及晋中民居院落为代表，是中国汉族传统民居建筑的优秀代表。

1. 北京四合院

四合院是指东西南北四方合在一起的庭院，是四面为房子，中间为院子的一组建筑。一般都是坐正北朝正南，既符合风水的安排，又有利于保持民居的私密性和增加空间的变化。

北京四合院的标准模式是一组三进院落。纵向称进，横向称落。大宅门迎面是影壁，上面多以砖雕为装饰。转过影壁，进入第一进院落，外院横长，可见一排倒座房、杂用房。倒座房对面，是二进院落，中轴线上设有垂花门，是内宅与外宅前院的分界线和唯一通道，垂花门彩绘华丽，造型轻盈，颇具形式感，一般多用在内院院门上，显示敬畏文化内藏锦绣和不事张扬的沉潜气质。

院落内部的空间划分也有严格的规定，一般前院以倒座房为主，是会客的客厅和客房，靠近大门外设有门房，以供守门人和男仆居住。大门以东通常是作为儿童读书的私塾小院，以西的小院设有厕所。前院与后院之间有二门相连，后院主要作为居住之用，所以又称为内院。

内院的正房位于院落的北面，是全宅地位和规模最大的，供长辈或主人居住。正房两头一般建有较低矮的小房间，称为耳房，可用作储藏室或卧室。正房两侧称为东西厢房，是晚辈的起居所。耳房、厢房和院墙之间的小面积空地称为“露地”，可用于储放杂物等。内院的面积一般都比较大，可供养殖花鸟虫鱼，以营造舒适优美的居住环境。在内院的二门、厢房、正房之间通常有游廊，以方便雨雪天行走。在内院之后还建有一排后罩房，主要是闺房、配套的生活设施辅助用房和仆人居住之所在，是后院的服务区。

北京四合院内多用砖铺地，等级越高砖的规格也就越高，室内的砖面还要墁地缝，涂桐油，打蜡，极其讲究，室内一般有火坑以供冬天取暖之用，顶部有木头或秫秸的顶棚架，再以纸裱糊。内部装饰于精细中透出浓厚的文化气息。

2. 晋中民居院落

在北方地区，山西商人的深宅大院规模远超过北京，木雕、砖雕、石雕等装饰也更多，晋中民居院落的一大特点是丰富的建筑艺术与传统的风水理论相结合，院落通常纵深狭长。大院四周围有 10 余米的高墙，高墙院外不露屋檐，使雨水流向院内，意为“肥水不流外人田”，建筑外观类似古代城堡，给人以针插不进水泼不进封闭阻挡的感觉。

乔家大院是清末金融商业资本家乔致庸的一座宅院，始建于清乾隆年间，不断扩建直到民国时期，房屋 313 间，平面呈双“喜”字形，院院相连，宅深似海，大

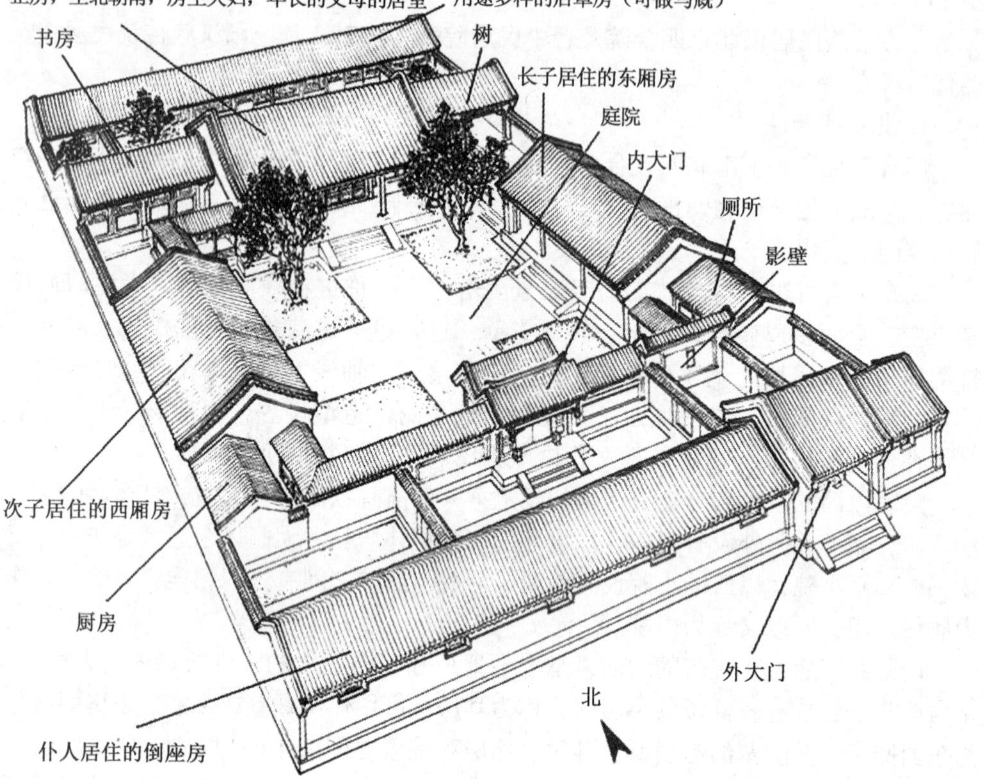

院内的建筑规模宏大、斗拱飞檐、镂空砖雕、木雕等装饰华丽，被誉为"北方民居建筑的一颗明珠"，因张艺谋拍摄电影《大红灯笼高高挂》(1991 年)而较早为世人所知。

二、南方民居

1. 南方院落民居

南方中小型院落民居多由一个或两个院落合成，各地又有自己丰富的式样。如浙江东阳及其附近地区的"十三间头"民居，通常由正房 3 间和左右厢房各 5 间共 13 间房组成三合院，都是楼房。三座楼两端高高耸出"马头山墙"，院前墙正中开门，左右廊通向院落外也各有门。全部转角均为 90°，拒绝圆弧造型，这在中国民居中比较少见。此种布局规矩严谨、简单而明确，院落宽大开朗，给人以舒展大度堂堂正正之感。

2. 南方天井民居

南方还盛行一种天井民居。所谓“天井”，其实也是露天的院落，只是面积较小。以皖南、赣北、徽州地区最为典型，最基本的平面呈“口”形或“n”形；若正房后再加一个天井，布局即成“日”形或“H”形。南方炎热多雨而潮湿，多山地丘陵，人稠地狭，民居重视防晒通风，也注意防火，布局密集而多楼房，所以多建天井民居。其基本单元是以横长方形天井为核心。四面或左、右、后三面围以楼房，阳光射入较少；狭高的天井起着拔风的作用，有利通风。正房朝向天井，完全开敞；各屋都向天井排水，风水学说称之为“四水归堂”，有财不外流的寓意。外围常耸起马头山墙，高出屋顶，利于防止火势蔓延，故又称封火墙，墙头轮廓作阶梯状，层次丰富，是南方建筑所特有的一种审美造型。

3. 南方自由式民居

自由式民居指不采用院落形式，总体构成和单体造型随坡就势，主要分布在南方乡村和小城镇，多为淳朴乡民所用。自由式民居多数规模较小，重视空间的合理利用，不特别强调尊卑亲疏等礼法制度，设计思想近于“功能主义”，组合灵活，且不忘记在方寸空间设计精美的造型，所以形式更加多样别致。

民居建筑自由随意，总体画面淡雅素朴，街巷水巷错落起伏，平房楼房参差互见，建筑造型轻巧简洁，空间轮廓柔和优美，因地制宜，临河贴水，尽显灵活变化之妙。今天南方依旧保存着很多古代民居建筑，“粉墙黛瓦”，“小桥流水人家”，充满了诗情画意。

三、西北窑洞民居

在中国陕西、甘肃东部、山西中南部和河南西部一带，由于气候比较干燥缺雨，经济不发达，农村十分贫困，加以当地土质坚实，挖洞造房就成了百姓获得住房的一种既经济又方便的手段，这就是窑洞住宅。在陕西有些地区，窑洞几乎占当地农村住房的80%。

窑洞既然是挖土成洞，所以最常见的形式是靠着土山或者黄土沟地里的山崖向里挖洞，洞呈长方形，洞顶呈圆棋形，棋顶高约3米。农民用一把铁锹凭力气就可以挖出自己的住宅，开始挖一个洞，洞里用黄土做一个炕床，用黄土建灶台，洞口挂草帘，就成了能住人、能做饭的窑洞。有了经济条件，可以扩建多个窑洞，用木料做洞口的门窗，用白灰刷洞壁，用砖砌在洞口两侧的黄土墙上，生活条件一步一步地得到改善。农耕社会自给自足的生活需要农民自己种植和加工粮食，自己种蔬菜，养猪和牛、羊，所以住宅需要室外的场所，于是在窑洞前围出一个院子，成了有院落的住宅。

窑洞因为有较厚的黄土层包围，所以隔热与保温性能好，洞内夏凉冬暖。但不利的是洞内潮湿，通风又不良，所以往往洞外春暖花开，洞内老人还要睡在烧火供暖的炕上。

在没有土山和山沟的黄土地区，有一种自地面向下挖的窑洞，它们的做法是从平地向下挖出一个边长约 15 米、深 7~8 米的方形土坑，再在坑内向四壁挖窑洞，形成四面有住屋的地下四合院，称为地坑式或者地井式窑洞。在院的一角从地面筑造土台阶下到院内，在这样的四合院里，三开间的住房变成三座并列的窑洞，它们之间也可以彼此有门相通。为了获得冬季的日光照射，常把面朝南的几间窑洞作为居住的正房，两边的窑洞做饲养牲畜、储存粮食杂物、水井等用。在地坑院的四周，挖有排水沟和渗水井，以排除雨天的积水。地坑院和地上四合院一样，有砖或石板铺的路面，院内种植树木，栽培花草，绿树鲜花，还有窑洞门窗上的花格，窗户上贴的红色剪纸，把地下四合院打扮得赏心悦目。

四、岭南客家民居

岭南客家民居是流行在闽、粤、赣南、桂东等岭南区称为“客家”人群中的一种大型民居。

在中国古代农村，农民多聚族而居，同一个家族的农民多围绕着自己的祠堂建造住宅，彼此可以相互依靠，患难与共，这样的住宅联成团块，逐步扩大而成为村落。在中国福建地区，古时战乱频繁，匪盗迭起，社会不得安宁，乡村之间也往往由于宗族不和时有殴斗发生，所以聚族而居以求安全的要求更加强烈，于是一种把分散的住屋聚合在一起的大型住屋应时而生。在福建南部的龙岩、漳州一带，这里具有林木、山石和泥土的自然资源，在当地工匠的努力下，创造出一种大型的住宅。他们把几十户住房连在一起，组成方形或圆形的大院，他们为了能够抵御外来的侵袭，用黄土筑造厚实的外墙，因此被称为“土楼”。土楼或方或圆，四周住宅围着中央的庭院，所以也属于合院式住宅的一种。

福建龙岩市永定县农村有一座承启楼，它规模大，具有土楼典型的形态。承启楼是一座圆形土楼，建于清康熙四十八年(1709 年)，经 3 年完工。圆楼直径 62.6 米，里外共分四环，最里面一环为祖堂，是祭祖的地方，第二环有房 20 间，第三环有房 34 间，最外环有房 60 间，并有楼梯间 4 间，朝南一座大门正对中心祖堂，东西各有一座旁门。土楼内除外环为四层外，其余三环皆为一层，外环的底层为厨房，二层为谷仓，三、四层为卧室，每一间房上下四层分给一家人住，所以在这里不分正房和厢房，没有前院与后院，每一家住房面积相等，在住房上分不出族人地位的高低，他们都朝向中心的祖堂，是共同的祖先把他们凝聚在一起。承启楼建成以后，有 80 多户住进楼内，共 400 余人生活于其中。

五、少数民族风格

2005 年《中国国家地理》杂志，选出了中国最美的六大乡村古镇，除了排在第五的江西婺源，其他都是少数民族村落。它们是川西丹巴藏寨、云南红河哈尼村落、新疆喀纳斯湖图瓦村、贵州黎平肇兴侗寨和云南丽江大研镇。少数民族由于地理气候、民风民俗和宗教信仰的关系，在多民族独立又融合的聚居生活中，形成了自己特有的建筑审美风格，这些建筑大多仍保留着原生态的质朴，与自然环境融为一体，自由潇洒，不拘一格。

1. 吊脚楼

中国贵州省的东南部地区，聚居着少数民族苗族与侗族，这个地区的气候潮湿而炎热，尤其在夏季，晴雨无常，走在山脚还是大晴天，登至山顶却倾盆大雨，变化很快，当地百姓就在这样的环境下创造了适宜自己生活的住屋。房屋用当地盛产的杉木制造而成，依着自然的山势，把柱子架在高低不同的山坡上，建造起两层楼的住宅。楼的上层住人，下层多架空而不做外墙，在里面圈养牛、猪等牲畜和堆放农具与杂物。楼的上层用木板隔成客堂、卧室，并向四周伸出挑廊，主人在廊里做活和休息，这些挑廊都依靠楼层上伸出的横梁承托，这样可以使廊柱不落至地面而悬吊在半空中，以便于人与牲畜在廊下通行，所以当地把这种楼房称为“吊脚楼”。这种吊脚楼也大量出现在四川、湖北、云南等气候潮湿的山区，它们的优点是人住楼上通风防潮，又能防止山上野兽的袭击。

2. 毡包

在中国内蒙古自治区蒙古民族和新疆哈萨克民族的聚居地，当地百姓长期以来保持着游牧的劳动和生活方式，他们饲养着成群的牛羊和马匹，住在草原进行放牧，并且随着草原草场的变化而经常搬迁放牧地，于是一种适应于这种游牧生活的住房应运而生。这种住房平面为圆形，用木条编成可以装拆的框架，在框架外面包以羊毛毡，所以称它们为“毡包”，因为蒙古民族使用得最多，所以又称为“蒙古包”。毡包最大的特点是便于拆迁，当牧民在一处草场放牧完了，于是一家人拆除毡包，将框架和羊毡以及全部生活用具驮在几匹马背上，主人骑着马匹，赶着牛羊奔向新的草场，又重新搭造起毡包，生活在新的草原上。

毡包皆圆形，直径为 4~6 米，高 2 米，一侧开门，顶端留有圆形天窗，用以采光和通气，毡包内做饭和冬季烧马粪取暖的烟气也从这里排除。毡包的外表简洁朴素，但只要经济条件允许，人们都会在地面铺地毯，壁上挂彩毯，装饰得十分华丽，表现出草原牧民对幸福生活的向往和追求。

3. 石碉房

中国西藏、青海和四川西部为藏族聚居地，当地多山地产石材，所以建造住房多以石材为主要材料。石头墙，平屋顶，多为二层或三层楼房，外墙上下有收分，形似碉楼，所以称石碉房。这种住宅的底层为接待室及卧室，二层除卧室外，专设有经堂，这是一家人念经拜佛的地方，藏族几乎全民信仰佛教，所以经堂成为住宅的中心。

石碉房的外观很有特点，四周都是坚实的墙体，下部用粗石砌造，色彩凝重，质地粗糙，上部多在墙外抹灰，造成上下两部分在色彩和质感上的对比。外墙上开设成排窗户，窗四周有一圈外框，上小下大呈梯形，这是藏族建筑特有的一种形式，在宫殿、寺庙建筑上都是这样，窗上还带有彩色的檐口，使石碉房的外观在规则中亦显华丽，表现出藏族建筑粗犷、凝重而不失华丽的风格。

中国地域大，民族多，如此大量的住宅，尤其在农村，总是尽量采用当地出产的材料，应用当地传统技艺，根据当地地理条件建造出适合当地百姓生活的住房。山西有煤有黄土，能够烧制大量砖瓦，所以，出现了砖瓦住房；贵州山区盛产杉木，所以出现了用杉木建造在山坡上的吊脚楼；云南西双版纳，气候湿热，所以用当地的竹材盖出了架空的竹楼；陕西遍地黄土坡，经济贫困，所以出现了窑洞。正因为如此，这些住房必然带有很强的地域性和民族性。不同的地理环境和各地各民族百姓不同的生活习俗，使他们的住房必然从结构到形态上都带有各自的特征。

六、其他建筑

1. 坛廊

坛是中国古代统治者祭祀上天和各路神明的场所。从建筑学角度看，坛则是一种特殊的平台式建筑。廊是中国园林建筑中的典型建筑，廊呈长带状，是由低栏、长椅以及带顶的步道组成。廊既可遮光避雨，又可点缀风景；既有装饰作用，又有实用价值。

中国最著名的坛是北京天坛的圜丘坛，天坛是最重要的宗教建筑。圜丘坛建于明1530年，是一座分3层高达5米的大理石平台，3层平台分别为30米、40米和70米宽。坛面为圆形，符合中国古代“天圆”的信仰。

中国园林艺术中独一无二的珍品——廊中之冠，指的是中国北京皇家园林“颐和园”中的长廊。它蜿蜒在青山绿水之间，全长728米，共273间(以四柱为一间计算)，有四座重檐八角亭子，象征四季，别开生面。廊内全部梁枋上彩绘4万多幅图画，有山水人物、花鸟虫鱼、江南风光以及历史典故。如果在每幅画前停看2秒钟，需近一天才能看完。

2. 亭

亭是一种常见的中国建筑，指一种有顶没有围墙的建筑形式，也是中国传统建筑的一部分。中国亭一般是木质、石质或竹质的，形状各异，有方形的、三角形的、五角形的、六角形的、八角形的和扇形的等。但它们的基本结构相同：一个屋顶，几根柱子，没有墙壁。

亭有许多功能。路边的亭被称为凉亭，在夏季可为疲惫的旅人提供一个遮阳休息之地。许多中国的园林中有这样的亭。匾亭一般建在石碑或石匾上来保护这些具有重要纪念意义的碑文。也有建在桥上或水井上的带天窗的亭，阳光可以透过天窗射入井底。因为据说没经过太阳光照射的水会使人生病。偶尔还有并排而立的像双胞胎一样的双子亭。

3. 牌坊

牌坊又称牌楼，指具有纪念意义或仅作装饰用的拱门。有木牌坊、砖牌坊和石牌坊；牌坊有带琉璃瓦顶的，也有不带琉璃瓦顶的。牌坊常置放在大道的交叉口、祠堂、庙宇、衙署、桥梁、公园和陵墓等地。牌坊上一般都有题字，或宣传某些道德准则，或歌颂政府功绩。

牌坊蕴涵着深刻的文化内涵。牌坊上常见的图案有龙、凤、鹿、鱼等。如果你看到哪个牌坊上刻有龙凤，那一定是与皇室有着密切的联系。因为龙乃百兽至尊，是封建社会中至高无上的皇帝的象征；凤乃百鸟之首，封建社会中常用来作为高贵的皇后的象征。蝙蝠因“蝠”与“福”谐音，因而成为好运气和幸福的象征。“鹿”与“禄”谐音，象征升官晋爵、高宫厚禄。鱼、池塘、莲花刻在牌坊上象征人们年年有余的愿望。鲤鱼跳龙门则是读书人金榜题名、荣登仕途的代名词。另外，柏树、鹤、龟、麒麟、睡莲、牡丹、荷叶等具有象征意义的动物、花卉和器物也常被刻绘在牌坊上，表达长寿、幸福、健康、吉祥、如意等丰富内涵。

4. 石拱桥

悠久的中国历史为我们留下了数千座桥梁，这些桥梁如今已经成为中国文化的一部分。中国古代桥梁举世闻名，在东西方桥梁史上享有很高的声誉。这些材料和形状迥异的桥梁是具有中国特色的文化遗产，在世界桥梁建筑史上也有非常重要的地位。

在江河遍布的江南，秀丽的风景与无数座大大小小的桥梁交相辉映，风景更是如画一般。石拱桥是中国最常见的桥。据史料记载，第一座石拱桥名为旅人桥，坐落在洛阳，建于公元 282 年。在洛阳的一座周朝初期坟墓里，考古学家发现墓室门是拱形的，这说明石拱至少在公元前 250 年就已存在。

新中国成立以来，我国桥梁建筑技术有了很大的进步。1966 年，一座单跨石桥在成都至昆明的铁路线上的“一线天”建成了。该桥长 63. 2 米，高 26 米，主拱横跨 54 米，属同类之最。1971 年，在四川九溪沟建成的一座单跨径长达 116 米的花岗石大桥是目前中国最长的单跨石桥。

第四节　中国帝陵建筑文化

中国人自古就重视丧葬。中国历史上，几千年来一直盛行着厚葬的制度，人们相信人死后要到另一个世界去，仍然可以享受与人间同样的富贵荣华。因此，修建了工程浩大的坟墓，把大量的财富带到地下去。这种习俗为我们研究中国古代文化留下了大量的文物。

一、生前身后事的信仰理念

古代的人们相信，人死后灵魂不灭，并根据生前所作所为灵魂或者上天，或者入地。对死后灵魂不灭的信仰，不但民间百姓，就是皇室帝王也未能例外。并且相信，那鬼神幽灵虽处阴间，却仍能影响阳间人世；而且，祖宗先王，虽为鬼神，其理政问事，起居饮食，也是一如生前。因而，其臣属在帝王陵寝对陵主洒扫献食等就成了每日必修的功课。

二、帝陵建筑的起源与发展

陵，本指山陵，即大的土山，所谓"大阜日陵"。最早称墓为陵的记载是公元前335年赵肃侯"起寿陵"(《史记·赵世家》)。君王的坟墓称"陵"，是从战国中期开始的，它首先出现在赵、楚、秦等国。由于社会的进一步发展和封建王权的不断加强，当时作为最高统治者的国王的坟墓，建造得越来越高大宽阔，状似山陵，坟墓也因此被称为"陵"。秦汉以后，帝王统称自己的坟墓为"陵"，从此"陵"成为皇家陵寝之地的专称。

西周以前，帝王坟墓多为木椁大墓，地面不封不树。因为秦以前，对先王的祭祀不在墓地进行，因此当时的陵墓建筑还没有祭祀殿之类的建筑。秦始皇首次将祭祀用的寝殿建在墓地，开创了在寝殿中供奉和祭祀帝王的陵寝制度，并为以后历代帝王陵墓所效仿。另外，传说中"三皇五帝"的坟墓也叫"陵"，如太昊陵、黄陵。

中国人讲究厚葬，历代统治者尤甚，商周以后大墓不断出现。考古工作者在清理商周墓葬时发现，除有大量的随葬品之外，此时对大墓的建造都是相当考究的，除有棺外，还有外椁，并且都需埋入30米以下。

到了秦汉时代，修建大墓较为盛行，汉武帝陵就比较大。到了东汉时期，开始建造石墓，而且这一时期的陵墓建造更加讲究，并且都相当坚固。西汉陵墓相当大，在墓的封土上还做建筑，叫做享堂。汉代陵墓都以覆斗形为主，例如，汉武帝陵、汉文帝陵规模都是相当大的，至今犹存。

唐代陵墓均建于唐长安城北，以昭陵、乾陵为例，均因山为陵，选地极佳，利用地形进行建筑，十分豪壮。宋陵均埋入河南孝义县以南的广大地区，至今每座陵园的石人、石马、石兽均保存完整。

元代比较特殊，皇帝不建陵，因此成吉思汗陵与元代其他帝王陵寝一样，不是真正的陵墓，他们究竟葬在何处，现在还没有考证出来。

明代陵园分为三处：起初朱元璋在凤阳建都，明祖陵建于凤阳，至今犹存；后来全国统一，建都南京，明代孝陵即建于南京紫金山下，十分雄壮；朱棣迁都北京，明代即在北京建都，明代连续十三个皇帝均葬于北京昌平的天寿山下，共计十三座陵寝，俗称十三陵。

清代帝陵在东北有三座，进关后建都北京，又在北京附近建有东西两大陵。东北三大陵：一是北陵，在沈阳城北；二是东陵，在沈阳东部；三是旧老陵，被誉为关外第一陵，建在辽宁省新宾县旧老城附近。清朝统一全国后，皇帝在北京建有东西两大陵，一座在河北易县，称清西陵；另一座位于河北遵化，称东陵，其规模也很庞大。

三、帝陵建筑的特点

中国古代帝陵建筑的特点主要表现为以下三个方面：

1. 尚高

据说春秋晚期，孔子重礼，为了便于祭祀，便在其父母的墓地上封土。后来，这种封土为丘的做法，被渐渐地赋予了一定的文化内涵，即以坟的不同高度，象征死者的身份与地位。身份地位愈是显贵，其坟封土愈高。

后来，历代帝王的坟墓是独得其高的，因而被称为“陵”或“山陵”，意思是帝王坟墓如山陵一般崇高，这里已渗透着森严的等级观念。尚高的审美与崇拜意识，源于生存与发展的本质需要，因为高在获取阳光方面就占得先机，皇家天子的绝对权威不减于生前，死后仍要占尽风头。

唐太宗李世民反对劳民伤财地在高大的夯土台上建陵墓，首开“以山为陵”的制度，即把皇帝的墓室修建在山体内，这样既可借助山体的高大体现帝王的伟大，同时又减少了建陵的开支。所谓“请因山而葬，勿需起坟”。依其旨意修建的李世民昭陵，高居于长安的九嵕峰上，海拔近 1200 米，山势高峻伟岸，气度非凡，在这里凿山为“陵”，尚高的主题可谓响彻云霄。唐 18 座陵中有 15 座遵昭陵的修建制度。明清两代帝王继承了唐代这一制度，都选在山水形胜之处，以山为背景，形成了比较完整的明清陵寝建筑群落。

2. 尚大

帝王陵寝建筑，其实是皇室宫殿建筑的翻版，同样体现着封建王权求大求奢的建筑派头。中国历史上最大的陵墓是秦始皇陵，它雄踞在陕西临潼骊山主峰北麓的原野之上，现存陵体为方锥形夯土台，东西 345 米，南北 350 米，高 47 米。

世界上陵区面积最大、陪葬墓最多的帝王陵是唐太宗李世民的昭陵，在陕西礼泉县东北 20 公里处的九嵕山，陵区范围占地 30 万亩，周围 60 公里，陪葬墓 180 余座。其玄宫凿建十九嵕山南坡的山腰之间，掘进 250 米作为墓室，置石制墓门五道，墓门外奇峰绝崖，无路可通，故建 300 米绕山栈道通于墓门，可以想象当时修建此陵工程浩大，非同寻常。

中国历史上修建时间最长的帝王陵是汉武帝刘彻的茂陵，修了 53 年，在陕西兴平市。汉武帝 16 岁登基，在位 54 年，是汉朝执政时间最长的皇帝，其陵墓高度也属汉朝皇帝之最，现高为 46. 5 米。

3. 尚威

尚高与尚大，其实都是尚威的表现，高大方显威武、威严，为的是充分体现封建王权权倾天下的赫赫威仪。

古代帝王陵寝分地上地下两部分。地上部分的建造，重在观瞻。观者，审美；瞻者，崇拜也。这种建筑形象，蕴涵着封建帝王富贵荣华、穷奢极侈的人生理想与人生态度，在于尽可能地重现皇室宫殿建筑的基本美学原则与赫赫威风。因而，帝陵建筑的平面布置与宫殿建筑相仿，亦设中轴，求对称，讲递进，序高潮。比如明十三陵的规模可谓洋洋大观，占地 40 平方公里。

历代帝王的陵寝建筑如此尚高、尚大、尚威，是“生者”对“死者”的“饰”，也是“事死如事生”之礼的外在表现。

四、帝陵建筑的布局

(一)地上布局

帝王陵园的主要标志，就是上述的“封土”，或“方上”，或“宝城宝顶”。除此之外，因为帝王在幽冥世界也要享受在现实世界时的至高无上的荣耀，所以陵园范围极大，陵园建筑也很多。

早在商代，在王陵和贵族墓的墓室之上就出现了供祭祀用的房屋建筑，只是由于时代久远，商至春秋时期帝王陵的地面建筑早已毁坏。不过，自秦汉以来，帝王陵的地面建筑有遗址可寻。帝王陵的地面建筑主要有三个部分。

1. 祭祀建筑区

为陵园建筑的重要部分，用来供祭祀之用。主要建筑物是祭殿。早期曾称作享殿、献殿、寝殿、陵殿等。秦始皇陵园的北部设有寝殿，开帝王设寝的先例，唐乾陵曾有房屋 378 间。明代帝王陵园的祭祀建筑区由祾恩殿、配殿、廊庑、祭坛、朝房、值房等建筑组成。

2. 神道

神道又称作“御路”、“甬道”等，是通向祭殿和宝城的导引大道。唐以前，神道并不长，在道旁置少数石刻，墓道的入口设阙门。到了唐朝，陵前的神道石刻有了很大的发展，大型的“石像生”仪仗队石刻已经形成。到明清时期，帝王陵神道发展到了高峰。明十三陵的神道全长 7 公里，清东陵的神道长达 5 公里。明十三陵神路中央有“大明长陵神功圣德碑”，碑周围有 4 个石华表。神路两侧除神道石柱外，又有石兽 24 个，都是两卧两立；石人 12 个，内有武臣、文臣、勋臣各 4 个。

3. 护陵监

护陵监是专门保护和管理陵园的机构，为了防止陵园被盗掘和破坏，每个皇帝的陵都有护陵监。监的外面有城墙围绕，里面有衙署、市衙、住宅等建筑。

（二）地下布局

中国古人迷信灵魂不灭，因而产生了“事死如事生，事亡如事存”的思想，让活着的人认识到对待亡故的人要像生前一样，不能有些许马虎。

封建帝王陵墓的地宫布局是皇权理念的体现，特别是秦始皇陵，它把帝王命运与帝国统治一体化的生死观发扬到了极致，这也深刻地影响了后世帝王的地宫布局。

1. 帝陵建筑的地下布局理念

历代帝王陵寝的地下布局充分反映出中国古代帝王“事死如事生”的思想观念。中国古人认为，帝王的“阳宅”（宫城）和“阴宅”（陵寝）一样，都关系着“龙脉”。因此，皇陵和宫城一样，都有伦理和天命上重要的象征意义。

2. 秦代帝陵的地下布局

先秦时期的陪葬品，以车马坑或车马器为其主要内容，其余无外乎是宫中的礼乐重器、生活用具，所反映的埋葬观念不过是形而下之贪婪占有。而到了秦始皇陵园，形式上看似与之没有质的区别的陪葬坑，反映的埋葬观念却有了质的、形而上的创新。

经过 40 多年的严密考证推敲，凭借最新影像复原技术，秦始皇陵的布局现在基本上弄清楚了。那些被掩埋的帝王梦想，以及已经逝去的盛世景观，如今纷纷呈现在我们眼前，充分展示出秦始皇生前坐拥天下、死后也要拥有一切的陵寝建筑理念。

据《史记·秦始皇本纪》记载，地宫内“以水银为百川江河大海”。通过物探证明，地宫内的确存在着明显的汞异常，而且汞分布为东南、西南强，东北、西北弱。如果以水银的分布代表江海的话，这正好与我国渤海、黄海的分布位置相符。地宫中使用水银并非秦人首创。东周列国的诸侯墓葬中，已经出现放置水银的现象。

在秦皇陵的封土北侧，修建有寝殿和便殿，在陵园北边修建有看守陵园的陵邑。寝殿是寝陵上的正殿，是供墓主秦始皇的“灵魂”日常起居、饮食及祭祀的地方；寝殿北侧的便殿，则是墓主秦始皇的“灵魂”休息之所。

秦皇陵的外藏系统由地宫之内各层台阶上的陪葬坑、地宫外封土下的陪葬坑、内外城之间的陪葬坑、外城之外的陪葬坑四个层次构成。以陪葬坑的形式构成皇陵的外藏系统是秦人首创。

秦始皇陵是一座文化内涵十分丰富的地下王国。作为中国第一个皇帝构筑的地下世界，他希望生前所拥有的一切死后能够继续享用。可以说，秦始皇陵就是浓缩的秦帝国。

在秦始皇陵中，除陪葬有青铜水禽、百戏俑等象征人间享乐的物品外，更陪葬有兵马俑、文官俑等。在秦始皇看来，忠实于皇帝的各级官僚和他们所统属的机构，不仅是帝国万世基业的保证，也是维系皇帝死后能继续拥有至高权力的条件。

3. 汉代帝陵的地下布局

根据已经发掘的历代地宫，以及史料来看，帝王墓穴及棺椁在西汉以前多为石质。汉代兴起厚葬之风，开始用特殊木材修造地宫，称为“黄肠题凑”。“题凑”是一种葬式，始于上古，多见于汉代，汉以后很少再用。所谓“黄肠”，即去皮后的柏木。三国魏人对“黄肠题凑”一词作了如下注释：“以柏木黄心致累棺外，故曰黄肠；木头皆向内，故曰题凑。”具体的建筑操作方式，一般是将黄杨木去皮，截成等长的方木，树心朝向墓室中心，垒在木质椁的外围，上面盖上顶板，就像一间房子似的，呈一方形墓穴。方木皆以榫卯结构，缝隙以木炭、膏泥封固，这种地宫的营造方式，就叫“黄肠题凑”。

根据汉代礼制，黄肠题凑是帝王陵墓的重要组成部分，目前相继发现的保存有黄肠题凑的都是西汉诸侯王或王室墓。根据汉代礼制，黄肠题凑与玉衣、梓宫、便房、外藏椁同属帝王陵墓中的重要组成部分。天子以下的诸侯、大夫、士也可用题凑，但一般不能用柏木，而用松木及杂木等。但经天子特许，诸侯王和重臣死后也可用黄肠题凑。

使用“黄肠题凑”，一方面在于表示墓主人的身份和地位，另一方面也有利于保护棺木，使之不受损坏，是汉代厚葬之风的产物。

4. 秦汉之后帝陵的地下布局

秦汉以后，统治阶级更加笃信天命，妄想死后继续享受无上的权力和奢华的生活。因此，厚葬风气盛行，帝王和王公贵族的陵墓中有大量的殉葬品，包括随葬俑。东汉以后，棺椁都用木质制作。

渐至宋朝时，墓室大多是砖砌的，仿照地面宫殿建筑结构，四壁绘制墓主生前的活动场景。宋陵地宫均未被发掘，仅宋太宗之妃李后陵因被盗而打开，因此宋代帝陵的地下布局目前还不是很清楚。现探明李后陵的地宫由墓道、甬道、陵台下的墓室组成，总长约 50 米。

从明朝开始，地宫建筑发展到顶峰，一般用巨型条石建筑大型墓室。从目前打开的墓穴看，除乾隆墓穴侧壁上有佛教神像的雕刻外，其他的都没有绘画或雕刻。

本章小结

中国超过三千年文字记载的历史创造了独具特色的中华优秀传统文化。中国建筑艺术就是整棵中华文明之树中特别美丽的一枝。博大精深的传统建筑文化受到中国文化的深深影响，无论是宫殿建筑和民间建筑，还是紫禁城以及客家土楼，都深受中国风水文化与数字文化的影响。本章从中国传统建筑文化的基本概况、宫殿建筑文化，民间建筑文化、帝王陵墓建筑文化四个方面介绍了不同中国传统建筑的构造要素，地域特色以及中国传统文化对不同类型建筑的影响。

课后习题

一、简答题

1. 中国古代宫室殿堂建筑彩画等级分为哪几种？最高等级彩画是什么？
2. 宫殿建筑的布局是什么？
3. 简述紫禁城的重要建筑。
4. 简述帝陵建筑的布局。
5. 说说民间建筑有哪些？

二、实训题

1. 进行一次少数民族建筑文化讲演。
2. 请同学们讲述自己所在地的民间丧葬习俗。

第二章 中国山岳文化

第一节 中国山岳与中国传统文化

一、传统山岳文化的形成

中国山岳的自然美是原大自然生态所赋予的，但是，中国人却偏偏用自己的民俗文化美感描绘了那些自然美，甚至从遥远的古代就创造了独有的中国山岳文化，使中国的山岳都具备了多种多样的民俗性格，从而展现了千姿百态的民俗风貌和丰厚深刻的文化内涵。

1. 山岳与原始神话

一部古老的神话总集《山海经》把中国海内外的大小古名山(真实的和虚拟的)几乎用奇异的神话塑造完毕。据说，春秋战国时期的《山海经》共记载有 347 座名山，其中的大多数与神话相关联。昆仑山和海上三神山是众神居住的神山，三神山之说出自齐国人徐市，他为讨好秦始皇而上书说海上有“蓬莱、方丈、瀛洲”三神山，山上有众仙人和长生不老之药。三神山虽然是幻想的神话，但是，自古便为山岳注入神与神话的文化内涵，使山岳在开天辟地的神话时代就产生了原始文化(包括原始巫术)。

2. 山岳与民间传说

山岳的民间传说大体上有两类：一类是山岳象形的奇异故事。像我国不少地方都有的龙山、虎山、猴山、龟山等，都有象形的民间传说作证。除此之外，最具有人文价值的是另一类人物传奇故事与山岳的结合。例如，孙悟空与花果山。

3. 山岳与信仰圣地

几千年来，中国的儒家、佛教、道教在“政教合一”的强势支配下，使官方与民间的信仰相结合，全面涌向大小山岳，纷纷选择或抢占洞天福地，广建宫、寺、庵、阁、楼、塔，把中国众多的山岳纷纷创建成官民信仰和崇拜的圣地。中国的山岳拥有鲜明而多样的宗教信仰文化特色。古人云："山不在高，有仙则名"，正是把山岳与神佛崇拜密切结合起来的具体写照。

4. 山岳与历史名胜遗迹

中国历史上有许多重大事件发生在一些山岳上，于是，这些山上铭刻着动人的史迹，令人景仰。近代史上关联着抗日战争一系列著名战役的大别山、沂蒙山、太行山等，无不因为有动人的抗战史实而具有历史特色，从而进入了名山行列。

与此同时，还有许多名胜古迹与古代文人名士的游山经历和诗文推崇密不可分。孔子曾经赞叹过"登泰山而小天下"。明末大旅游家徐霞客曾在他的游记中盛赞说："五岳归来不看山，黄山归来不看岳"，于是，黄山被后人誉为中国第一奇美之山，享誉全球。历史上的名人、名诗、名文与山岳结缘，以其对山岳所加的多种评赞成为历代提高山岳文化品位的重要因素。

二、中国山岳景观的审美艺术

（一）中国山岳景观的构成要素

山岳是构成大地景观的骨架，各大名山独具特色。划分名山类型的一般原则，是以岩性为基础，综合考虑自然景观的美学意义和人文景观特征，分为花岗石断块山、岩溶景观名山、丹霞景观地貌、历史文化名山等。由于地质变迁的差异，这些山具有不同的景观因素。

1. 山峰

山峰包括峰、崖、岩等不同的自然景象，因岩质不同而异彩纷呈。如黄山、华山花岗岩山峰高耸威严；桂林、云南石林石灰岩山峰柔和清秀；武夷山、丹霞山红砂岩山峰的赤壁奇观。

2. 岩崖

由地壳升降、断裂风化面形成的悬崖危岩，如庐山的龙首崖、泰山的瞻鲁台，厦门的鼓浪屿和日光岩，还有海南岛的天涯海角石、桂林象山的象眼岩和三清山的石景等。

3. 洞府

洞府构成了山腹地下的神奇世界，如著名的喀斯特地形石灰岩溶洞，仿佛地下水晶宫，洞内的石钟乳、石笋、石柱、石花、石床等各种象形石光怪离奇；地下泉水、湍流更是神奇莫测。中国著名的溶洞有浙江瑶琳洞、江苏善卷洞、安徽广德洞、湖北神农架的风洞、雷洞、闪洞等。目前我国已开放的洞府景观已有40多处。

4. 溪涧与峡谷

涧峡是山岳风景中的重要因素，它与峰峦相反，以其切割深陷的地形、曲折迂回的溪流、湿润芬芳的花草而引人入胜。如贵州郊区的花溪，每年春夏邀来多少情侣携游；台湾花莲县的太鲁峡谷，峡内断崖高差达千米，景色宜人。

5. 火山口景观

火山活动所形成的火山口、火山锥、熔岩流台地、火山熔岩等。如东北五大连池景观就是火山堰塞湖；还有长白山天池火山湖，火山口上的原始森林奇观；浙江南雁荡山火山岩景观等。西游记描写的火焰山就在新疆维吾尔自治区境内。

6. 高山景观

在我国西部，有不少海拔高度在5000米以上的山峰，如青藏、云贵高原地区，这里多半是冰雪世界。高山风景包括冰川世界，如云南的玉龙雪山，被称为我国冰川博物馆。还有高山冰塔林水晶世界景观、高山珍奇植物景观等。

7. 古化石及地质奇观

古生物化石是地球生物史的见证者，是打开地球生命奥秘的钥匙，也是人类开发利用地质资源的依据，古化石的出露地和暴露物自然就成为极其宝贵的科研和观赏资源。如四川自贡地区有著名的恐龙化石，并建成世界著名的恐龙博物馆。

(二) 中国山岳与中国画

中国画是东方文化优秀的艺术形式，源远流长，画家、流派、画论、逸史，蔚为壮观。从中国画这种艺术形式中，可以感受到中华文化的博大精深，感受到中国文明的辉煌灿烂。

中国山水画在发展历程中，让人感受到的山水精神，最早是在魏晋时期以工笔形式出现的，接着是隋唐、五代、两宋，这时期涌现了一大批富有时代特点的代表人物和代表作品。东汉晚期，曹操的《观沧海》表现出了文学应有的敏感性，比美术更早形成了对山水自然的观察与抒情。东晋顾恺之写道："千岩竞秀，万壑争流，草木蒙笼其上，若云兴霞蔚。"这表现了山水自然对当时人们的影响及其在人们心中所受到的重视。

1. 工笔山水画

北宋范宽的《溪山行旅图》气韵生动，运墨深厚，运笔雄劲，意境悠远，是中国传统山水画的旷古绝作。范宽发展了荆浩的北方山水画派，并能独辟蹊径。此画巨峰巍然耸立，山涧中瀑布飞泻而下，山峦雄峻浑厚，树木繁茂葱郁，岩石的皴纹也历历可辨，显示出一种"全景山水"，"大山大水"的磅礴气势。山脚下雾气迷蒙、怪石兀立、老枝遒劲、溪流潺潺，山路上有旅人赶着驮队经过，人畜虽画得小如蜉蚁，却真实生动，使人仿佛能听到驴蹄嘚嘚之声。范宽在用笔上多采用"雨点皴"，再施以"抢笔"，在刻画北方山水的风骨方面可谓得天独厚。

北宋的工笔山水画艺术表现出了极好的对审美的理解和描写，理解"写意"精神，并不应该仅是以写意画为标准。"写意"的精神，符合庄子主张的"天人合一"

和“清静无为”思想，这两点又是极其相似，“天人合一”可以理解为人与自然的关系，“清静无为”则是人处于社会与自然环境中的心态和方式。

2. 写意山水画

《富春山居图》是中国传统文人山水画的巅峰之作，对后世产生了极大的影响。此画分前后两段。原画主要是描写浙江富春江一带的山水景色。所画富春江两岸峰峦树木，似初秋景色，几十个峰，一峰一伏；几十棵树，一树一态……茂林村舍，渔舟小桥，亭台飞泉，令人目不暇接，丰富而自然。

在这幅山水画中，可以看出画家对用笔线条非常讲究，线条的变化，其实就是一种人生的底蕴。中国山水画用线条来构成对自然物象的轮廓、明暗、质感的描写，用线条来揭示自然物象的内在精神和思想感情，线条无疑具有独立的美学价值。清代大画家石涛提出了“一画论”的观点：一管柔毫，能够通过不同性质的墨线，为大千世界传神写照。

3. 中国山岳与中国古诗词

中国古诗词是中华灿烂文化的瑰宝，是世界文化的一朵奇葩，在世界诗歌之园中散发着其独特的幽香。山文化意象贯穿于古典诗词创作的始终，是中华文化中最重要、最神秘、内涵最为丰富的意象之一。自古以来，文人士大夫一直将自然山水视为其精神家园，并将山岳融进了他们的生活方式和精神情调。

庐山山水文化，是中国山水文化的精彩折射，是中国山水文化的历史缩影。庐山的自然，是诗化的自然，也是“人化”的自然。自东晋以来，诗人们以其豪迈激情、生花妙笔，歌咏庐山的诗词歌赋就有4000余首。诗人陶渊明一生以庐山为背景进行创作，他所开创的田园诗风，影响了他之后的整个中国诗坛。唐代诗人李白，五次游历庐山，他的《望庐山瀑布》如同庐山瀑布千古长流，成为中国古代诗歌的极品。宋代诗人苏轼的《题西林壁》中的“不识庐山真面目，只缘身在此山中”，成为充满辩证哲理的名句。一位新加坡学者这样评论道：“如果说泰山的历史景观是帝王创造的，庐山的历史景观则是文人创造的。”文人墨客对庐山抒情写意，浓墨重彩，使庐山积淀了丰富的文化内涵。

第二节　中国五岳文化

一、五岳文化概况

(一) 五岳的由来

岳，山之尊者！

五岳中“岳”的意思就是指高峻的山。中国有很多的名山大川，但只有五座山被称为五岳，它们就是我国中原地区的东、南、西、北方和中央的五座高山，即东岳泰山、南岳衡山、西岳华山、北岳恒山、中岳嵩山。五岳正是这五大名山的总称。关于“五岳”一词的来源，说法不一，有的认为源于中国的五行思想，还有说法认为是来源于古人对山岳、山神的崇拜，也有传说是盘古死后，头和四肢化为五岳。五岳所蕴含的文化，已经成为中国民族文化中不可或缺的一部分。

然而，五岳形成的真正原因是地壳运动的结果。

泰山地区属于鲁西地区，这一地区在太古代时期是一个巨大的地壳沉降带，淹没在海底之中。距今 24 亿年前左右，鲁西地区发生了一场强烈的造山运动，即泰山运动，使这一带原先堆积的岩层隆起，耸立在海平面之上。经过约 19 亿年的风化剥蚀，地壳渐趋平缓。在古生代时期，华北广大地区大幅度下沉，古泰山也随之沉入海中。在中生代后期，距今 1 亿年左右，受燕山运动影响，泰山一带地层发生断裂，一部分大幅度被抬升，逐渐形成了今天的泰山。

华山由坚硬的花岗岩组成，是秦岭支脉中华山山脉的一部分。在距今 10 亿年前左右，这里的地壳发生了变化，形成了一片东西狭长的陆地。在距今 1.4 亿年前左右，这一地带又发生一次强烈的隆起，岩层受到挤压，形成了褶皱。距今 8000 万年前，秦岭和渭河平原交接处地带断裂，秦岭断块迅速长高。位于秦岭北坡的华山由于南北地带两侧层带的错动，内部岩层受到强大的恒压力，从而形成了山势陡峭如削的华山。

衡山也是花岗岩地层，在距今 300 多万年前，受到喜马拉雅山造山运动的影响，发生了断层，经过 2 次断层运动后，上升的地带就成了今天衡山的主体。加上长时间的风吹雨蚀，成就了今天雄伟秀丽的衡山。

恒山位于黄土高原与太行山构造体系的过渡地带。受到中生代时期燕山运动的影响，地层发生断裂，火山喷发，后又发生过喜马拉雅山运动、燕山运动，历经多次地壳运动，形成了今天宏伟壮丽的恒山。

嵩山是秦岭东端的一部分，这一地区在 23 亿年前还在一片汪洋大海中，在以后的漫长岁月中，经过两次地表的上升，终于露出水面。又经过 1 亿年前延续时间很长的燕山运动，受到南北方向地壳的挤压，成就了今天嵩山的面貌。

(二) 五岳与古文化渊源

五岳与中国的古文化有着密切的联系。古文化即炎黄文化，我们中华民族向来以炎黄子孙自居，炎黄指的就是炎帝和黄帝两位先祖帝王，关于二帝的传说大多与五岳有关。

传说炎帝和黄帝是同父异母的兄弟，炎帝生于“华山之阳”(古代以山南、水北为阳，以山北、水南为阴)，也就是华山南侧一带，黄帝生于泰山南侧。而另一说法认为炎帝生于嵩山的华阳寨，也有传说炎帝部落后来迁徙至泰山一带。远古时代炎黄之间发生过一次著名的战争，即逐鹿之战，在这场战争中，黄帝取得了绝对的胜利，之后黄帝又打败了蚩尤部落，夺取了中原一带。

远观历史，炎帝就曾建都在泰山一带，可见泰山的文化根基之久远。泰山的历史地理位置处于古代中国的经济发达地区——黄河下游。文化地理位置在东夷文化中心地带，泰山南麓有大汶口文化，北麓有龙山文化，是齐鲁之邦的中心地带。在泰山一带发现的大量的旧石器和新石器的文化遗存都证明了这一带曾经的繁荣，并且在这一带形成了泰山文化圈。在春秋时期，泰山南侧的曲阜诞生了一代圣人孔子，更是把我国的古文化推上了顶峰，孔子创立的儒家学说在封建时代作为主流学说，一直统治人们的思想长达两千年之久，留下了珍贵的传统文化遗产，至今其学说中的很多精华部分仍被国人推崇。

旧史记载伏羲曾在华山一带带领他的子民过着渔猎生活。可见华山很早就是人类繁衍生息的地方，传承着人类文明。另外，华山一直被人们看成老子传经布道的地方，有种说法认为华山就是中国道教的发源地。在华山历朝历代诞生了很多道教大师，所以华山在中国道教发展史上有重要的地位。

历史记载尧、舜每次都到衡山打猎，大禹也曾在治水期间到过衡山，这些都肯定了衡山的文化源远流长。特别是佛教传入以后，这里更是造就了一代代的佛教大师。

北岳恒山出土了大量具有5000多年历史的文物，其中包括很多凸显地方特色及风格的彩陶和青铜器，这些文物本身就证明了这里的古文明程度。

可见，五岳文化源远流长，是我国古文化的一部分，所以五岳亦被称为我国的文化名山。

(三)五岳的宗教文化

魏晋南北朝时期，佛教和道教开始在五岳修建佛寺、道观，进行宗教活动，每个“岳”均尊奉一位“岳神”(或称“大帝”等)，作为掌管该岳的最高神。这五座山上的自然风景也逐渐被开发出来，供朝山信徒游览。于是，五岳又成为中国以山岳自然景观之美而兼具佛、道人文景观之胜的风景名胜区。唐宋以前，五岳大多是佛、道共尊，寺、观并存。宋代以后，佛教和道教各自依靠政治背景和社会势力彼此展开争夺。到明清时期，南岳衡山、北岳恒山和中岳嵩山仍保持着佛、道共尊的局面，东岳泰山和西岳华山则以道教势力为主，成为中国道教的中心。

千百年来，五岳在古人心目中都有着至关重要的地位。皇帝到这里祭祀，僧人道士在这里修行念经，善男信女在这里烧香许愿，名人雅客在这里赋诗作画，给五岳留下了众多的人文遗迹。

二、东岳泰山

庄严神圣的泰山，两千年来一直是帝王朝拜的对象，山中的人文杰作与自然景观完美和谐地融合在一起。泰山一直是中国艺术家和学者的精神源泉，是古代中国文明和信仰的象征，这是世界遗产委员会对泰山的评价。

（一）泰山基本概况

泰山，原名岱山，也名岱宗。它拔地通天，雄峙山东中部，其南麓始于泰安城，北麓止于济南市，方圆 426 平方千米。主峰是泰安市境内的玉皇顶，海拔 1532.8 米。在我国的古代神话传说中，天地万物之祖盘古氏死后，头部化作东岳泰山。从而，泰山成为五岳之首。泰山风景以壮丽著称。重叠的山势，厚重的形体，苍松巨石的烘托，云烟的变化，使它在雄浑中兼有明丽，静穆中透着神奇。正如天阶坊上的对联写的那样“人间灵应无双境，天下巍峨第一山”，泰山既是“天然的山岳公园”，又是“东方历史文化的缩影”。

（二）泰山的特殊地位

汉武帝曾赞赏泰山：“高矣，极矣，大矣，特矣，壮矣，赫矣，骇矣，惑矣。”而泰山被奉为与上天通接的圣地，经常是皇帝设坛祭祀祈求国泰民安和举行封禅大典之地。可为什么古代皇帝不选择其他名山，而是热衷于到泰山祭祀呢？

其一，古人崇拜东方、苍天、太阳、高山，而泰山是中国东部地区最高的山，在那里既能第一时间看到太阳升起，也便于皇帝与天近距离地沟通。其二，泰山地处黄河流域下游，这一带在远古相对比较发达，有着灿烂的历史文化，是中国古代文明的发祥地之一。其三，也是最重要的一点，就是古代皇帝通过效仿先人封禅泰山，宣扬自己的丰功伟业，塑造自己的光辉形象，提升自己的历史分量。

（三）泰山景点

泰山古建筑，包括寺院、庙宇、楼阁、亭坊、塔、桥等，因地制宜，巧妙借用自然地势加强和美化自然景观，利用南坡陡峭之势，造成登泰山如登天的意境。泰山建筑成功地利用周围的环境来营造成一种氛围、一种境界，烘托和加强步步登天的意念，使建筑功能和环境达到高度的统一。

天贶殿位于岱庙仁安门北侧，是岱庙中的主体，传为宋代创构。元称仁安殿，明称峻极殿，殿主祀东岳大帝。殿高 22.3 米，长 48.7 米，宽 19.79 米。殿面阔 9 间，进深 5 间，（古代计算房屋的间数是以柱子为标准，每 4 根柱子围成的长方形或正方形面积为 1 间，即正面有 10 根柱子，侧面有 6 根柱子，在房间上计算就是

60间)，8根红色大檐柱耸立廊前，重檐九脊，黄瓦飞甍金碧辉煌，以国内三大宫殿式建筑之一而闻名。殿内正中悬东岳大帝画像，北、东、西三面墙壁上有巨幅画，名为《泰山神启跸回銮图》，长62米，高3.3米，传为宋代作品，以龙凤之笔描绘了东岳大帝出巡的盛况。

十八盘：泰山有3个十八盘之说。自开山至龙门为“慢十八”，再至升仙坊为“不紧不慢又十八”，又至南天门为“紧十八”，共计1630余阶。“泰山十八盘”是泰山登山盘路中最险要的一段，为泰山的主要标志之一。此处两山崖壁如削，陡峭的盘路镶嵌其中，远远望去，恰似天门云梯。

南天门在十八盘之尽处，旧称三天门、天门关，海拔1460米，山于此为最危耸，飞龙岩与翔凤岭之间的低坳处，双峰夹峙，仿佛天门自开。门为阁楼式建筑，石砌拱形门洞，额题“南天门”。红墙点缀，黄色琉璃瓦盖顶，气势雄伟。

(四)泰山文化

泰山丰富多彩的文化为其增添了夺目耀眼的光彩，让游人驰神于大自然清幽雄奇之美的同时，感悟到人文之美的灿烂与厚重。泰山文化自然得益于泰山的崇高与伟大，更得益于炎黄子孙自强不息、积极进取的智慧和灵气。由此可见泰山文化所包含的高韵觉悟与璀璨壮丽的崇山峻岳融为一体，使世人在展读这部不朽巨著的时候，充分品味自然山水之美，感悟人文情思之重，体验哲理意蕴之善。

1. 泰山石刻

泰山石刻源远流长，分布广泛，数量众多，现存碑刻500余座、摩崖题刻800余处，碑刻题名之多冠中国名山之首，成为一处天然的书法展览，具有很高的艺术和史料价值。泰山石刻涵括整个中国的书法史，展示了中国书法艺术形变神异、一脉相承的发展脉络。历代刻石2500余处，堪称中国书法第一山！

泰山秦刻石，记载了中国第一个皇帝秦始皇统一中国的故事，距现在已有2000多年，是中国现存最古老的刻石之一。碑文由小篆创始人秦国丞相李斯撰写，原文222个字，三次失而复得只剩下九个半字了，人称国宝。

在泰山极顶玉皇顶，登封台的北边，玉皇庙门前8米处，立有一碑，因通体无字，俗称无字碑。古代人有两种说法：一说是秦始皇立的，这一说具体又有两种解释，一种解释为秦始皇封禅坛上北边的石阙，因为秦始皇的功德之大，难以用文字形容，故无字；另一解释说秦始皇“焚书坑儒”以后没人会写字了，故无字。当然，这些均无据可考。第二种说法认为此碑是汉武帝刘彻立的，也一直没有定论。

2. 泰山宗教文化

任何宗教的形成和发展，都是受制于当时的政治与文化条件，孔子的“中庸之道”与“和为贵”的思想，造就了泰山宗教文化的包容性。所以，人们今天在泰山看到的是一个儒、道、佛以及基督和伊斯兰和睦相处的宗教大家庭。道教在泰山上下安营扎寨，儒教和佛教在山上也相安无事，而且相互渗透，共同发展，以致泰山普照寺里的元玉和尚提出了“以佛修心，以道养身，以儒治世”的处世哲学；此外，远道而来的基督教和伊斯兰教也在山下的泰城找到了归宿，这是其他名山大川所不具备的。

值得一提的是，秦汉时期的泰山封禅，加速了神仙学说与道家思想的融合。由于国家祭祀系统是在方仙道信仰下统一起来的，并且在封禅活动中进行，这就为道教思想的形成创造了基本条件，特别是对泰山道教的形成和发展起到了重要的作用。

3. 泰山与历史名人

(1)孔子“登泰山而小天下”

泰山与名人结缘，始于孔子。孔子曾经多次登临泰山抒怀畅志、考察封禅、学习礼仪、了解民情，留下了十分丰富的历史遗迹。同时，孔子作为中国古代著名的政治家、思想家、教育家和文学家，由于他的特殊地位和影响，后人竞起仿效，接踵而至。可以说孔子开创了名人登泰山的先河。

孔子曾登临泰山，观览名胜，泰山上下有不少孔子游览遗迹，比如瞻鲁台、虎山等。孔子的思想和泰山紧密相连，孔子长期奔走齐鲁所悟出的“智者乐水，仁者乐山”，似乎已涉及文化地理对人性格的影响；他在细致的观察中体味到“智者动，仁者静，智者乐，仁者寿”，反映出山水欣赏对人的心理与健康的作用。

(2)司马迁与《封禅书》

司马迁是我国西汉伟大的史学家、思想家、文学家，著有《史记》，它是中国历史上第一部纪传体通史。历史上司马迁曾多次来往于泰山。他 20 岁奉父命南游时，就到过向往已久的泰山领略峰峦的伟岸，考察封禅的遗迹。先父未能登临的遗恨，使司马迁对泰山的崇敬情感更加刻骨铭心。汉武帝历次到泰山，司马迁皆为随从，正是在这个基础上，才产生了他“承敝通变”的《封禅书》。

司马迁的《封禅书》把传说中的古代帝王直至秦始皇、汉武帝在泰山的封禅活动进行了整理，并给予生动翔实的记载，从而使这种富有浓厚政治、文化色彩的祭祀

活动，受到后代帝王的重视，将封禅作为隆重的国家大典延续下来。

(3)诗中的泰山

望　　岳

(唐)杜甫

岱宗夫如何？齐鲁青未了。
造化钟神秀，阴阳割昏晓。
荡胸生层云，决眦入归鸟。
会当凌绝顶，一览众山小。

泰山是如此雄伟，青翠的山色望不到边际。大自然在这里凝聚了一切钟灵神秀，山南山北如同被分割为黄昏与白昼。山中冉冉升起的云霞，荡涤着我的心灵，极目追踪那暮归的鸟儿隐入了山林。我一定要登上泰山的顶峰，俯瞰众山，而众山就会显得极为渺小。

三、西岳华山与中岳嵩山

(一)华山

谁最早登上险峻的华山之巅呢？据记载，秦昭王时命工匠施钓搭梯攀上华山。魏晋南北朝时，也还没有通往华山顶上的道路。到了唐朝，随着道教进入华山，经过多年的探索和建设，才逐渐开辟出唯一的险道。

1. 地理位置

华山位于陕西省华阴县城南，北临黄河渭水，南接秦岭，雄踞关中平原东部秦晋豫三省交汇处，海拔约2200米，雄奇险峻居五岳之首。华山由五峰组成，东西南北中诸峰。古“花”“华”通用，正如《水经注》所说：远而望之若花状，故名华山。它势冲霄汉，具有王气之尊，自古就有“华山天下雄”的美誉。

关于华山的来历，有一个惊心动魄的神话传说。相传大禹治水，处处得到人和神的帮助。他把黄河引出了龙门，来到潼关时，又被两座山挡住了去路。这两座山南面的叫华山，北面的叫中条山。它们紧紧相连，河水不能通过。这时有位名叫巨灵的大神，挺身出来帮大禹的忙。巨灵神的身躯不知有多么高，力气不知有多么大。只见他走上前去，伸出两只巨手，紧紧抓住南面华山的山顶，顺势用脚使劲去蹬北面中条山的山根，要把两座连在一起的大山硬分开来。他这一鼓劲，中条山被他给蹬开了，黄河也顺利地从他蹬开的缺口流过去了。可是由于用力过猛，好端端的华山却被他掰裂，一高一低，成了两半。高一些的就是现在的华山，又叫太华山，低一些的就是现在的少华山。如今在陕西的华岳峰顶上，巨灵神开山时留下的手印，仍然老远就看得见，五个手指头和手掌的形状，还清清楚楚的。那个大脚印，则留在山西永济县境内中条山脉的首阳山下。华岳峰和首阳山隔河相峙，各在一省，巨灵神之巨大真是难以想象。唐朝天才诗人李白“巨灵咆哮劈两山，洪波喷流射东海”的诗句，讲的正是华山的来历。

2. 景点

苍龙岭是指救苦台南、五云峰下的一条刃形山脊，属华山著名险道之一。因岭呈苍黑色，势若游龙而得名，游人在上面行走，如置云端，惊险非常。传说唐朝诗人韩愈，鼓足勇气登上了“苍龙岭”，回头一望，见山路如此险绝，大惊失色，认为难以生还，于是写了遗书投下山涧，纵声痛哭。后人把这里的逸神岩命名为“韩愈投书处”。然而，无限风光在险峰，登山苍龙岭抬眼望去，身边白云缭绕，四面青山巍峨，游人如同自由的鸟儿高悬在青山翠谷之上。

西岳庙是供奉西岳大帝华山神的庙宇，始建于汉武帝时代，后成为历代帝王祭祀华山神的场所。西岳庙坐北朝南，庙门正对华山。在由北至南的中轴线上依次排列着灏灵门、五凤楼、棂星门、金城门、灏灵殿、寝宫、御书楼、万寿阁。整个建筑相当宏伟。登五凤楼望华山，五峰历历在目。

长空栈道在南天门外，是华山著名险道之首。栈道路分三段，上段长 20 米，宽两尺许，中段游人须挽索逐级而下，称之“鸡下架”，西折为下段，筑路者在峭壁上凿出石孔，楔进石桩，石桩之间架木椽三根，游人至此，面壁贴腹，脚踏木椽横向移动前行。

鹞子翻身在华山东峰，是通往下棋亭的必由之路，为华山著名的险道之一。其路凿于倒坎悬崖上，下视唯见寒索垂于凌空，不见路径。游人至此，须面壁挽索，以脚尖探寻石窝，交替而下，其中几步须如鹰鹞一般左右翻转身体才可通过，故得名。

3. 文化

在《尚书》里就有关于华山的记载，《史记》中也载有尧、舜华山巡游的事迹。据学者考证，“中华”、“华夏”也因华山而得名。华山与黄河唇齿相依，在中华民族繁衍、生息、发展中一直占着崇高的地位。不少文人墨客到过华山，自隋唐以来，李白、杜甫等人留下的诗歌、碑记和游记不下千篇。

(1)宗教文化

据文献记载，华山一直是道教独占的名山，佛教从未涉足。早期道教的著名道士，如北魏的寇谦之、北周的焦道广等人都曾在山上结庐修炼。在唐代，华山上的道路逐渐被开凿出来，道教也随之兴盛。唐睿宗的女儿金仙公主，著名道士杜怀谦、钟离权、吕岩等人都在山上修道隐居。宋代的著名道士和道教学者陈抟在华山居住 40 余年，因此被奉为道教“老华山派”的祖师，俗称“陈抟老祖”。金元时，全真派的道士王处一、谭处端、郝大通等人在华山长期居住、传道，华山成了道教全真派的本山、活动中心。明清两代，华山道教极为兴旺，宫观遍布全山。现存的洞景和摩崖题刻多为明清时的遗物。华山还是道教的“第四洞天”。

(2)华山论剑

华山派是道教的大宗，剑法承吕洞宾、陈抟一系，博大精深，在武术界影响深远。华山剑法飘忽，剑走轻灵。前人曾这样形容：“翻天兮惊飞鸟，滚地兮不染尘；一撒通身皆是手，只见剑光不见人。”

(3)华山庙会

自古名山都有朝山庙会，华山庙会在每年的农历三月。三月十五日是华山庙会的正日，这一天西岳庙会举行盛大的拜岳大典，这一天也是人们登山朝拜之期，山上人流不息，喧闹之声响彻数十里之外。1998 年 4 月 9 日华阴市政府在西岳庙举行了首次仿唐祭山大典活动，其规模之盛大吸引了几万人观看。今天华山庙会已渐渐发展成为颇有影响力的综合性旅游文化庙会。

(4)文学作品中的华山

白居易在中国文学史上是负有盛名且影响深远的诗人和文学家，他的诗歌题材广泛，形式多样，语言平易通俗。他一生曾多次往返于华山，有多首诗词把华山作为描写对象，足见白居易对华山的深厚情感。白居易 33 岁时经洛阳至渭南故里，写了《泛渭赋》，抒发了白居易热爱祖国名山大川的情怀。

(二)嵩山

1. 地理位置

嵩山，位于九州和五岳之中，北依黄河，南临颍水。中岳嵩山属于伏牛山脉，其主体在今河南省登封县境内，东邻省会郑州，西邻九朝古都洛阳。嵩山主要由太室山、少室山两山组成，山体从东至西横卧，蜿蜒 70 公里，故有“华山如立，中岳如卧”之说。

2. 景点

嵩阳书院创建于北魏孝文帝太和八年(公元 484 年)，初为佛教活动场，隋炀帝大业年间(605—618 年)，更名为嵩阳观，改为道教活动场所。宋仁宗景祐二年(1035 年)，名为嵩阳书院，以后一直是历代名人讲授经典的教育场所。嵩阳书院是我国古代高等学府之一，它与湖南长沙的岳麓书院、江西庐山的白鹿洞书院、河南商丘的应天书院，并称为我国古代的四大书院。

少林寺为“天下第一名刹”，建寺已有 1500 多年历史，因坐落在少室山下的茂密丛林中而得名。少林寺是中华武术最大宗派——少林武术的发源地。少林寺以禅宗和武术并称于世，隋唐时期已具盛名。

3. 文化

(1)嵩山“禅宗少林 · 音乐大典”

“禅宗少林 · 音乐大典”是一个大型文化演出项目，演出地址在距登封市西 10

公里的待仙沟。自演出以来，受到极大欢迎，成为嵩山旅游的一大亮点。

(2)庙会文化

庙会是指在寺庙附近聚会，进行祭神、娱乐和购物等活动，是中国传统的节日风俗，是民间广为流传的一种传统民俗活动。而嵩山地区由于道教文化和佛教文化发达，寺庙众多，所以庙会文化也发达。传统的中岳庙庙会时间是每年春季的农历三月初十和秋季的十月初十，会期长达 10 天。庙会活动丰富多彩，每天参加庙会的人数高达几十万。在庙会上，能够看到“拴娃娃”、“拜干爹”、“摸铁人”等传统风俗习惯，舞狮子、旱船、高跷、火龙舞等民俗节目，还可以看到用以祈福纳祥的各种小物件，像长命锁、香袋、如意、葫芦等，让人在赶庙会体味宗教文化的同时，也体验民俗，更好地理解其与世俗生活之间的密切联系。

(3)少林武术节

少林武术节是一项集武术、旅游、文化交流于一体的大型综合性节会，始创于 1991 年，以“以武会友，共同进步”为宗旨，至今已成功举办了 11 届，为少林武术文化和佛教文化的国际化搭建了一个有效的平台。有来自 60 多个国家和地区的运动员参加了这一武术盛会。

少林武术节以展示少林功夫、弘扬佛教文化为目的。少林功夫是指在嵩山少林寺这一特定佛教文化环境中形成，以佛教信仰为基础、体现着佛教禅宗智慧、以少林寺僧人修习的武术为主要表现形式的传统文化体系。少林功夫历史悠久，体系完备，技术水平高。在少林武术节中，人们还可以通过旅游和欣赏音乐等形式体味嵩山文化的独特之处。

(4)嵩山的天文文化

纵观历史，嵩山的天文文化历史悠久，对中国天文学的贡献不可磨灭。

在这里先后有三次大规模天文测量活动。第一次发生在周成王时期。当时负责摄政的周公为了实现“王者必居土中”的政治需求，在全国设置了五处观测点，最后求证阳城为天地之中，同时在测量中观测到日影变化的规律，明确了年、四季的概念，确定了春分、秋分、夏至、冬至等重要的节气，使农业生产走上有历法可依的道路。到唐朝时，人们为了纠正传统历法的错误，僧一行奉命再次组织了一次天文测量。他仍以登封为中心观测点，根据实地测量结果，编成了《大衍历》。1276 年，元朝任用郭守敬等人进行了以改进、修订历法为目的、以“四海测验”为名的大规模天文观测活动。天文学家们用先进的测量仪器，在全国 27 个测量点进行测量，而登封阳城仍是测量点之一，并建立了观星台，这座观星台历时 700 余年，至今仍保存完好，是我国现存最早的天文台。而通过此次测量而编制的《授时历》是当时世界上最先进的历法。

(5)嵩山的宗教文化

嵩山地区集儒、释、道文化于一体，对三者的形成和传播起到了很大的作用。

佛教在东汉初年正式传入中国，最先在嵩山地区落足，并开始由此向全国传播。嵩山玉柱峰下的大法王寺就是为印度来的僧人传教而敕建的，从此拉开了在嵩山建立寺庙的序幕。先后有嵩阳寺、嵩岳寺、水泰寺、会善寺等多座寺庙建成。到唐朝时，许多高僧在嵩山修行。这种情况一直持续到清末，佛教活动才开始衰落下去。

道教的形成和嵩山关系密切。黄老学与方仙道的结合，在东汉形成了原始道教——太平道和五斗米道，五斗米道是天师道的前身。道教五斗米道始祖张道陵在入蜀创立五斗米道之前就在嵩山修炼，从这个意义上来说，嵩山是道教的发祥地。嵩山地区是道教传播的重地，被道教视为洞天福地，而历史上许多著名道士曾在嵩山修炼。道教在嵩山的重要道场有中岳庙、老君洞等。

(6)文学作品中的嵩山

嵩山为五岳之一，以风景名胜和文化圣地而闻名于世，自然也是文人歌咏的对象，在文学作品中嵩山的形象时有出现。

四、南岳衡山和北岳恒山

(一)衡山

1. 地理位置

衡山是我国五岳之一，位于湖南省衡山县。衡山山势雄伟，绵延数百千米，有72峰，南起衡阳回雁峰，北止长沙岳麓山。由于气候条件好于其他四岳，衡山处处茂林修竹，奇花异草，景色十分秀美，因而有“南岳独秀”的美称。素以五岳独秀、宗教圣地、文明奥区、中华寿岳著称于世。《诗经》中“福如东海，寿比南山”的“南山”即衡山。

2. 景点

祝融峰海拔1298米，是衡山72峰中最高的一座，也是湘中盆地最高峰。登衡山必登祝融。古人说：“不登祝融，不足以知其高。”传说祝融峰是祝融游息之地。祝融是神话传说中的火神，燧人氏钻木取火以后，即由祝融保存火种。

南岳大庙是衡山最大的寺庙，坐北朝南，庙址呈长方形。南岳大庙规模宏大，布局严谨，占地面积多达98500平方米，在南方一带也是数一数二的大庙。南岳大庙由四群院落和九个建筑体组成，保持了唐宋以来的艺术精华。正殿殿顶覆盖着橙黄色的琉璃瓦，并饰有宝剑、大小蟠龙和八仙中的人物，飞檐四角，垂有铜铃。大殿台阶四周，有麻石栏杆围绕，柱头上雕刻有狮子、麒麟、大象和骏马，栏杆中嵌有汉白玉双面浮雕144块。殿内正中供奉着“南岳司天昭圣帝”，即祝融神君。72根大石柱高擎殿宇，看上去雄伟壮观且极具特色，象征着衡山72峰。整个大庙以总体布局完整著称，是我国五岳中规模最大、总体布局最完整的古宫殿式庙宇。

祝圣寺位于南岳大庙的东南侧，是南岳五大佛教丛林之一。寺的主要结构有前殿、正殿、藏经阁、方丈室、罗汉堂等，光彩华丽，蔚为壮观。罗汉堂左右墙上嵌有石刻的五百罗汉像，这些罗汉线条流畅，栩栩如生。它们或盘膝而坐，或持禅帚，或目光前视，或俯首沉思，神采迥异，无一雷同，意境天然，篆刻工巧，深得佛教界和艺术界的赞赏。

3. 文化

(1)南岳庙会

南岳庙会是衡山地区民俗文化的典型代表。它于唐武宗会昌二年(842年)就已经产生，且一直以来都是颇有特色的民俗。

相传每年的农历五月十七日是天符大帝的生日，人们要在此前后举行各种祭神及娱乐活动，以示庆祝，后来便发展成为如今的庙会。南岳的庙会多是从农历五月十四开始。那天，人们会化装成不同的角色，如骑马的文武判官、随行差役、打路鬼等，进行游街，这被称为“清道”。这时，人们会围着判官咨询年景、福祸等，判官便逐一回答，即便问题刁钻，判官们也能巧妙作答。五月十五日开始抬神，这一过程中还会有一些小插曲，被称为“打点子”。人们会请判官在自家小孩的额头上用朱笔点上一个红点，以起到驱邪的作用。过去这种庙会活动，仅仅是作为祭祀的活动，而如今，衡山的庙会早已不再只有这一个作用，而是慢慢演变成了集武术、杂技、歌舞、表演、书法、彩灯、文物珍奇等展览及商贸洽谈于一体的大型盛会。

(2)宗教文化

南岳是一个享有盛名的文明奥区。古代，这里曾有108座庙宇，现存26座。它是我国唯一佛道并存的名山，宗教文化源远流长。有形似故宫的岳庙，有为“六朝古刹、七祖道场”的福严寺，还有日本曹洞宗视为祖庭的南台寺，道家称为二十二福地的光天观。

①佛教文化。南岳衡山是著名的佛教圣地，佛教文化极为发达。但一开始南岳却是道教的天下，佛教文化进入南岳是在六朝梁天监年间(502—519年)，由最早到达南岳的高僧慧海、希遁带入，这时间要比道家约晚200年。在衡山方圆百里的范围内，首屈一指的寺庙建筑是位于南岳古镇的南岳大庙，规模宏大，有“江南第一庙”、“南国故宫”之称。从它宏大的规模、精美的建筑、完整的结构和周密的布局上，我们可以体会到佛事的盛大。

②道教文化。南岳衡山不仅是佛教的名山，更是道教的名山，道教文化发达。我们知道，道教要比佛教早200多年进入南岳。道家最早进入南岳的传人是东汉末期的张道陵，他自天目山游南岳，谒青玉坛、光天坛。其后则为皮元与王谷神二位。汉至魏晋，道家一直热衷于炼内丹，即今所谓气功。烧丹炼汞为外丹，即药物，为古代化学。

(3)福寿文化

福寿文化是南岳衡山文化的重要组成部分，其历史非常久远。据《星经》记载：

南岳衡山对应二十八宿之轸星，轸星主管人间苍生的寿命，故名寿岳。

(4)八大怪文化

衡山八大怪文化是指衡山特有的八种文化现象：

第一怪：佛道同山。衡山寺庙众多，佛道共存一山。在南岳大庙中，更是形成了和尚道士同居一庙的奇特景观。

第二怪：唱歌朝拜。在南岳进香，除要行普通的跪拜礼，还要唱香歌。

第三怪：赶八月。衡山的香火旺盛，以八月为盛。此时香客如潮，商贾云集，交易活跃。

第四怪：熟人见面不说话。衡山人在新年之际去朝拜山神许愿的路途中，为了表示虔诚，就是见到熟人也不打招呼。

第五怪：冬瓜做扣肉。南岳素菜中有一道菜名叫“不可思议”，看上去外形和扣肉一样，其实是用冬瓜制作的。

第六怪：儿子结婚爹游街。儿子结婚时，父亲要头戴高帽，涂着大花脸，身穿大红戏袍，背挂写着“扒灰佬”、“子承父业”等字样的牌子在接亲队伍的簇拥下游街。

第七怪：群蛙聚会。每年惊蛰前后，广济寺的水田中会出现成千上万只蛙，有的摞在一起，形成一两尺甚至一米多高的“蛙塔”。

第八怪；寿山。衡山又被称为“寿岳”，山上与寿有关的石刻达数百处，与祷寿有关的民风民俗众多。

(二)恒山

1. 地理位置

北岳恒山，又名常山，它西衔雁门关，东连太行山，南接五台山脉，北临大同盆地，跨晋、冀两省，绵延150公里。恒山主峰居于山西省北部浑源县境内，海拔2016.8米，山高为五岳之冠，比泰山绝顶还高出近500米。天峰岭与翠屏峰是恒山主峰的东西两峰，历来是兵家必争之地。

2. 景点

悬空寺始建于北魏后期，至今已有1400多年的历史。现存建筑是明、清两代重修后的遗物。悬空寺面对天峰岭，背倚翠屏山，坐落在金龙口西崖的峭壁上。寺门依山势朝南开，内有楼阁殿宇40间。当地有民谣说：“悬空寺，半天高，三根马尾空中吊。”

除了因地制宜之外，还有其他什么缘故要把悬空寺建在这千尺峭壁上呢？原来，以前这里是南去五台、北往大同的交通要塞。悬空寺建在这里，可以方便来往的信徒进香。其次，浑河水从寺前山脚下流过，常常暴雨成灾，河水泛滥，人们以为有金龙作祟，便想到建浮屠来镇压，于是就在这百丈悬崖上悬空修建了寺院。另外，凹陷的山势使得塞外凛冽的大风不能吹袭悬空寺，而寺前的山峰又起了遮挡烈日的作用。据说，在夏天的时候，每天只有3个小时的阳光照射悬空寺。难怪它能够历经千百年风雨甚至地震，迄今仍然牢牢地紧贴在峭壁上。

悬空寺显示出我国高超的建筑艺术水平，那么它是怎么建造的呢？据说，古代的建筑师们巧借岩石露头层面的曲折凹凸，在陡崖上开凿洞眼，将悬梁插入洞眼中，然后再在悬梁上铺板立柱，构筑梁架，建成楼阁。同时，又利用力学原理，竖立起几十根碗口粗细、长短不一的木柱，支撑着上面的建筑物。看似惊险异常，实则安稳得很，经受住了长时间的考验。

3. 文化

(1)宗教文化

道教是中国土生土长的宗教，玄妙古老的中国道教在恒山留下了其风雨沧桑的足迹。恒山作为中国道教的主要发祥地之一，被称为“道教第五小洞天”。

(2)恒山庙会

每年农历的四月初八，是恒山的传统庙会。据说四月初八本来是恒山九天宫的庙会，在这一天，本地和附近的人们，特别是年轻媳妇们，都会来九天宫烧香求子，同时也要到恒宗殿朝拜北岳大帝，久而久之，就形成了传统的恒山庙会。在庙会期间，浑源城和周边各地的商贩、艺人都会赶来。从浑源城到恒山庙的10公里的登山路两旁，摆满了各式各样的杂货摊，贩卖各种商品、食物和儿童玩具。说书的、唱戏的、打卦的、算命的、踢拳的，五花八门，应有尽有。从浑源城到恒山顶，山上山下，人山人海，水泄不通，非常热闹。

(3)文学作品中的恒山

恒山以它优美的自然景色和丰富的人文景观，从古至今吸引着众多游人来到这里，一睹恒山“芳容”。历史上，秦皇、汉武、唐宗、宋祖，都曾经到恒山巡视、祭奠。除了这些帝王，历代的名人、学士，诸如李白、贾岛、元好问、徐霞客等人也游览过恒山胜地，并留下吟咏恒山的诗章。

第三节　中国名山文化

一、山与中国佛教文化

旅游是一种非常典型的文化经济活动，而宗教作为历史文化的一种载体，成为旅游文化中重要的组成部分。中国是一个多宗教的国家，历史上有许多宗教，其中最主要的是佛教。佛教传入中国以后，一方面与中国传统文化互渗互容，与中华民族的民风民俗相结合，从而出现传统文化与外来文化之间的同化现象。另一方面，佛教本身的教义博大精深，使其在一个新的文化土壤扎根以后，逐渐形成诸多中国式的佛教文化，从而极大地丰富和发展了原始佛教教义。在我国佛教史上，伴随着天台宗、净土宗、禅宗等一个个佛教宗派的诞生，一个个佛教祖庭也相继出现在神州大地上。这些佛教祖庭以及佛教各宗派杰出人物讲经布道的场所，已成为后世佛教信徒们朝觐、发思古之幽情的向往所在。同时，也成为一般群众游览观光的理想去处。这样，佛教胜迹、圣地就与中国旅游业中朝觐型文化旅游相结合，形成了一种特定的旅游文化。很显然，中国的佛教文化具有极大的旅游吸引力。

(一) 中国佛教文化的特色

1. 强烈的民族独立性

任何外来文化，只有适合中国国情，适合中国的传统文化，才能在中国流传、普及，中国的佛教文化也不例外。佛教在西汉末年传入中国以后，与中国传统的伦理和宗教观念结合在一起，得到了迅速的发展。特别是在魏晋南北朝时期和隋唐时期，名僧辈出，佛经被大量翻译介绍，各种经纶学派纷然而起，寺院和石窟寺大量出现，佛教信徒人数剧增等，使佛教势力逐渐扩展到全国各地。经过两千多年的发展，佛教理论由初期依附于汉文译经进而建立起了多种独立的体系，并建立了适应中国国情的佛教礼仪法规，形成了中国佛教的各个宗派。佛教也经由中国传往朝鲜、日本和越南等邻国。中国佛教文化的民族独立性是显然的。

2. 强大的融合外来文化的能力

佛教文化并不是中国固有的文化，因此，传入中国后缺乏与中国传统文化的冲突与斗争。但总体来讲，中华民族在坚守民族独立性的同时，对于外来的佛教文化，显示出其宽广的兼容并蓄的气度和强大的汲取融合的能力。遍布全国的寺院、宝塔、石窟等，均充分显示出中外文化相互融合的艺术魅力。

3. 与儒、道关系密切

中国的传统文化，是在儒、道的长期影响下形成的。佛教文化传入中国以后，与中国的传统文化(特别是与儒、道)相互冲突、渗透和融合。一些主要佛教派别的基本观点已为儒家理学所吸收，佛教跟儒道思想趋于合流，儒家的报恩、忠孝等伦理观念也进入了佛教文化的核心层次。

4. 浓厚的民间色彩

中国的佛教文化，由于与儒、道文化的融合，而更趋向于哲理化，宗教的色彩日益淡化；同时佛教愈益走向民间，使佛教具有更好的民间信仰氛围。因此作为佛教创造者的释迦牟尼形象在民间逐步淡化，而阿弥陀佛、观音菩萨、弥勒菩萨等形象则妇孺皆知，深入人心。中国佛教文化的上述特色，使其有别于国外的佛教文化，充分表现出中国自己的民族特色。因而不仅具有中国人所喜闻乐见的内容形式，而且具有令外国人很感兴趣的无与伦比的魅力，从而形成了很强的旅游吸引力。

(二)佛教艺术的旅游吸引力

与中国传统文化不同的是，佛教文化在向众生传播的过程中，不仅仅是靠言传身教，而是更注重于借助一定的外在条件。如固定的讲经布道的场所、特定的佛神形象和特定的音乐语言。这样，就在中国大地上出现了一种包含佛教建筑、佛教雕塑及绘画、佛教音乐在内的佛教艺术。而其中的佛教建筑、佛教雕塑及绘画则为中国的旅游文化增添了丰富的内容。

1. 五台山

五台山位于山西省五台县，平均海拔1000米以上，最高峰海拔3000余米，被称为“华北屋脊”。五台山融自然风光、历史文物、古建艺术、佛教文化为一体，其中佛教文化名扬天下，是佛教文殊菩萨的道场，为中国四大佛教圣地之首，故有金五台之称。文殊菩萨是释迦牟尼的左胁侍，在佛教中以智慧善辩著名，所以又称大智文殊，在四大菩萨中排在头位。因此，他的道场也就特别显赫。同时五台山又与尼泊尔蓝毗尼花园、印度鹿野苑、菩提伽耶、拘尸那迦并称为世界五大佛教圣地。

东台名为望海峰，海拔2795米。伫立台顶，可见云雾在群山中弥漫，露出点点山尖，有如海上浮舟。云海上的峰尖时隐时现，像是在急浪中飘游。登顶观日出，能见一轮红日跃出云海，海天一片通红，犹如红绫，甚为壮观。

北台名叫叶斗峰，海拔3058米，为“华北第一峰”，其顶平广，建有灵应寺。民间有“躺在北台顶，伸手摸星星”的说法。

五台山主要是以佛教圣地而名扬天下的，五台山佛教历史其实也是一部中国佛教史。据考证：东汉永平十一年(公元68年)印度两位高僧迦叶摩腾、竺法兰在中国传播佛教，他们来到五台山，见五座台顶拱围台怀腹地，其山形地貌与释迦牟尼佛的修行地灵鹫山几乎相同，返回洛阳后就奏请汉明帝，在五台山修建了我国最早的佛寺之一，五台山也就成了佛教圣地。

2. 峨眉山

峨眉山位于四川盆地，山体南北延伸，绵延23公里，面积约为115平方公里，主峰万佛顶海拔3099米。有佛光、圣灯、日出、云海四大奇观。峨眉山秀甲天下，气象万千，素有“一山有四季，十里不同天”的妙喻。峨眉一直为佛教普贤菩萨道场，为我国四大佛教名山之一，其源远流长的佛教文化也享誉中外。

报国寺位于峨眉山麓，是峨眉山最大的一座寺庙，又是登山的大门，是游峨眉山的起点。该寺始建于明万历年间，“报国寺”匾额为康熙帝亲书。报国寺中有三件珍宝，一是七佛殿内的巨型瓷佛；二是高7米的14层紫铜“华严塔”(现已迁至伏虎寺)；三是高2.3米，重25吨，口径2米的大铜钟。

万年寺始建于晋代，入口做成了圆弧形，象征着天圆地方，普贤圣像高 48 米，总重量达 660 吨，是世界上最高的金佛。通高 48 米，代表阿弥陀佛的 48 个愿望，普贤的 10 个头像分为三层，神态各异，代表了世人 10 种不同的心态。万年寺为全国重点文物。

乐山大佛是峨眉山区的一处重要名胜。这座世界上最大的石雕弥勒佛像，依岩端坐，俯视三江，庄严肃穆。佛像通高 71 米，头高 14.7 米，直径 10 米，仅一只佛足就宽 5.5 米，长 11 米，上面可围坐百人以上。“山是一尊佛，佛是一座山”，正是这座大佛的真实写照。可是，为什么乐山大佛是分腿而坐的呢？原来大佛的这种坐姿膝部以下呈凹字形，使得江水冲入后受挫回流，缓和了水流。即便以今天的技术角度而言，乐山大佛的修建也是一项伟大的工程学奇迹。

相传佛教于公元 1 世纪即传入峨眉山。近 2000 年的佛教发展历程，给峨眉山留下了丰富的佛教文化遗产，造就了许多高僧大德，使峨眉山逐步成为中国乃至世界影响甚深的佛教圣地。

二、山与中国道家文化

道教是中国土生土长的宗教，是在中国哲学、中国科学、中国的风俗、中国民情影响下成长起来的。道家宣扬以“道”为中心，认为“道”是宇宙万物生成变化的总根源、总规律。“道法自然”，标榜崇尚自然，主张清静无为。道教以修道成仙，羽化升天为理想，因此有“洞天福地”之说。

武当山位于湖北省十堰市境内，绵亘 800 余里。主峰天柱峰海拔 1612 米。武当山道教历史文化悠久，源远流长，拥有 140 华里的古建筑群。武当山上曾有 33 个建筑群，现存 36 处道教宫观，大多建于 14—16 世纪的明代，是中国现存最完整、规模最大、等级最高的道教古建筑群。加之武当武术、道教音乐等传统文化瑰宝相映衬，形成了颇具特色的武当文化，被誉为“自古无双胜境，天下第一仙山”。

紫霄宫初建于宋宣和年间，规模宏大，气势磅礴，因其为皇家祈福之地的特殊地位，故布局庄重，陈设考究。紫霄大殿是武当山唯一一座重檐歇山式木结构殿堂，这座在全国古建筑中屈指可数的抬梁式木结构的道教建筑，利用地形落差，建在三层崇台之上，更显其宏伟壮观，气势轩然。有着千年历史的紫霄宫，其顺应自然的建筑思想，充分体现了道家文化的内涵，遗存有丰富而生动的古代文化内容。

南岩又名“紫霄岩”，因它朝向南方而得名，为道教所称真武得道飞升的“圣境”，它将武当山人文景观和自然景观结合得非常完美，是武当山三十六岩中风光最美的一处。南岩的建筑群，在手法上打破了传统的完全对称的布局和模式，使其与环境风貌达到了高度的和谐统一。南岩宫建在悬崖上。宫外绝崖上，有一雕龙石梁，石梁悬空伸出 2.9 米，宽约 30 厘米，上雕盘龙，龙头顶端雕一香炉，号称“龙头香”。过去，有些香客为了表示自己的虔诚，竟冒着生命危险去烧龙头香。

金殿是武当山的象征，也是武当道教在皇室扶持下走向鼎盛的结果，堪称国宝。它坐落在海拔1612米的武当天柱峰之巅，建于明永乐十四年(1416年)，全为铜铸鎏金，是世界罕见的铜建筑精品。

据考证，金殿是在北京铸造成构件，从水路运至古均州，然后由人工搬运至天柱峰拼装完成的。铜铸鎏金的金殿为重檐庑殿式仿木结构，是当时中国等级最高的建筑规制，仅面饰鎏金就耗黄金60公斤。金殿殿顶翼角飞举，上饰龙凤、海马、仙人等吉祥之物，栩栩如生。金殿虽为铜铸，但其殿身的立柱、梁枋以及瓦麟、窗棂、门槛等诸形毕备，且每块铸件之间严丝合缝，浑然天成。可是，为什么在古代没有钉子的情况下，仍然建成了如此严密的建筑的呢？原来金殿的铸造采用了失蜡法。失蜡法是一种青铜等金属器物的精密铸造方法。做法是，用蜂蜡做成铸件的模型，再用别的耐火材料填充泥芯和敷成外范。加热烘烤后，蜡模全部熔化流失，使整个铸件模型变成空壳。再往内浇灌溶液，便铸成器物。所以，金殿历经近600年的风雨雷电、严寒酷暑，至今仍金光夺目，它的熠熠光彩体现了中国古代匠师高超的技艺，是我国古代铸造工艺的惊世之作，也是我国古代劳动人民智慧和古代科技水平的历史见证。

中国武林中，素有“北宗少林，南尊武当”之说。这里的武当就是指发源于武当山的武当武术。武当武术重内修，主张后发先至，以柔克刚，以静制动，非厄困而不乏，被人称作内家拳。它作为一种文化，深深根植于数千年华夏文化的沃土中，蕴含着深刻的中国传统哲理奥妙，把中国古代太极、阴阳、五行、八卦等哲学理论，用于拳技、练功原则和技击战略中，其本质上是探讨生命活动的规律。武当武功是武当道教在生命探索中产生出的光辉结晶。

三、山与中国儒家文化

儒家重视现世，对人生抱积极的态度，然而又有相反相成的内涵。儒生一方面以天下为己任，另一方面又主张“志于道”。儒家山林文化的最好体现是在书院，儒士以书院为研究学术和推行道德教育的基地，在书院中寄托他们的理想、情趣和追求。儒家思想具有理想主义的色彩。修身为本，为政以德。儒家的政治路线就是“修身、齐家、治国、平天下”。

庐山位于江西省九江市，90余座山峰绵延25公里，犹如一道优美的中国屏风。庐山诞生于喜马拉雅造山运动，是一座崛起于平地的孤立山系，漫长复杂的地质运动和冰川巨大的剥蚀切割作用，造就了庐山险峻而又秀丽的面貌。

五老峰在庐山东南，有五座相连的山峰。这五个山峰的形状，犹如五位老者相并而坐，因此得名五老峰。五老峰因峰石由砂页岩构成，它们的抗蚀力不等，出现了参差悬空，棱角锋利，线条清晰的奇特景象。如果从不同的角度去看五老峰，几个峰峦或像乘风飘逸的诗仙，或像雄心未已的暮年壮士。

白鹿洞书院在五老峰脚下。白鹿洞书院建于公元940年，原是唐代洛阳人李渤年轻时隐居求学的地方。唐贞元年间(公元785—805年)，洛阳人李渤与其兄李涉隐居在这“洞”中读书，传说他们养有一头通人性的白鹿，经常跟随主人外出走访游玩，甚至还能帮主人传递信件和物品。世人因此称李渤为白鹿先生，也把这里称为“白鹿洞”。

北宋初年，各地设置书院，庐山国学也改称为白鹿洞书院，从此规模逐步扩大，逐渐成为全国四大书院之一，与嵩阳书院、岳麓书院、应天书院并称。南宋时经理学家朱熹重建扩充，成为中国四大书院之首，当时，朱熹辞去官职来到庐山，亲自在白鹿洞书院主持讲学。在此期间，他购买了大量书籍，还邀请全国的名师到此讲学，使得白鹿洞书院成为当时思想学术的中心。

本章小结

中国的山岳与中国的传统文化是互相融合的，三山五岳各具特色，每一处都是一道亮丽且有韵味的风景线。当然，山岳除了风景美，其中所蕴含的民俗文化、宗教文化等也都耐人寻味。

课后习题

一、简答题

1. “福如东海，寿比南山”中的“山”是五岳中的哪一座山？

2. 中国佛教四大道场指的是中国哪四座名山？

3. 人民币五元钱背面的图案是什么山？

4. 中岳嵩山是五岳中唯一一座三教并存的山，请问是哪三教？

二、实训题

1. 请同学们讲述自己所在地的山岳文化。

2. 请说出与泰山有关的成语。

第三章 中国水域文化

第一节 中国水域与中国传统文化

著名园林学家陈从周先生说得好："我国名胜也好，园林也好，为什么能这样勾引无数中外游人百看不厌呢？风景绚美，固然是重要原因，但还有个重要因素，即其中有文化，有历史。"(《说园》)在中国山水里，有文化的深潜，有历史的厚度，每个朝代，每个时期都在它身上留下踪迹，这些历史精英、文物荟萃、英雄业绩，正是人们了解过去、触发心灵、唤起审美愿望的重要契机。所以在山水游历中，自然景观和人文景观是相互交织，相得益彰的。山水养育了文化，文化增添了山水的灵性。没有山水的养育，文化便缺少了根基与源泉；没有文化的滋润，山水便缺少了精神和韵味。

让我们来看一下水文化的形成过程：

首先，对自然神的祭祀活动促进了山水文化的发展。据考古资料，从大约一百七十万年前开始，长江和黄河流域得天独厚的自然环境为生产力水平尚很低下的人类，提供了生存、繁衍和进一步发展的空间，但是高山深谷、江河猛兽和风云变幻的自然景象又让人类的祖先不得不产生深深的畏惧之心，大自然以神灵的形象存在着。所以，人类的祖先对山水不仅有浓浓的依恋，同时还将自然山水由使用对象变成了崇拜对象，人们为求得风调雨顺、安居乐业，获得更多的生活资料，开展了种种祭祀山神的宗教活动。

其次，佛教和道教把人们引入超凡脱俗的大自然，并且儒家思想中的隐逸观念也是推动文人士大夫走向自然的重要因素。山水为佛教信徒提供了一个修身养性的极佳环境，道教崇尚自然，返璞归真，追求超凡脱俗的"仙境"，他们的寻找使得很多不为人知的山水变为名山胜水。而在古代封建社会中，仕与隐是文人士大夫在人生道路上的两种选择，选择隐居生活的士大夫也就越发喜爱山水了。

所以，在人对自然的认识过程中，人们越来越与自然亲近了，原来那种敬畏、崇拜的心理，逐渐为愉悦、清净、无为的心境所取代。山水在人们眼中不再狰狞可怕而是愈加美丽动人，即人们开始以审美的态度观照自然，欣赏山水。山水的游览丰富了人们的审美体验，同时也促成了表达美感经验的山水艺术的形成，山水诗、山水画、园林等艺术品类纷纷呈现并发展起来。

最后，人们对自然山水的改造、利用、科学开发，也是推动山水文化建设的一个不可忽视的因素。比如四川岷江上游的都江堰水利工程，是我国最古老的水利工程，为秦昭王时蜀郡太守李冰及其子二郎所建，它由鱼嘴、宝瓶口、飞沙堰三部分组成，充分显示了我国古代人民高超的科学水平，为四川成为“天府之国”作出了无法估量的贡献。

第二节　中国江河文化

中国河流众多，流域面积在100平方千米以上的河流约5万条，流域面积在1000平方千米以上的河流约1500条，超过1万平方千米的河流有79条。

中国的地形特点对河流发育有着深远影响。中国三个地形阶梯之间交接的隆起带，是主要的暴雨中心地带，也是中国河流的主要发源地带。第一阶梯青藏高原东、南边缘是中国最大的一些江河如长江、黄河等的发源地；第二阶梯东缘即大兴安岭—晋冀山地—豫西山地—云贵高原一线，是黑龙江、辽河、海河、淮河和珠江等的发源地；第三级阶梯即长白山—山东丘陵—东南沿海山地，则是中国较次一级河流如图们江、鸭绿江、钱塘江和闽江等的发源地。特殊的地形地势决定了中国主要江河水系自西向东入海的总体走势。

中国河流按照流向可分为流向海洋的外流河和不与海洋沟通的内陆河两大类（见表3-1），外流河的流域面积约占全国国土面积的2/3。除新疆的外流河额尔齐

表3-1　**中国主要江河水系分类情况**

类别	注入的海洋	河流名称
外流河	太平洋	长江、黄河、珠江、淮河、海河、滦河、松花江、黑龙江、辽河、钱塘江、闽江
	印度洋	怒江、雅鲁藏布江
	北冰洋	额尔齐斯河、伊犁河
内流河		塔里木河

斯河外，中国的其他外流河主要分布在季风气候区，从南到北随着气候带的变化而表现出显著的季风性河流特点，河川径流的季节性变化十分明显。而内陆河地区相对水汽来源较远，水分条件差异大，河流发育程度低，大多数为季节性河流，洪水问题相对不突出。

一、中国三峡风光与长江文化

(一) 中国长江概况

长江是中国流域最大的河流，它发源于青藏高原唐古拉山主峰各拉丹冬雪山，流经三级阶梯，自西向东注入东海。长江支流众多，长江流域东西宽约 3219 公里，南北宽约 966 公里，流经今青海(青)、西藏(藏)、四川(川或蜀)、云南(云或滇)、重庆(渝)、湖北(鄂)、湖南(湘)、江西(赣)、安徽(皖)、江苏(苏)、上海(沪)等 11 个省(自治区、直辖市)，最后在上海注入东海。长江全长 6397 千米，仅次于亚马逊河和尼罗河，是世界第三长的河。长江每年入海的总水量超过 10000 亿立方米，居世界第三位。长江水系同行的河道有 3600 多条，同行总里程超过了 57000 公里，占全国内河通航总里程的 52.6%。流域总面积 1809500 平方公里，约占国土总面积的 1/5，和黄河并称为中华民族的“母亲河”。

长江自西向东，横贯半个中国，其流域内是典型的亚热带季风气候，冬寒夏热，四季分明。长江流域的平均年降水量为 1100 毫米左右，其中川西地区、大巴山地区、湘西北、鄂西南、赣东北和皖南等地区的年降水量达 2000 毫米以上。充沛的降雨量、湿润的气候、丰富的热量使长江流域成为森林生长发育的天然温床。虽然经过千万年的砍伐，但至今森林的覆盖面积仍然占全流域面积的 20.3%。如不计算上游的金沙江流域，仅从四川省开始，流入长江的支流就有 339 条，连接大小湖泊 149 个，下游三角洲更是世界上著名的黄金水道。远古时期的长江流域内有雪山、高原、峡谷、草原、丘陵和平原等极其复杂的地理生态环境，这样优越的自然条件，适宜不同时期的人们选择与他们的经济形态相适合的环境居住生息。

自古以来，长江有多个名称。在我国的历史文献中，把它称作江；后来把它称作大江、扬子江。如今规范的称呼是：从源头到楚玛尔河口叫沱沱河；从楚玛尔河口到玉树的巴塘河口，叫通天河；从巴塘河口到四川省宜宾市的岷江河口，叫金沙江；从宜宾市的岷江河口直至入海口，叫长江。

(二) 中国长江流域

中华文明的发展是多元的，长江流域文明的发展在其中占有重要地位。长江文明是由水滋养起来的，远古时期的人类走过了漫长的茹毛饮血阶段，过渡到定居生活，首先是他们解决了饮食的来源。如大溪文化、屈家岭文化、河姆渡文化、马家浜文化、良渚文化等遗址均出土了大面积的碳化稻谷堆积层，这些谷粒的大小已接近当今谷物的颗粒。马家浜文化遗址还发现了用于加工谷物的陶杵，崧泽文化遗址出土了我国最早的石犁，良渚文化遗址也出土了石犁，还有石制的耘田器、半月形的双孔石刀，这是一种原始的镰刀，令世人瞩目。这些考古实物证明，稻米已是长江流域先民主要种植的农作物。

人类的生存，除了饮食之外就是衣着。长江流域的自然条件为养殖蚕桑提供了优良的条件。早在新石器时代，长江流域的先民已经懂得采桑、养蚕，如属于马家浜文化的江苏吴县草鞋山遗址，就出土了三块已碳化的葛布残片，测定表明是迄今发现的最早的织绢。到战国秦汉时期，长江流域的先民已经掌握了高超的丝织技术。如1982年1月，在长江中游湖北江陵县的一座古墓里出土了2200多年前的珍贵丝织品。考古专家认为，这座楚墓是一个罕见的“丝绸宝库”，它包括战国时期绣、锦、罗、绢、纱、绦等主要丝绸品种。其年代之早、种类之多、工艺之精美、保存之完好，可以同长沙马王堆汉墓出土的文物相媲美，堪称“国宝”。

长江流域的文明在其延续和自我发展的过程中，吸收、容纳和融合了各地的文化。著名的大溪文化，与晚期仰韶文化相互影响，它们都是以红陶为主，其盆、钵、小口颈罐等形制近似。而大溪文化中的彩陶图案的风格与仰韶文化庙底沟类型接近。这些都是黄河流域与长江中游新石器文化相互交流、影响的有力证明。

青铜器时代的长江流域，由于受域内高山深谷、河流湖泊分隔的影响，没有建立起像黄河流域那样统一的中央政权机构，没有形成完备的伦理道德体系，但在生产技术和社会经济发展的水平方面，并不比黄河流域落后。长江流域在政治体制、法制程序、伦理道德观念等方面和黄河流域的差异，是由长江流域的自然地理环境和经济生活条件决定的。因此，即使在青铜器时代，被中原腹地称为“断发文身”、“蛮夷”的长江流域，也并不是绝对的落后，而是在社会政治生活和伦理观念等方面和黄河流域有所差别。把“断发文身”理解为绝对的落后，显然是不确切的，应理解为：这是长江流域和黄河流域在社会发展过程中不平衡的表现。如：大溪文化、屈家岭文化、河姆渡文化、马家浜文化、崧泽文化和良渚文化，虽同属新石器时代文化，时间跨越两三千年，从新石器时代初期到之后的金石并用时期，从母系氏族社会到父系氏族社会，从共同劳动、共同分享劳动成果到出现贫富不均的现象，发展也很不平衡。

1985年，考古工作者在四川广汉发现的三星堆遗址，总面积达12平方公里，是四川迄今为止发现的范围最大、延续时间最长、出土文物最精美、文化内涵最丰富的古蜀文化遗址。三星堆遗址，从时间上来看，被学术界确定距今2800~5000年。

勇于吸取和善于吸取其他地区或其他民族的长处是长江文明的一大特色。春秋战国时崛起的楚文化，起步比中原文化、巴蜀文化晚，但它善于吸取各家之长，以其惊人的速度赶上并超过了周围地区的文化。具体来说，在青铜冶铸技术方面，在学习中原先进技术的基础上，融化吸收，又有所发展和创新。像失蜡法、低熔点焊接、分节铸造等铸造技术方面的这些突破，使我国青铜铸造技术达到了一个新的高度。在原始玻璃制造方面，春秋时常见的被称为“蜻蜓眼”的玻璃珠，最早产生于阿拉伯国家，后传入我国长江流域，楚人学习后加以改进，制作出的原始玻璃与国外传入的外形相似。1978年在湖北随县擂鼓墩发现的曾侯乙墓是我国的一项重大考古收获，出土的器物丰富多彩，制作水平精美绝伦。楚文化是长江文化的代表，也是中华文化的瑰宝。

长江流域区域文明的发展，预示着长江文明新一轮开发时机的到来。这个时期的楚文化、巴蜀文化和吴越文化等，都达到了很高的水平。如云南的铜、锡合金铸造，四川的大型青铜器群，长江下游极富特色的玉器文化等，都说明长江文明起源早，发展水平也不低于黄河流域。博大精深的楚文化，发祥于长江中游的江汉平原，播染于巴蜀、吴越，被及华夏、岭南。长江文明就像浩浩荡荡的长江之水，生生不息。

长江文明在经历了新石器时代的繁荣、青铜器时代的缓慢发展后，进入铁器时代的再开发时期，其间的每一个进步，每上一个台阶，从上游的巴蜀地区到下游的三角洲地区，其出土的青铜文物，在形制、纹饰、器件的组合等方面，几乎都吸纳了长江流域内各区域乃至中原文明的成果。

在漫长的历史演进中，长江文明和黄河文明相互交流、相互影响、相互融合，到秦汉时代，终于形成了大一统的封建帝国，各种不同的地域文化和民族文化汇集成独具特色的统一的中华文化。中华文化源远流长，一旦形成，就成为维系中华民族团结、统一的精神力量和割不断的文化纽带。而统一的中华文化，并不排斥各个民族、各个地域文化的存在，不论是早期的原始文化，还是后来的中原文化、三秦文化、齐鲁文化、巴蜀文化、楚文化、吴越文化等，都交相辉映，丰富了中国的思想文化宝库，成为中华文化的组成部分。把各民族、各地区的文化纳入统一的中华文化之中，而又各具特色、各放异彩，这是世界文化史上的奇迹。

1. 元谋人遗址

元谋人遗址位于云南省楚雄彝族自治州元谋县(距昆明200公里)上那蚌村北约500米的山腰，距县城7公里。它是迄今为止所发现的中国最早的人类化石遗址。在遗址中发现的主要是牙齿化石，为一左一右的上内侧门齿。经测定，其为亚洲最早的原始人类。元谋人遗址还出土了7件石器，在地表采集到10件石器，均为刮削器。上述文物均具有重大的历史意义和科研价值。元谋人遗址被定为国家级重点文物保护单位。元谋人遗址有纪念碑，不远处还建有陈列馆，馆内陈列着元谋人牙齿化石的标本、古生物化石及其他有关实物、资料。

2. 大溪文化

它属于中国长江中游地区的新石器时代文化，因重庆市巫山县大溪遗址而得名。其分布东起鄂中南，西至川东，南抵洞庭湖北岸，北达汉水中游沿岸，主要集中在长江中游西段的两岸地区。据放射性碳素断代并经校正，年代为公元前4400—公元前3300年。大溪文化的发现，揭示了长江中游的一种以红陶为主并含彩陶的地区性文化遗存。

3. 河姆渡文化遗址

河姆渡遗址位于浙江省余姚市河姆渡镇，总面积约4万平方米，文化土层堆积厚度4米左右，叠压着4个文化层，年代为公元前5000—公元前3000年。遗址是在1973年被发现的，经两期发掘，合计面积达2800平方米，出土文物6700余件，为研究农业、畜牧、建筑、纺织、艺术等学科和中国文明的起源提供了珍贵的实物资料，被命名为河姆渡文化。l982年该遗址被国务院公布为全国重点文物保护单位。

4. 良渚文化

良渚文化分布的中心地区在太湖流域，而遗址分布最密集的地区则在太湖流域的东北部、东部和东南部。1936年在浙江杭县(现属余杭县)发现的良渚遗址，实际上是余杭县的良渚、瓶窑、安溪三镇之间许多遗址的总称。1959年依照考古惯例按发现地点良渚命名为良渚文化，年代为公元前3300~公元前2000年，属于新石器时代，该文化遗址的最大特色是其出土的玉器。挖掘自墓葬中的玉器包括璧、琮、钺、璜、冠形器、三叉形玉器、玉镯、玉管、玉珠、玉坠、柱形玉器、锥形玉器、玉带及环等；另外，陶器也相当细致。

(三)中国长江三峡

举世闻名的长江三峡，跨湖北、重庆、四川三省市，东起湖北宜昌南津关，西至重庆奉节白帝城。三峡全长193公里，由西陵峡、巫峡、瞿塘峡组成，是万里长江中上游最为雄伟壮丽的峡谷，被海内外游客誉为“山水画廊”和“黄金水道”，被排列在中国著名的十大风景名胜之首。长江三峡线是我国首批公布的旅游国线之一，深受国内外旅游者的欢迎和青睐。

1. 三峡集险、秀、雄于一体，且又各具鲜明特色

长江三峡之美，全在于雄、险、奇、幽4字。这里无峰不雄，无滩不险，无洞不奇，无壑不幽，无一处不可成诗，无一处不可入画。整体壮观的长江三峡又各具特色。

西陵峡，东起湖北宜昌南津关，西到湖北巴东官渡口，全长126公里，以险峻

闻名。在这段峡内，峡中有峡，滩中有滩，两岸山奇石怪，江中滩险流急。尤其是在青滩和崆岭滩处，那一江金水，百回千转，江流如沸，扣人心弦，有“鬼门关”之说。峡内主要有灯影峡、明月峡、牛肝马肺峡、兵书宝剑峡、神农溪、昭君故里、屈原祠等景点。在西陵峡段有黄陵庙、三游洞等数处历史名胜和西陵长江大桥、三峡大坝等现代工程，吸引着古今中外的游人。白居易游览了三游洞便抒发出：“斯境胜绝，天下能有几乎？”陆游观赏了黄陵庙，也写道：“谁怜马遭刵，百岁创未合……”夷陵之战古战场遗址也给西陵峡抹上了一层令人遐想的烟云，在此地旅游，朗诵着北宋欧阳修的《夷陵九咏》，则更觉韵味无穷。

巫峡，东起湖北巴东官渡口，西到重庆巫山大宁河口，全长 42 公里，以秀丽著称。巫峡在湖北的一段称为巴峡。它东起巴东官渡口，西至巴东边域溪，长 22 公里。这里两岸奇峰兀立，怪石嶙峋，峭壁屏列，峰回路转，绵延不断。船行其间，令人产生“山重水复疑无路，柳暗花明又一村”之感。主要景点有“铁棺峡”和“门扇峡”，峡谷两岸峰峦绵延不断，风光如诗如画，尤以铁棺峡的悬棺之谜，古栈道之险，链子溪绝壁夹峙之幽，门扇峡相互对峙之秀，引人入胜。渝鄂交界的边域溪，两边绝壁对峙，景观奇异，也值得一观。从边域溪上行，重庆境内的巫峡段还有 20 公里，沿途有“云雨巫山十二峰”、箭穿峡、金盔银甲峡、孔明碑、大宁河小三峡等景观。

瞿塘峡，又称夔峡，东起巫山县的大宁河口，西到奉节县的白帝城，全长 33 公里，其中窄谷段 8 公里，以雄伟见长。瞿塘峡名胜古迹多而集中。峡内北岸有文物珍藏甚多的白帝城，惊险万状的古栈道，神秘莫测的风箱峡，山顶似桃子的赤甲山；南岸有书刻宝库粉壁墙，诱人遐想的孟良梯、倒吊和尚、盔甲洞、凤凰饮珠、犀牛望月等。瞿塘峡东口处两岸有大溪文化遗址，是长江流域原始社会的文化古迹；西口有古城奉节、八阵图、鱼腹塔。瞿塘峡最为可观的是夔门，素有“夔门天下雄”之称。

长江三峡地处巴楚文化交界处，历史悠久，文化源长。史前的大庙、大溪文化闪耀着长江流域文化的光彩。历代迁客骚人多到此羁旅宦游，留有大量墨迹，故此人文景观也很丰富，尤其是三国遗迹众多，如白帝城、张飞庙、石宝寨、夷陵古战场等都很著名。为繁荣文化艺术，促进旅游业发展，宜昌、秭归、万州、丰都，定期举办三峡艺术节、龙舟赛、庙会等大型旅游文化活动，吸引了大批海内外旅游者。

2. 现代工程举世瞩目，三峡库区又添新景

现代大型水利枢纽工程——三峡大坝，引起了全世界的广泛关注。三峡大坝工程竣工后，以其恢弘雄伟的规模屹立于国家级风景名胜区内，工程本身就给西陵峡增添了特殊景观，“高峡出平湖”，三峡风光雄感仍存，秀色更美。具体情形如下。

大坝建成蓄水后，在一般水期坝前水位升高近100米，回水直达648公里外的重庆港，从而形成一个河道型的巨型水库，这就势必扩宽峡区河道，对峡区风光产生一定影响。但是，从具体景点来看，现在的三峡风光基本能保持原貌，从整个三峡来看，景观精华仍在，库区更添新景。瞿塘峡入口夔门两侧对峙的赤甲山、白盐山，凌云摩天，海拔1000~1200米。回水到这里仅升高40余米，淹到峰脚，高程相差490米左右，“夔门天下雄”的气势一如往昔。巫山十二峰高程都在1000米左右，最为著名的神女峰也有900多米，回水淹没约50米，观看巫山云雨反而更清楚些。所以，大坝建成后，长江三峡的“峡感”或许会略有减少，但却增添了许多“秀感”。“高峡出平湖”，青山连绵，绿水缠绕，“群山倒映山浮水”的风光将给旅游者提供更为美妙的景观。闻名全国的昭君故里，因香溪河水上升，只是淹及昭君撒珠的珍珠潭和回望故乡的昭君台，整个室坪村及昭君纪念馆等建筑背山临水，显得更加妩媚秀丽。

三峡大坝建成后，回水改善了库内许多支流的通航条件，使库区两岸许多新的自然景观得以开发利用，派生出许多可以观赏的新景区。香溪河水位提高后，游艇可直达兴山高岚风景区；巴东神农溪水上涨，漂流起点移至沿渡河，景观更美；巴东境内的二等岩溶洞群、格子河石林等景点可以开发利用；巫山大宁河游程也可向上游延伸；万州成为库区旅游中心。这些都使长江三峡旅游线上的自然景观更为丰富多彩。

3. 主体线上的景点

长江三峡之旅主体线路，从武汉起至重庆止。在这条主体旅游线上自然景观美不胜收，人文景观绚丽多彩。

(1)黄鹤楼。位于武昌蛇山之巅，享有“天下绝景”的美誉，与岳阳楼、滕王阁，并称“江南三大名楼”。黄鹤楼始建于三国吴黄武二年(公元223年)，传说是为军事需要而建楼瞭望。至唐永泰元年(公元765年)，黄鹤楼已具规模，变军事性质为景点名胜。历代骚人墨客曾到此游览，留下了大量诗作，崔颢《黄鹤楼》可为其代表。黄鹤楼屡毁屡建，最后一座“清楼”，建于同治七年(公元1868年)，毁于光绪十年(公元1884年)。现在的黄鹤楼于1985年建成，主楼以清同治楼为蓝本，但更为宏伟壮观。整个楼运用现代建筑技术施工，为钢筋混凝土框架仿木结构。飞檐五层，攒尖楼顶，金色琉璃瓦屋面，通高51.4米，底层边宽30米，顶层边宽18米。全楼各层布置有大型壁画、楹联、文物等。楼外铸铜黄鹤造型、圣像宝塔、牌坊、轩廊、亭阁等一批辅助建筑，将主楼烘托得更加壮观。登楼远眺，不尽长江滚滚东逝，三镇风光尽收眼底。黄鹤楼被评为全国风景名胜40佳之一。

(2)晴川阁。晴川阁位于汉阳龟山东麓禹功矶头，雄踞于长江之滨，又名晴川楼，与武昌黄鹤楼隔江对峙。古晴川阁始建于明嘉靖年间，取唐代诗人崔颢《黄鹤楼》诗“晴川历历汉阳树”之意而得名。阁背山面江，景观奇特，曾有“楚天晴川第一楼”、“天下奇观无有过于此”之说。晴川阁多次被毁，现存建筑为 1983 年重修而成。新阁主楼以清末晴川阁为蓝本，两层重檐，以抱厦、回廊、扶栏、藻井加以装饰，精致典雅。周围有洗马口、烟波石、楚波亭、八仙洞、招真亭、千花石等与之相配。新阁不仅恢复了“启朱棂，凭绣栏，人烟城阁，夹岸回环，沙岛风帆，与波上下”的古貌，而且与龟山电视塔、晴川饭店等建筑相辉映，具有较强的现代气息。游人徜徉其间，有赏心悦目、意趣盎然之感。晴川阁紧靠扬子江旅游船码头，游阁后上游船游览长江三峡，极为方便。

(3)武汉长江大桥。它横跨浩瀚的万里长江，连接苍翠的龟蛇二山，如巨龙卧江，雄伟壮观。建桥工程 1955 年 9 月正式动工，1957 年 10 月 14 日正式通车。正桥 8 墩 9 孔，每孔跨度 128 米，全长 1670. 4 米。桥分两层，上层为公路桥，中间车道宽 18 米，可容 6 辆汽车并行，两旁人行道，各宽 2. 25 米。下层为铁路桥，铺有双轨，来往火车各行其道。桥下净空在水位最高时仍有 18 米，可通万吨巨轮。大桥造型具有民族特色，武昌、汉阳两岸均建有离地面 35 米高的桥头堡，共 4 楼 8 层，有电梯和阶梯上下。堡亭高出公路 8 米，2 层 4 方 8 角，上有重檐和红珠圆顶。桥面两侧各一座。在桥头堡内的地面大厅里，有大型雕塑。公路桥面两旁均有排列整齐匀称的圆形水泥灯柱，入夜灯光通明，犹如长虹卧波。两旁人行道外侧是铸铁护栏，高约 1 米，每块栏板都是一件艺术品，上铸各种飞禽走兽，栩栩如生。在这座大桥下游 7~8 公里处，又建了一座武汉长江二桥。它们与跨越汉水的铁路桥、公路桥一起，把武汉三镇连成一体，构成一个四通八达的立体交通体系，使得江城更加壮丽动人。

(4)蒲圻赤壁。位于咸宁地区蒲圻市西北 38 公里处的长江南岸，隔江与洪湖乌林寨相望。因这里发生了奠定古三国基础的赤壁之战而得名。赤壁古战场遗址由赤壁山、南屏山、金鸾山组成，面积 2 平方公里，呈西北至东南走向。赤壁山险峻而雄伟，似一把利剑直插江心。在临江陡峭崖壁上，“赤壁”摩崖石刻格外醒目，两字各长 150 厘米，宽 104 厘米，相传为周瑜所书，故人称此地为“周郎赤壁”。赤壁山头建有翼江亭、望江亭、周瑜石雕像、赤壁大战陈列馆等景观。南屏山上有武侯宫，相传为诸葛亮借东风处，故又名“拜风台”。宫左右侧分别建有赤壁碑廊和赤壁文物陈列馆，藏有赤壁大战的出土文物 2000 余件。金鸾山相传为庞统夜读兵书、巧献连环计之处。后人在此建有凤雏庵，庵内塑有庞统披甲坐像。庵前有一株古银杏树，传为庞统所植。在这里漫游，仿佛回到那龙争虎斗的三国历史画廊中，可领略到旧时金戈铁马的奇特风情。

(5)荆州古城墙。荆州城，又名江陵城，傍依长江。城墙盘旋于湖光水色之中，依地势而起伏，顺湖池而迂回。城池构筑牢固，墙基用条石垒砌。城墙全长

10.5公里，高8.8米，有城垛4567个，炮台26个。城墙外，护城河紧相环抱，宽30~100米。全城有城门6座，东门名“迎宾门”，南门名“南门”，西门名“安澜门”，大北门名“拱极门”，小北门名“远安门”，小东门名“公安门”（“水门”）。除小东门外，其他城门均有二重门。两门之间，有瓮城。城门洞和城门框均用条石和城砖砌成圆顶，二重门各设一合木质对开门，木门内还有一道10厘米厚的闸板，以防水患。6座城门之上各有1座城门楼，东门城楼为宾阳楼，小东门为望江楼，西门为九阳楼，南门为曲江楼，大北门为景龙楼，小北门为朝宗楼。巍巍古城，已有2000多年历史，几毁几修。现保存完好的古城墙，为清顺治三年（公元1646年）依明城垣所建。近年来，沿城墙内外修建了许多新景点。登城楼远眺，千里江汉平原尽收眼底，有“万家楼阁画中藏”之感。

（6）葛洲坝。位于宜昌市区北部的长江干流上。坝址距三峡出口南津关2.3公里，距三峡大坝坝址37公里，距宜昌市中心4公里。因坝址横穿江心小岛葛洲坝而得名。20世纪70年代初叶始建，80年代中期竣工。主要由3座船闸、2座发电厂房、27孔泄洪闸、3江6孔冲砂闸和大江9孔冲砂闸、左右岸非溢流坝、防淤堤等建筑物组成。大坝全长2606米，坝顶高程70米，设计蓄水位66米，总库容15.8亿立方米。两座发电厂总装机容量271.5万千瓦，年均发电量157亿度。葛洲坝通航建筑物包括3座单级船闸和2条航道。航闸室长280米，净宽34米，可通行大型客货轮和万吨级大型船队，为目前世界上最大的船闸之一。一、二号船闸下首人字门每扇宽19.7米，高34米，厚2.7米，重约600吨，号称“天下第一门”。1991年葛洲坝水利枢纽工程被评为“中国旅游胜地40佳”之一。

（7）西陵峡。东起宜昌南津关，西至巴东官渡口，全长126公里。以宜昌市的西陵山而得名，是长江三峡中最长的一个峡。自上而下，共分4段：香溪宽谷，西陵上段峡谷，庙南宽谷，西陵下段峡谷。西陵峡可谓大峡套小峡，峡中还有峡，如破水峡、兵书宝剑峡、白狗峡、镇山峡、米仓峡、牛肝马肺峡、崆岭峡、黄牛峡、明月峡、灯影峡、黄猫峡、扇子峡，等等。每个峡都有自己的景物和传说，引人入胜。西陵峡两岸有许多著名的溪、泉、石、洞，如香溪、乐天溪、下牢溪、蛤蟆碚、陆游泉、黄牛岩、姜太公钓鱼石、石碑、石龙洞、三游洞等。有许多历史名人在这里留下了千古传诵的名篇诗赋。西陵峡以滩多水急著称，古人称之：“滩如竹节稠，都是鬼见愁。”经过整治河流，修建葛洲坝后，西陵航道畅通无阻，游人可顺利地观赏西陵美景。

（8）屈原祠。又名“清烈公祠”，位于西陵峡段的湖北秭归县城附近。屈原是中国最早的大诗人，曾辅佐楚怀王，任左徒、三闾大夫，后遭谗去职。屈原祠系唐元和十五年（公元820年）所建。宋、元、明、清屡圮屡修，后改名为“清烈公祠”。屈原祠有山门、大殿、左右配房等建筑。山门为牌楼式，高14米，4柱3楼，正中门额题“清烈公祠”4字，两侧题有“孤忠”、“流芳”字样，面墙泥塑、彩画人物故事，一如旧制。大殿系钢筋混凝土结构，按明代木构建筑手法设计，崇台高耸，翠瓦飞檐，宏丽壮观。殿后有屈大夫墓，系后世营建之衣冠冢。墓前之石坊、门阙均系清道光年间原物。背依崇岭，前临大江，远眺三峡大坝工程如虹，西陵大桥飞架南北，奇峰耸立大江两旁，天然景物绝佳。每逢端午佳节，五彩龙舟，竞渡江心，锣鼓喧天，歌声如潮，游人如织，别有一番盛况。

(9)神农溪。位于湖北巴东县城溯江上行9公里处，是长江北岸的一条常流性溪流，因发源于神农架南坡，故名神农溪。全长60公里，两岸绝壁夹峙，窄处不及5米，山岩多成80~90度的壁堑，相对高差300~800米，日均流量20立方米/秒，最陡的猴子洞滩落差达3米，于巫峡口东2公里处的西壤口汇入长江。从溪口溯源上行约25公里的罐子口，可常年行驶载重2.5吨的“豌豆角”扁舟。溪的上游是神秘莫测的小神农架自然保护区。现辟神农溪漂流，长20公里，沿途两岸山清水秀的土家村落叶子坝和龙船河点缀其间：巧妙地将溪河分为3个峡段，即绵竹峡、鹦鹉峡、龙昌洞峡。乘坐“豌豆角”扁舟，顺溪漂流，首先通过绵竹峡。4公里峡段，以险著称，两岸山势逶迤，青翠欲滴，回清倒影，鸟语花香。接下来漂流鹦鹉峡，7.5公里长，以秀引人。峡谷幽深灵秀，野生药材逢时而开。下峡是龙昌洞峡，全长6公里，以雄见长。两岸绝壁似斧劈刀削，垂直耸入蓝天，峡宽不过20米，“自非亭午夜分，不见曦月”。东岸石罅中，有清楚可见的悬棺；西岸岩壁上，有多处古栈道遗迹。漂流了神农溪，仿佛参观了古老、原始的天然博物馆，人们无不叹为观止。

(10)巫峡。位于湖北省巴东县与重庆市巫山县之间，全长42公里。峡内奇峰突兀，层峦叠嶂，郁郁葱葱，幽深莫测。而雨中过峡别是一番景致，正所谓“除却巫山不是云”。“放舟下巫山，心在十二峰”。巫山的登龙、圣泉、朝云、神女、松峦、集仙(北岸)、聚鹤、翠屏、飞凤、净坛、起云、上升十二峰，各具特色，或飘飘冉冉作飞升之状，或傲踞起舞如昂首雄狮，或凤凰展翅千姿百态。十二峰中又以神女峰最为奇绝。神女峰独秀一枝，高插云端，峰侧有一块危石耸立，形如妙龄少女。顺水行舟，船过神女峰后约9公里，长江南岸有一小镇名“碚石”，此处是重庆市与湖北省的分界。湖北巴东段巫峡有22公里，西起边域溪，东至官渡口，古称巴峡。主要景点有边域溪，又名“鳊鱼溪”，为渝鄂地理上的“鸿沟”。这带营造了“青年友谊林”，增添了界河的美景，边域溪全长2.7公里，一线多景，连成三峡，上称“布条峡”，中称“铁棺峡”，下称“石棺峡”。江面迂回曲折，山岩高差为300~500米，窄处不足70米。溪东为“铁棺峡”，有悬棺，色如铁，故名。在巫峡东口与楠木园之间，还有门扇峡，长2.5公里，大面山、尖子山南北对峙，像两扇大门扼住东去的江水，故而得名。峡南岸褐红色的岩石，在阳光照射下恰似火焰伸向江心，故名火焰石。峡江两岸岩壁上有石刻，是珍贵的三峡水文纪实资料。东出巫峡，大江两岸山峰一片葱茏，万亩柑橘园，花果飘香。

(11)瞿塘峡。又名“夔峡”，西起奉节县白帝城，东止巫山县黛溪镇(最窄的一段峡)。长江三峡中以此峡最为气势磅礴。入峡处赤甲山耸立大江之北，自盐山飞峙大江之南。两岸断崖有如刀削斧劈，高逾数百丈，宽不及百米，真有“一夫当关，万夫莫开”之势，故又名“夔门”。船行此处，抬头仰望，山大峰小，云天一线；俯视长江，则如奔龙走虺，奇趣融融。峰尖云雾缭绕，山体若隐若现，远眺蔚为奇观。峡中还多有胜景：突出的有“孟良梯”，传说为宋将孟良凿成此梯，事实上白盐山石孔原为古栈道遗址；再是“风箱峡”。赤甲山有一道石缝，缝中有物，远眺状如风箱，因而得名。后经采药人探明，所谓“风箱”，实为春秋战国时期巴人岩棺，内有大小棺木9具，还有巴人铜剑及其他文物。峡中尚有许多碑刻集中在崖壁上，有南宋中兴圣德碑，清代张伯翔手书的“瞿塘”和刘心源的“夔门”等字。著名爱国将领冯玉祥将军的“踏出夔巫，打走倭寇”的题刻，让来游三峡者记起那段艰难而光辉的历史。

(12)白帝城。位于奉节县城东5公里，瞿塘峡口北侧的白帝山上。白帝城扼川东咽喉，当三峡门户，为历代兵家必争之地。杜甫的“白帝高为三峡镇”，傅作楫的“西控巴渝收万壑”等诗句，十分贴切地道出了它的险要。白帝城为据蜀称王的公孙述于公元8年所筑。公孙述被灭后，人们在白帝城修庙，供祀公孙述像，名曰“白帝庙”。公元222年，蜀汉皇帝刘备伐吴兵败，退守白帝城，病逝于奉节县内的永安宫。他临终前，将儿子刘禅托付给丞相诸葛亮，历史上把这件事叫“白帝托孤”。白帝城又有“诗城”之称。历史上许多著名诗人，如郦道元、李白、杜甫、白居易、刘禹锡、苏轼、黄庭坚、范成大、陆游等，都曾旅居于此，留下了大量的诗篇。杜甫在此旅居2年，写诗400多首，占其全集的2/7，白帝山半腰的西阁，便是杜甫的旧居遗址。现存的白帝城系明清建筑，主要有明良殿、武侯祠、观星亭等。白帝城附近还有水旱2个“八阵图”，据传诸葛亮曾在此部署兵力，推演兵法。到这里观光览胜的游客，常常流连忘返。

二、九曲黄河与中国华夏文明

(一)中国黄河概况

黄河从源头到内蒙古自治区托克托县河口镇为上游，河长3472千米；河口镇至河南郑州桃花峪间为中游，河长1206千米；桃花峪以下为下游，河长786千米(黄河上、中、下游的分界有多种说法，这里采用黄河水利委员会的划分方案)。黄河横贯中国东西，流域东西长1900千米，南北宽100000千米，总面积达752443平方千米。

黄河，像一头脊背穹起、昂首欲跃的雄狮，从青藏高原越过青、甘两省的崇山峻岭；横跨宁夏、内蒙古的河套平原；奔腾于晋、陕之间的高山深谷之中；破“龙门”而出，在西岳华山脚下掉头东去，横穿华北平原，急奔渤海之滨。它流经 9 个省、区，汇集了 40 多条主要支流和 1000 多条溪川，行程 5464 公里，流域面积达 75 万多平方公里，是中国第二长河。全流域年平均降水 400 毫米左右，而黄河平均年径流总量仅 574 亿立方米，在中国河流中居第八位。流域内，连同下游豫、鲁沿河地区共有 2 亿多亩耕地，1 亿左右人口。

黄河全河多年平均天然径流量 580 亿立方米，流域平均年径流深 77 毫米，流域人均水量 593 立方米，耕地亩均水量 324 立方米。

黄河中游河段流经黄土高原地区，因水土流失，支流带入大量泥沙，使黄河成为世界上含沙量最多的河流。最大年输沙量达 39.1 亿吨(1933 年)，最高含沙量 920 千克/立方米(1977 年)。

黄河主要支流有白河、黑河、湟水、祖厉河、清水河、大黑河、窟野河、无定河、汾河、渭河、洛河、沁河、大汶河等。其中渭河为黄河的最大支流。

黄河沿线主要湖泊有扎陵湖、鄂陵湖、乌梁素海、东平湖。

黄河干流上的峡谷共有 30 处，位于上游河段的有 28 处，位于中游河段的有 2 处，下游河段流经华北平原，没有峡谷分布。干流峡谷段累计长 1707 千米，占干流全长的 31.2%。

(二)中国黄河流域遗址

黄河从青海省东部的龙羊峡到河南省西部的三门峡，穿过世界上著名的黄土区。这片黄土区，大体上西起日月山，东到太行山，南至秦岭，北抵阴山，面积约 5 万平方千米，海拔在 1000~2000 米，称为黄土高原。数千年来，黄河时刻流淌过这片黄土地，每年从它身上带走 1 亿吨的黄土泥沙，然后将这些黄土泥沙传送到华北平原和渤海边上。黄土亘古不变，黄河日日东流，黄土形成了黄河的性格，黄河又塑造了一个黄皮肤民族的国魂和民风，黄河中游的关中平原、晋南盆地和豫西沿河地带，是中华古代文明的主要发祥地。

西侯度遗址是我国迄今发现的最古老的旧石器时代文化遗址之一，其中出土了距今 15 万年前属于早更新世的遗物。它位于陕西省芮城县中条山南麓，距风陵渡约 10 千米，滚滚黄河在这里拐了一个大弯，是中华民族祖先最早生活和开发的地区之一。考古资料证明，已发掘的文物大斗师哺乳动物化石，还有人工打制的几十件石器，其中有砍斫器、刮削器和三棱大尖器，以及火烧的鹿角、兽骨和马牙化石，它证明西侯度人使用了火，这是迄今所知中国最早的人类用火记录。西侯度人是目前所知黄河乳汁哺育的第一代子孙。

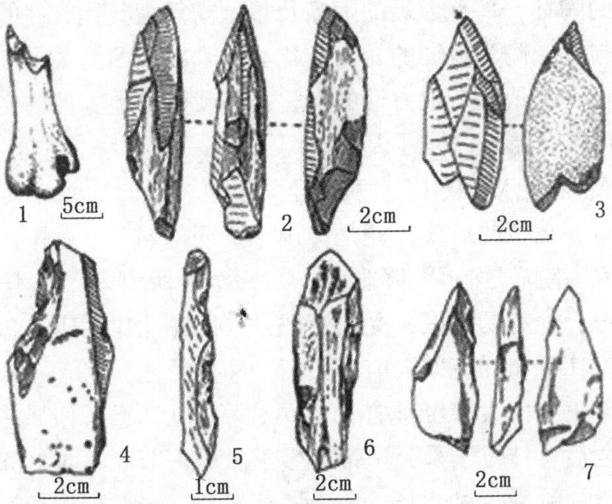

经过漫长的历史进程，在黄河流域的渭河、汾河，相继出现了蓝田人、丁村人和许家窑人。蓝田人遗址在陕西省蓝田县，南依秦岭，北临灞河，是迄今为止黄河流域发现的最早的人类化石，距今已有 75 万到 115 万年。他们可以使用自制的简单的生产工具，进行狩猎、采集等原始生产活动。丁村人遗址在山西襄汾县南汾河岸边，许家窑人一直在山西省阳高县境内。丁村人、许家窑人已经有了石球打制技术、石球狩猎技术，在社会组织上也脱离了原始群居的乱混状态，这是从原始人群过渡到氏族制度的一个重要标志。大约在距今 1.2 万年前，黄河流域的远古人类从旧石器时代向新石器时代过渡，出现了陕西大荔的沙苑文化和河南新郑的裴李岗文化。在距今五六千年的时候，这块黄土地上出现了象征华夏文明曙光的仰韶文化和龙山文化。

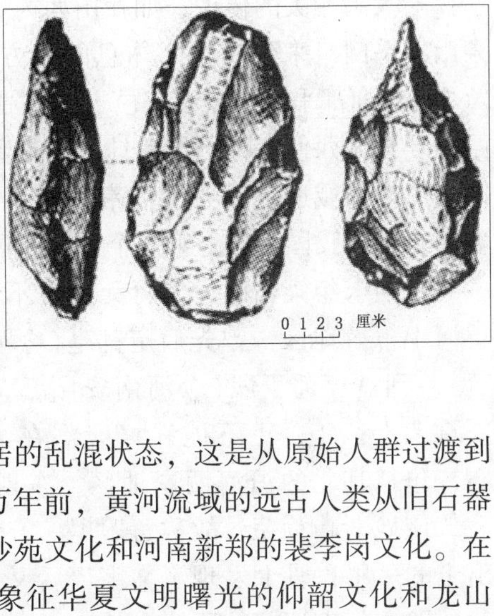

仰韶文化遗址在河南省西部渑池县北 8000 米的仰韶村，这里是黄土高原与华北平原的过渡地带，黄河给两岸的农牧业提供了充足的水源，从而极大地带动了这一地区古文明的发展。仰韶文化又称彩陶文化，仰韶人能制作彩绘的陶器，制陶工艺达到了相当高的水平。如果说仰韶文化是黄河中游文化区的代表的话，那么龙山文化则是黄河下游文化区的代表。龙山文化遗址在山东章丘县龙山镇东北城子崖，是指承袭大汶口文化发展起来的古文化，以素面磨光黑陶为主，盛行三足器、圈足器、胎薄如蛋壳的陶杯，鸟首形足的陶鼎及粗颈鬶等为其代表性的器物。以彩陶为特征的仰韶文化与以黑陶为特征的龙山文化，后来在豫西、关中和晋南地区交流融合，同时又吸收了其他地区有地方性的文化，使我国各地方性的文化第一次得到统一，为华夏文化的初步形成奠定了基础。

据《史记·五帝本纪》记载："自黄帝至舜、禹，皆同姓而异其国号。"唐尧、虞舜、夏禹都是炎帝、黄帝的后代。尧是传说中贤明的君王。《墨子·节用篇》中说："古者，尧治天下，南抚交阯，北降幽都，东西至日所出入，莫不宾服。"今山西临汾是尧建都的地方，他有功于民，受民爱戴，人们在此建尧庙纪念他。现存尧庙为清代遗物，规模宏伟，布局疏朗。前有山门，碑列两侧，内有五凤楼、尧井亭、广运殿、寝宫等。尧王于四大宰臣被誉为五凤，"一凤升天，四凤皆鸣"，五凤楼因此得名。尧年老之后，传位于舜，舜帝出生于蒲坂，即今山西永济县。蒲州古城宏伟壮观，舜帝出生地称舜帝村，竖立着"舜帝故里"的碑文。舜帝年老之后，又传位于禹，禹带领人民治理黄河，深得百姓的爱戴拥护。在黄河的许多地区至今还有不少与大禹相关的传说，如在山西芮城县东南有大禹渡，相传是禹凿龙门后，由中条山经禹门口来到神柏峪休息的地方，临河处还建有禹王庙碑。《帝王世纪》说："(禹)受禅都平阳，或在安邑，或在晋阳。"后两个地方都在今山西境内，如今的山西省夏县城西便有禹王城遗址。后来禹迁都阳城，阳城遗址位于今河南登封县告城镇东北的阳城遗址。大禹把帝位传于子夏启，从此我国开始了"家天下"的历史，大禹也成了我国历史上第一个奴隶制国家政权的统治者。

夏朝末年桀当政，惨行无道，不恤百姓，商代之而起。商人活动区域也是在黄河中下游地区，曾先后定都亳(今河南商丘)、隞(今河南荥阳)、相(今河南内黄)，到盘庚迁于殷(今河南安阳)。《竹书纪年》说："自盘庚徙殷，到纣之灭，二百七十三年，更不徙都。"殷都在河南安阳市北约2000米处，以小屯村为中心，包括其北的洹河两岸地区，东西长约6000米，南北宽约4000米，周灭殷后，该地渐趋荒芜，故称"殷墟"。清光绪二十五年(公元1899年)，人们在这里出土的龟甲兽骨上发现了文字，后又从中考释出殷帝王名谥十余人，从而证实了此地即文献中记载的殷墟。从1928年起，对殷墟进行过15次考古发掘，发现小屯村北有宫殿遗址，侯家庄一带有殷王族的陵墓，出土了十多万片甲骨刻辞及大量的青铜器和生产工具、生活用品等遗物。著名的司母戊大方鼎，四周饰有盘龙纹和饕餮纹，高1.33米，重达875公斤，为世界罕见的重器，堪称商代青铜器的代表。商代后期，整个统治集团奢侈腐化，奴隶主对奴隶、平民的压榨更为残酷，阶级矛盾及统治阶级内部矛盾日趋激化，许多小国纷纷从商的控制下摆脱出来，活动在渭水中游的周部落击败商朝军队，取代商建立了在中国历史上有深远影响的周王朝。

从周代开始，黄河文化进入兴盛发展时期，黄河流域(主要指中下游地区)是我国政治、经济、文化的中心，黄河流域的长安、洛阳、开封先后成为封建王朝的三大都城。

黄河流经山东境内，滋润了在这里生长、发育的齐鲁文化，这块土地上诞生了影响中华三千年文明的两位圣人——孔子和孟子。孔子的故乡在今山东曲阜市内，1982年这座古城被国务院确定为历史文化名城。1994年孔庙、孔林、孔府被联合国教科文组织列入世界文化遗产名录。

孔庙位于曲阜市城区，这里是历代祭祀孔子的地方。此庙建于公元前478年，即孔子去世后的第二年，鲁哀公便将其生前故居改建为庙，“岁时奉祀”。其后历代帝王，一个接着一个，不断对其进行重修、扩建，在明、清两代便形成了今天的规模，并与北京故宫、承德避暑山庄合称为我国“三大古建筑群”。孔庙建筑群仿皇宫之制，其后共有九进院落，中、东、西三路布局，以南北中轴线贯穿，南北长1120米，东西宽140米，总面积327.5亩。共有殿、堂、庑、阁、亭、祠、楼等446间，碑刻2000多块，门坊54座，整个建筑布局严谨、奇丽壮观。在这座庞大的古代建筑群里，前为仰圣门和金声玉振坊。庙门棂星门后，主要建筑依次为太和元气坊、圣时门、壁水桥、弦道门、大中门、同文门、奎文阁、十三碑亭。此后分三路推进：中路为大成门、杏坛、大成殿、东西庑、寝殿、圣迹殿；东路进承圣门后为孔子故宅，有诗礼堂、礼器库、鲁壁、故宅井、崇圣祠、家庙等；西路进启圣门后有圣王殿、启圣王寝殿、金丝堂、乐器库等。孔庙能有今天如此规模，与清代雍正皇帝有很大的关系。他在国力不济的情况下，亲自督修孔庙，前后费时6年，耗银15.7万两，使孔庙焕然一新，形成了目前的宏伟规模。

孔府又称衍圣公府，是历代衍圣公的官署和孔子后裔直系子孙的住宅。自宋宝元年间开建，明嘉靖年间又进行重建。府内共有楼、房、厅、堂460多间，占地40多亩。同样分中、东、西三路，东路为家庙，有报本堂、桃庙、一贯堂、慕恩堂、三思堂、九如堂、御书楼及酒坊等；西路有红萼轩、忠恕堂、安怀堂等；中路为孔府主体，分前后两大部分，前为官衙，设六厅三堂；后为内宅，有上房、前堂楼、后堂楼、后五间及后花园等。府前有豪华的陈设和森严的戒备，厅堂内外轩敞而井然有序，俨然为一座典型的官衙宅邸合一的封建贵族庄园。府内现存有自明嘉靖十三年(公元1534年)至1948年的“孔府档案”，按“天地玄黄、宇宙洪荒”千字之次序编目，内容包括袭封、宗族、属员、诉讼、租税、祠典、政事、财务、文书等类。这是世界上持续年代最久、范围最广、保存最完整的私家档案，是研究我国历史政治、经济文化的重要参考文献。

孔林是孔子后裔的墓葬区，是一座大型的人造园林。周围林墙蜿蜒7.5公里，占地面积3000多亩，相当于现在曲阜城的2倍，里面植有桧、柏、松树22000多株。草木深处，密林丛中，隐现出60多间楼、亭、殿、堂、坊，还有1000多块碑刻和无数的坟墓。孔子和他的儿子孔鲤、孙子孔伋三人的大墓在洙水桥北的围墙里面，合称“三垅”。孔林的东北部，有清初著名剧作家、《桃花扇》的作者孔尚任墓。在孔子墓以北的林区中央，有一处与众不同的墓区，它在地形的选择上很特别，不仅有石兽石祭台，而且还有道光皇帝的御书祭文。据说道光皇帝的祖父乾隆有一个女儿面部长着黑痣，相貌也很平常，八字先生给她算命，说她福分浅，不能久居宫中，只能嫁给更为显贵的人家才能增福。于是乾隆皇帝便想到与孔府的衍圣公结亲，因为碍于满汉不能通婚的定制，便把她的女儿寄养到大学士于敏中的家里，以于家的名义把公主嫁给七十二代衍圣公孔宪培，据说陪嫁的嫁妆运了三个多月，并有太监随侍出京。公主死后，不但在孔府东院建了“慕恩堂”，而且选择了一块上好的墓地安葬，由道光皇帝亲自为这位姑妈撰写祭文。

黄河源远流长，华夏文明推陈出新，一个个古老的文化遗迹，记载着中华民族辉煌的过去，成为今人了解过去的一部形象生动的感性史书。

(三)黄河问题

黄河下游流经华北平原，坡度变小，流速缓慢。每年从中游输往下游的泥沙平均约16亿吨，其中大约4亿吨淤积在下游河床中，使河床高出两岸河堤之外的平原。河水全靠人工大堤约束，形成著名的地上河。我国最高的地上河，是黄河流经开封的一段，位于开封市北10千米处黄河南岸的柳园口，这里河面宽8000米，大堤高约15米。由于黄河流出河南邙山后，进入平原，落差骤然变小，泥沙大量沉积，致使开封段的黄河河床以每年10厘米的速度增高，日积月累，此处的河床已高出开封市区地平面7~8米，最高处达10米以上。随着泥沙的不断淤积，河床的不断抬升，两岸大堤也日增年高。因黄河被两岸大堤夹护着从开封城北高处流过，形似天河，故将这种人工奇观称为“悬河”。

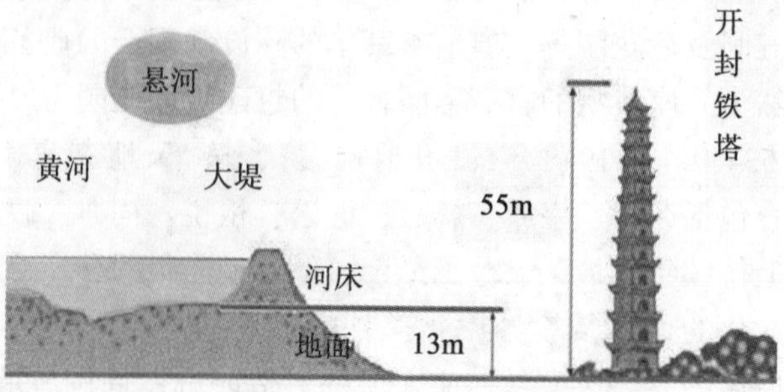

回顾历史，先秦时期，黄河流域在公元前3000—公元前2000年间的地理环境适宜于植被的生长与人类生产生活活动的开展，气候环境为农作物和植被的发展创造了优良的条件。在这一时期，黄河中下游流域有雷夏泽、大野泽等大量的湖泊存在。《孟子·滕文公上》曾记载黄河流域“草木畅茂，禽兽繁殖”，关中平原直到中国战国时期依然有着“山林川谷美，天才之力多”的说法。

战国以后，随着铁农具的广泛使用和秦国经济中心向关中迁移，黄河流域与黄土高原的植被开始遭到破坏。由于黄河流域在很长一段时间内一直是中国文明的中心之地(《中国历史地理学》，蓝勇，2002年)，加之古代中国重农轻牧的现象，黄河流域植被长期遭到破坏。随着公元11世纪气候开始转冷，伴随着中国经济中心的南迁，黄河流域的生态破坏开始减少，然而森林覆盖已经难以恢复到公元前3世纪的状况。随着植被的破坏，黄土高原开始受到黄河的侵蚀而被卷走大量的土壤，形成千沟万壑的地表形态。

目前环境恶化，每年黄河流域每平方公里就有4000吨宝贵的土壤被侵蚀掉，相当于一年破坏耕地550万亩！更严重的是，水土流失使土壤的肥力显著下降，造成农作物大量减产。越是减产，人们就越要多开垦荒地；越多垦荒，水土流失就更严重。这样越垦越穷，越穷越垦，黄河中的泥沙也就更多，因而黄河决口、改道的次数也就越来越频繁。把黄河治理好，关键是要把泥沙管住，不能让它随心所欲地流入黄河。

近些年风沙问题越来越严重，专家说，如果人类再滥砍滥伐的话，黄河的源头很可能会被淹没在风沙之中。黄河是中华民族的起源地，但是这条被誉为母亲河的源头今天却被荒山大围斩，风沙处处。

专家指出，人类违反自然的生活方式滥砍滥伐是破坏水源的主要原因，使这个具有数千年历史的生态系统面临崩溃，它也很可能成为人类文明破坏下的另一个遗址。

近50年黄河的治理有了很大发展：

黄河流域已修建了3000多座水库，总库容已相当黄河的年径流总量，黄河水资源的利用率已达60%，利用世界银行贷款修建的小浪底工程已于1998年按期截流。

黄河下游1300公里的大堤普遍加高加固三次。

黄河流域水土流失面积的2/5得到治理。在1950—1997年的48年内，黄河流域8省(区)共完成梯田、坝地、其他基本农田和造林、种草等五项主要水土保持措施2.71亿亩，折合18.08万平方公里，占8省(区)水土流失面积44万平方公里的41.1%。按48年平均，年均进度0.83%。上述治理面积中，有梯田(包括塬面条田、埝地)4617.17万亩，坝地537.8万亩，其他基本农田3381.33万亩，造林15094.46万亩，种草3491.67万亩。

第三节　中国湖泊文化

一、中国湖泊概况

中国是一个多湖泊的国家，湖泊分布广泛，从东部沿海坦荡的平原到世界屋脊的青藏高原，从西南边陲的云贵高原到广袤无垠的东北三江平原，都分布着大大小小的湖泊。它们宛如镶嵌在祖国锦绣山河之中的颗颗明珠，晶莹夺目，令人神往。尤其是在长江中下游平原和青藏高原，湖泊分布最为集中，形成东西遥遥相对的两大稠密湖群。据统计，面积大于1平方公里的湖泊，全国有2700多个，总面积约9.1万平方公里。虽然湖泊面积占中国国土面积不到1%，但其发挥的作用却相当大。

湖泊是内陆水体的重要组成部分，是主要的国土资源。它如同河流、森林、土壤一样，是自然资源的重要组成部分。同时，湖泊又具有供水、防洪、养殖、旅游、航运等多种功能，是淡水资源的储存库、洪水的调蓄库、区域生态平衡的调节器、气候环境变化的记录器。

自古以来，人们择水而居，世世代代，生息繁衍。湖泊的美丽不仅在于她的环境优美，更在于她孕育了深厚的湖泊文化。如同黄河、长江一样，湖泊养育了我们伟大的中华民族，创造出灿烂、辉煌的中华文明史。

湖泊是天然的宝库，对国民经济发展起到了重要作用。远在人类的原始时期，栖息于湖泊中的鱼类，生长于湖泊中的菱、莲，就已经成为当时人们猎取和采食的对象。随着生产力的逐步发展，湖荡养殖和湖滩地垦殖活动逐渐兴盛起来。中国盐湖资源的开发利用也同样历史悠久。早在公元前21世纪的禹舜时代，中国人的祖先就已利用湖水(盐湖卤水)晒盐，并通过生产实践总结出风向等气候要素变化对盐产丰歉的影响关系。

中华人民共和国成立后，我国湖泊资源的开发蒸蒸日上，无论从开发利用的规模和速度，还是从开发利用的方式和类型上讲，都是过去任何历史时期无法比拟的。从湖区的大规模治理和水利建设，到湖泊滩地围垦；从湖泊围网养殖，到盐湖矿产资源开发和综合利用，人们从湖泊中获取了大量的资源。

湖泊是指陆地上洼地积水形成的、水域较宽广、水量交换缓慢的水体。按照地质学的定义，湖泊是暂时性水体。

在冰川作用、地壳构造运动和河流冲淤等各种地质作用下，地表上形成很多洼地，积蓄水而成为湖。湖泊还包括露天采矿场洼地积水和拦河筑坝形成的水库，这一类被称作人工湖。湖泊因与大洋不发生直接联系而且换流异常缓慢而不同于河流。在流域自然环境制约下，湖泊的湖水、湖盆和水中物质相互影响、制约，使得湖泊不断变化。湖泊的称呼各异，方言叫法多种多样，陂、泽、池、淀、泡、荡、海、错、泊和诺尔等都是湖泊的其他称呼。

在全球水文循环过程中，淡水湖的作用极小，其水量仅占全球总水量的0.009%，尚不足陆地上淡水总量的0.0075%。不过淡水湖98%以上的水量是可供人类利用的。

湖泊千姿百态，大小不一，成因有别，类型多样，分布广泛。

按湖盆成因可分成：构造湖、冰川湖、岩溶湖、风成湖、河成湖、潟湖、人工湖。

按湖水排泄条件分：湖水能通过江河排入海洋的外流湖，不能流入海洋的内陆湖。

按湖泊热状况分：热带湖、温带湖、寒带湖。

按湖水上、下循环现象分：湖水终年封冻，湖水稳定没有循环期的无循环湖；水温在4摄氏度以下，只在夏季出现一个循环期的冷单循环湖；水温在4摄氏度以上，只在冬季出现一个循环期的暖单循环湖；春秋两季经历两个循环期的双循环湖；水温在4摄氏度以上，分层稳定，偶尔可能发生循环的寡循环湖；水温年变化较小，白昼获得充分热量，夜间散热产生循环的多循环湖。

按湖水矿化度分：矿化度小于1克/升的淡水湖；矿化度介于1~35克/升的咸水湖；矿化度大于35克/升的盐湖。

按水中营养物质分：富营养湖、中营养湖和贫营养湖。

根据其主要成因，中国湖水可分为：

构造湖：它是陆地因地壳运动而发生的褶皱、断层、下陷等所形成的凹地积水成湖。此类湖泊的特点是：湖岸平直，岸坡陡峻，湖形狭长，湖水较深。如云南省的滇池、洱海，西藏自治区的纳木错、玛旁雍错，青海省的青海湖等。

火口湖：它是由于火山喷发停止，火山通道被阻塞，火山口成为封闭的洼地，水体填充成湖。此类湖泊的特点是：一般面积较小，湖泊外形近圆形或马蹄形，深度较大。如云南省腾冲大龙潭火山口湖、吉林省长白山主峰白头山顶的天池都属此类，后者是一个非常典型的火山口湖。

堰塞湖：由火山熔岩流或由地震活动等原因引起山崩滑坡体等堵截河谷或河床后贮水而形成的湖泊。

河迹湖：主要是河流改道而形成，一般是淡水湖。中国五大湖中的鄱阳湖、洞庭湖、洪泽湖等属于此类。此类湖泊的特点是：湖形多呈弯月形或牛轭形，湖水一般较浅。江汉平原地区的洪湖就属于这种类型。河迹湖的成因是由于河流摆动，其天然堤堵塞支流而潴水成湖。由于河流本身被外来泥沙壅塞，水流宣泄不畅，潴水成湖。河流截湾取直后废弃的河段形成牛轭湖。

海迹湖：也称潟湖，它是由于沿岸沙嘴、沙洲等不断向外伸展，最后封闭海湾而形成的湖泊。如浙江杭州的西湖、宁波的东钱湖、江苏省西北部的洪泽湖、无锡的太湖等。

箭状沙嘴：是海迹湖发展过程中的一个阶段。

连岛沙堤：是箭状沙嘴发展后的结果，最后会发展为海迹湖景观。

岩溶湖：由石灰岩地区的溶蚀凹地积水而形成。此类湖泊的特点是：湖形常呈圆形、漏斗状，面积较小。此类湖泊多见于云贵高原地区，如贵州西部乌蒙山区的威宁草海、云南中甸的拉帕海。

冰川湖：它是由古冰川的刨蚀或冰碛作用形成凹地，积水而成的湖泊。新疆阿尔泰山的喀纳斯湖，就是一个高山冰川湖。

风蚀湖：它是在干旱、半干旱地区，由于风蚀洼地积水而形成的湖泊。此类湖泊的面积大小不一，且湖水较浅，湖水可由河流注入，也可由地下水补给。如内蒙古西部的嘎顺诺尔和苏古诺尔两个湖泊、毛乌素沙地的湖泊，都属于风蚀湖。

沙漠第一泉——甘肃月牙泉

今人对月牙泉起源的解释有四种：

一曰古河道残留湖。

二曰断层渗泉。

三曰风蚀湖。

四曰人工挖掘。

人工湖：即由人工建造的水库，具有拦洪蓄水和调节径流等特定的功能。中国是世界上水库最多的国家，目前已建大小水库约 97735 座(2014 年)。如北京十三陵水库，安徽太平湖，浙江淳安的千岛湖，武夷山东侧的泰宁金湖，吉林的松花湖等。

二、湖泊与中国传统文化

(一)西湖与唐风宋韵

“水光潋滟晴方好，山色空蒙雨亦奇。欲把西湖比西子，淡妆浓抹总相宜。”这是宋代大文豪苏轼赞美西湖的诗，他把西湖比作古代美女西施，西湖也因之博得“西子湖”的雅号。西湖最早叫武林水，又叫金牛湖、明圣湖、钱塘湖，到唐代因州城迁移，西湖的位置处于钱塘县西南，故称之为西湖。西湖古时是钱塘江的浅海湾，后由于泥沙淤积而成湖。湖体轮廓近似椭圆形，南北长 3.3 千米，东西长 2.8 千米，面积约 6.3 平方千米。这里山清水秀，碧波万顷，风光绮丽，湖的周围是万紫千红的巨大花园，数以千计的花木品种，馥郁芬芳，争奇斗艳。初春，桃花满堤；盛夏，红荷吐艳；三秋，丹桂飘香；入冬，寒梅怒放。一年四季，花香扑鼻，景色万千。

断桥残雪 平湖秋月 曲院风荷 苏堤春晓

雷峰夕照 花港观鱼

柳浪闻莺 三潭印月 南屏晚钟 双峰插云

西湖十景

“西湖明珠从天降，龙飞凤舞到钱塘。”杭州的西湖，被称作是中国历史上最负盛名的风景名胜之一。传说西湖本是天上的一颗明珠，由金龙和玉凤精心琢成。王母娘娘看见后想占为己有，一失手，珠子落入了人间，化作了天下无双的美景——西湖。

据我国著名地理和气象科学家竺可桢先生的权威考证，西湖只有2000多年的历史。相传秦始皇曾到过此地。传说秦始皇把船停泊在今天的宝石山下，缆绳就系在了一块临海的大悬岩上，后世称其为“秦皇缆船石”，石头有了故事，便有了生命的纹路，于是它见证了一个湖泊的形成。

上古时，这里还是一片汪洋，西湖为江海间第一湾，群山环其三面如玦形。秦汉时，由海湾变成潟湖，渐成湖泊。此后千年，史载疏浚达上百次，重要疏浚达20余次，使西湖免遭由湖变沼泽，再成平路之灾，成为举世闻名之湖。唐时，湖达10.8平方公里，为现在湖面一倍大。至宋时，湖淤半面，苏东坡用民工20万浚湖，筑苏堤。至明时，湖又半淤，杨孟瑛兴工浚湖，恢复湖景，并筑杨公堤。此后，西湖又经过几次疏浚，挖出的湖泥先后堆起湖心亭、三潭印月、阮公墩三岛，现代西湖形成。清乾隆年间，杨公堤以西渐成沼泽。2002年岁末，经杭州市政府两年的研究，西湖湖西工程动工。历时300余天，一期工程完成，湖西初现300年前盛景。西湖湖面由原来的5.6万平方公里，增至6.3万平方公里，“一湖双塔三岛三堤”之西湖全景梦圆。

说到西湖，首先就会想到白居易。白居易是9世纪初到杭州的，那时他已经50周岁了，而且是被贬官。所以从一般意义上来说，他是到杭州来休息一下的，并不是来搞建设。但是他一到杭州，立刻发现西湖治理得不好，旱涝无法起作用。当时老百姓生活艰苦，白居易在杭州为官的三年做了一件很重要的事，就是治理了西湖。他在西湖中建了一条白堤，但它不是我们今天看到的白堤。这个白堤在唐代时叫白沙堤。堤把西湖分成了上湖和下湖，堤内是上湖，堤外是下湖，主要起到调蓄洪水的作用，特别是在干旱的时候。白沙堤建成以后，白居易还专门写了《钱塘湖十记》一文，派人镌刻在西湖上，专门指教后来的人们应怎样放水，怎样开闸，怎样蓄水，怎样护堤。而且他还专门设了一个惩罚的条例：如果穷人破坏了西湖的堤岸，就罚他去种树；如果富人破坏了堤岸，就要到水里去捞水草。这一措施被后人称为唐代的一个绿色行动。可能也只有像白居易这样既是官员又是诗人的人才才能想出这样的措施。他把一些诗情、诗意寄托在了西湖上。

北宋时期，西湖有幸迎来了另一位让后人自豪不已的地方官——苏东坡，他在杭州历史上的地位，只有唐代的白居易可以与之媲美。而今西湖上的苏堤正是苏东坡发起西湖清淤后，由湖里挖出来的葑泥堆积而成的。苏堤长约数里，既达到了浚湖蓄水的目的，又沟通了湖之南北，方便了行人。而且那一时期正好遭遇灾害，老百姓生活艰难，苏东坡就依靠修筑长堤，以工代赈，使得百姓得以度过灾年。据说堤成之日，杭州人杀猪宰羊呈给苏东坡，他不敢独自享用，就让厨师将肉烧成小方块，大家共享。这就是传说中的杭州名菜“东坡肉”的由来。

可以说，对西湖景观的建设和保护，一直贯穿着中国传统山水文化的精神和理念，体现了西湖历史文化的延续性。

西湖的景观主要是由山、水以及堤、桥、岛构成的，三面云山一面城的总体格局，历经数代，依然保持着它的完整性。今天的西湖除天然形成的孤山外，还有3个岛：湖心亭、小瀛洲和阮公墩，形成于15—18世纪，完全是由人工堆筑的，利用的是西湖的淤泥。湖中三岛的形成，承载着丰厚的历史信息。荡舟湖上，看着烟雨迷离中的小岛，在桨声橹影间，就能体会到西湖无边的风情。先人们为这个湖泊的发展做了许多的努力，如今的人们很难想象，在完全依靠人力的年代，那样浩大的工程是怎样完成的。湖中三岛是人文和自然的完美结合，也体现了中国传统文化思想，可以算得上是化腐朽为神奇的精神产物。

800多年前的一个夏秋之际的日子，不胜酒力的苏东坡在雨后的西湖泛舟，微醉的他吟出了“欲把西湖比西子，淡妆浓抹总相宜”的诗句，这是一片人间奇景，多少文人骚客为它神往。

白居易咏颂西湖诗歌的数量堪称历史文人之最，比如他的非常著名的《钱塘湖春行》一诗中，脍炙人口的“乱花渐欲迷人眼，浅草才能没马蹄。最爱湖东行不足，

(三)太湖与吴越文化

茫茫太湖，横跨两省(江苏、浙江)三州(苏州、湖州、常州)，面积2225平方千米，是我国四大淡水湖泊之一。这里山清水秀，景色宜人，物产丰富，古迹众多。太湖为长江和钱塘江下游泥沙堰塞古海湾而成，西南纳苕溪、荆溪诸水，东由浏河、吴淞江、黄浦江注入长江。湖中大、小岛屿48个，连同沿岸的山峰和半岛，号称太湖72峰，以洞庭东山、西山、马迹山、三山、鼋头渚最为著名，组成一幅山外有山、湖中有湖、山峦连绵、层次重叠的天然图画。优美的湖光山色，灿烂的人文景观，确定了太湖作为国家重点风景名胜区的地位，每年都有大量的游人前来观光游览，凭吊古代历史人物的活动踪迹，感受古老的吴越文化的余风遗韵。

太湖位于长江三角洲江苏与浙江两省的交界处，是我国东部近海区域最大的湖泊。太湖古称“三万六千顷，周围八百里”，但它的实际面积由于受到泥沙淤积和人工围湖造田等因素的影响，已经没有如此宏大。今天的太湖，北临无锡，南临湖州，西接宜兴，东临苏州，水域面积约为2338平方公里。太湖湖区不仅是全国经济发达、人口密集的金三角地区，也是全国著名的粮仓，素有“鱼米之乡”的美称。

太湖的成因至今仍有争议。归纳起来有这样几种看法：一种观点认为是陨石坑，即因陨石撞击留下一个坑，形成了湖泊。一种观点认为太湖是构造湖，是地质活动导致的凹陷形成的一个盆地。还有一种说法，太湖是人类活动造成的，是一个人工形成的湖。古书《禹贡》里面说“三江既入，震泽底定”，太湖古时候就被称为“震泽”。三江指的是东江、娄江和吴淞江。所以也有这样的说法，古时候人工开凿运河，水汇聚到这个低洼的地方，形成了这个湖泊。目前大家都能接受的看法是：太湖是一个潟湖或海成湖，也就是因长江携带大量的泥沙到长江口之后，江水流速变缓，泥沙分叉后堆积，最后形成了海湾，封闭起来后形成了湖泊。

太湖美，美就美在太湖水。提起太湖，很多人自然就会想起一首动人的民歌《太湖美》。太湖的景色确实很美，姜夔有一句诗曰：“燕雁无心，太湖西畔随云去。”沿着整个太湖组成了有山有水、如诗如画般美丽的太湖景色。太湖的最高峰是在湖中间的西山镇上的缥缈峰，海拔300多米。登上山顶，一览无余，整个湖景尽收眼底。周围有一些散落的村庄，植被茂密，万绿丛中，炊烟袅袅。烟云之气也是太湖的一大景色。每年春秋之际，夜幕降临，晚霞笼罩城镇，水气把整个村庄都笼罩起来了，美不胜收。不过最美之处还是在北边，鼋头渚是太湖的一个浓缩的风景。

鼋头渚风光，山清水秀，浑然天成，为太湖风景的精粹所在，故有“太湖第一名胜”之称。中国大文豪郭沫若曾在此留下了“太湖绝佳处，毕竟在鼋头”的墨迹，精练的诗句，道出了古今游客的由衷感叹。

太湖不仅以自然景色取胜，更重要的是太湖蕴含着浓厚的人文气质。古时候太湖流域被称为吴越之地。正是太湖的一湖秀水，孕育了吴越文化。总体来讲，吴越文化可以归纳为三个方面：第一是它的方言。吴语声音委婉动听，有“吴侬软语”的美称。第二是饮食文化。太湖鱼虾较多，它的烹调方式以清蒸为主，比较清淡。第三是它的居住环境。太湖地区的人们都是逐水而居，沿着河道两侧是街道，街道的两侧修建民居。河道就是交通要道，河道里船来船往既是一种运输的通道，也是客流的一种通道，所以形成一个个非常特殊的水乡，呈现一派小桥、流水、人家的江南特色。

太湖流域自古以来就是人杰地灵之地，这里不仅出现过许多著名的文学家、政治家，也生活着留下许多传世之作的艺术家。

第四节　中国海滨文化

一、海洋景观分类

世界海岸线长约 44 万公里，中国海岸线长 18000 余公里，岛屿岸线 14000 余公里。海岸带蕴藏着丰富的生物、矿产、能源、土地等自然资源。还有众多深邃的港湾，以及贯穿内陆的大小河流。它不仅是国防的前哨，又是海、陆交通的连接地，是人类经济活动频繁的地带。这里遍布着工业城市和海港。海岸具有奇特的、引人入胜的地貌特征，可辟为旅游基地。

在海岸及其邻近地带居住着世界人口的 2/3，由此给海岸、河口的生态系统和生态环境带来不同程度的影响。海啸、飓风和台风侵袭海岸和海滩，对沿海的工业、农业造成危害。

中国位于亚欧大陆东南部，大陆海岸自鸭绿江口至北仑河口，总长 3.2 万多千米。海岸有 3 种类型：基岩海岸、平原海岸、生物海岸。山东和辽东半岛海岸、杭州湾以南海岸以及台湾东海岸，绝大部分属基岩海岸。珊瑚礁海岸和红树林海岸属生物海岸。三角洲与三角湾海岸、淤泥质平原海岸及泥沙质海岸属平原海岸。

平原海岸是在河流、海流及波浪等动力因素作用下，由泥沙堆积而成。一般沙细且平软，地势平坦，岸线平直，缺乏天然良港。浪小，水浅，为开展以水浴为主体的水上体育旅游活动提供了有利的条件。常形成海滨游乐基地和冬季避寒、夏季避暑的旅游活动中心。

基岩海岸集中分布于杭州湾以南的浙、闽、粤、桂等省区沿岸。北方的山东半岛、辽东半岛、辽西走廊一带以及秦皇岛、葫芦岛附近和台湾东海岸，也属这种类型。基岩海岸的岸外，水深浪激，岸线曲折迂回，岛屿星罗棋布。同时，还有水深、港阔、少淤的优良海港。

中国的生物海岸以红树林海岸和珊瑚礁海岸最为发育。

二、对外交流与海滨文化

中国位于亚洲东部，背靠欧亚大陆，面临浩瀚的太平洋，我们的祖先很早就有探索海洋的历史。在秦始皇时期，曾派徐福率三千童男童女，东渡扶桑，寻找海上仙山。唐宋时期，中国造船技术发达，海洋成为中国对外开放的窗口，日本、文莱、菲律宾等国外交使者从海上来到中国，扬州、宁波、泉州、广州成为中国对外交流的重要港口城市。明代郑和还率船队到达西亚地区，在清代由于封建经济的衰落，海洋也成为中国近代屈辱的见证。如今，中国正向世界强国迈进，海洋成为中国对外开放的重要窗口。海滨文化记载中国繁荣强大的历史，也铭刻着近代中国的屈辱和自强不息的奋斗历程。

1. 北国海滨的三颗明珠

在中国北部海滨，有三颗闪烁的明珠，这就是大连、秦皇岛和烟台。

大连位于辽东半岛南端，因为海水的长年腐蚀，这一带海岸呈现各种奇形异状，半岛东侧的黄海中分布着大大小小 50 多个岛屿，组成中国北方有名的长山群岛。大连海滨风光绮丽，气象万千，老虎滩公园岩礁争奇，古炮台沧桑历历在目，庙岛群岛恰似镶嵌在海面上的绿色宝石，把大连海滨点缀得婀娜多姿，大连—旅顺海滨风景区是我国著名的重点风景名胜区。

秦皇岛背靠燕山，前临渤海，气候宜人，风景秀丽，是渤海之滨著名的风景城市和避暑胜地。秦皇岛原是一个距海岸不远的小岛，后来由于长年淤积，加上人工填塞，小岛逐渐与陆地相连，成为一个半岛。相传秦始皇曾经派人从这里渡海出洋，寻找长生不老药，秦皇岛由此而得名。这里有著名的避暑胜地北戴河和重要关隘山海关。

北戴河西起洋河口，东到鸽子窝，长二十余里，这里青山绿海，水天一色。细洁柔软的沙滩，像一块金黄色的地毯，铺在这一片绿色的大地上。海滨南临渤海，背依联峰山，西起戴河口，东至鹰角石，长约 10 千米，滩面平软，沙软潮平，海水清澈，是一处天然的海水浴场，海、山、河的自然景色融为一体，构成了著名的北戴河风景区。

在联峰山上，人头石、鹰角石、骆驼石、对语石等奇石峥嵘，老虎洞、通天洞等玲珑剔透，加上拔地参天的松柏和陡峭悬崖，使山峰显得格外肃穆幽深。海滨东北端的鹰角石，是北戴河二十四景之一。鹰角亭建于高峰之上，雕梁画栋，气势雄伟，登临其上，海天一色，亭下白浪翻腾，几疑置身海波之上。1954 年，毛泽东来鹰角亭观海景，写下了著名的《浪淘沙·北戴河》：“大雨落幽燕，白浪滔天，秦皇岛外打鱼船。一片汪洋都不见，知向谁边？往事越千年，魏武挥鞭，东临碣石有遗篇。萧瑟秋风今又是，换了人间。”

伟人站在鹰角亭上，远望天边，大雨滂沱，海波汹涌，烟雾迷茫，白浪滔天。他的思绪由当前飞到过去，当年魏武帝曹操，就是在不远的碣石山上，写下了“烈士暮年，壮心不已”的千古名篇。一千多年过去了，眼前景色依旧，只是世界已经“换了人间”。

距北戴河海滨60千米处的碣石山，是秦皇岛著名的风景胜地之一。据史书记载，秦始皇三十二年(公元前215年)，秦始皇第四次东巡经过碣石山，在这里刻“碣石门辞”，记述了拆毁六国长城的历史事件，歌颂了秦始皇的文治武功。汉武帝即位后，也东巡海上，北至碣石，在这里建造了汉武台。汉武台俗称娘娘顶，在碣石山群峰正中，海拔695米，是渤海近岸最高峰，登上汉武台顶，举目四顾，方圆百余里景物，尽入眼底，渤海清波帆影，历历在目。东汉献帝建安十二年(公元207年)，权势凌驾于皇帝之上的曹操，北定乌桓后，胜利班师而归，沿着辽西走廊来到秦皇岛，触景生情写下了《观沧海》一诗。诗云：东临碣石，以观沧海。水何澹澹，山岛竦峙。树木丛生，百草丰茂。秋风萧瑟，洪波涌起。日月之行，若出其中。星汉灿烂，若出其里。幸甚至哉，歌以咏志。

诗人登上碣石山，远眺茫茫渤海，只见水天浩渺，那耸立于水中的山岛，那郁郁葱葱的草木，显示出大自然旺盛的生命力。秋天的大海，洪波涌起，胸襟博大，天上的日、月、星汉都似乎隐现其中，此情此景给人一种精神向上的振奋，也激发了诗人统一天下的勃勃雄心。这是中国诗歌史上第一篇描绘大海的山水诗篇。唐贞观十九年(公元645年)，又一位具有雄才伟略的君王唐太宗，从辽宁班师回朝，“次汉武台，刻石以纪功德”，还写了《春日望海》一诗，“披襟眺沧海，凭轼玩春芳”，是他所看到的海景；“之罘思汉帝，碣石想秦皇”，是他登临碣石所生发的感慨。碣石山吸引着古代帝王来此观沧海，古代帝王登临碣石又将碣石山声名远播。

秦皇岛拥有约113千米的海岸线，沿海为狭长的平原地带。这里既是京城的门户，又是华北与东北的交通要道，在军事上具有极其重要的意义。明洪武十四年(公元1381年)，建起山海关之后，这里更成了军事重镇。山海关，西北接峰峦起伏的燕山山脉，南临波涛汹涌的渤海，一关虎踞，气势雄伟，素有“天下第一关”之称。山海关是我国古代万里长城的起点，城高约13.33米，厚6.66米，周长约4千米。

山海关的南门，是古代称为望洋门的地方，因为距望洋门4000米处就是大海，万里长城在这里伸入海中约20米，人称“老龙头”。自古以来，人们把长城比作长龙，龙身翻山越岭，左右盘旋，而龙头却伸入大海，嬉弄波涛。从老龙头沿岸北上，海滩上有岩石突起。其中有两块露出海面的礁石，当地称为“姜女坟”。传说当年修筑长城时，孟姜女千里寻夫来到长城脚下，不想丈夫范郎已长眠于此，孟姜女惊天恸哭，把长城都哭倒了。想到自己死去的丈夫，她痛不欲生，便纵身跃入大海，大海中随之浮起两块礁石。在孟姜女坟北七八千米处，还有一个小村庄，村里建有姜女庙，庙前有一天然巨石，上面刻着“望夫石”三字，相传这里是当年孟姜女望夫的地方。庙内有南宋爱国将领文天祥所撰的楹联“秦皇安在哉，万里长城筑怨；姜女未亡也，千秋片石铭贞”，还有很多碑刻，其中有乾隆、嘉庆、道光皇帝的御笔题额，还有著名长联“海水朝朝朝朝朝朝朝落，浮云长长长长长长长消”。后人还依据传说附会而设了好多遗迹，比如石间有坑，为“孟姜女之脚印”，旁有石台，后台有振衣亭，传说是孟姜女梳妆和更衣的地方，给今天的游览观光者增添了很多情趣。

烟台的芝罘岛，是和秦始皇的行踪相联系的。据《史记》记载，秦始皇曾三次来芝罘岛。始皇二十八年(公元前 219 年)，这位完成统一大业的皇帝，“过黄、陲，穷成山，登之罘，立石颂秦德焉而去”。这是他第一次登芝罘，还派徐福赴海上求长生不老药，第二次是在始皇二十九年，第三次则在始皇三十七年，还射到一条大鱼“封禅立阳主祠而去”。至今芝罘岛还遗有始皇道、射鱼台、阳主祠等古迹。

2. 闽海良港——古代对外交流的缩影

中国的大陆海岸线，在福建省境内很有特色，大多蜿蜒曲折，滨海岛屿密布，形成众多的良港，泉州、厦门便是闽海地区的两个重要港口。

在泉州石狮市东南，有一座建于南宋年间的石塔，人称“姑嫂塔”，是闽南侨乡的标志。这座塔向人们诉说了这样一段动人的传说：很久以前，一位青年不堪忍受财主的盘剥，告别自己的妻子和妹妹，远渡重洋赴海外谋生，约定三年为其归期。姑嫂两人等了一年又一年，总不见亲人归来。两人相约日日到海边，登上礁石向远处眺望，只见滚滚的波涛、茫茫的大海和飞翔的海鸥，却不见亲人的归帆。为了扩大视野，看得更远，她们搬来石块垒石为台，石台越垒越高，亲人的音信却越来越渺茫，最后在绝望之中双双投入大海。人们为了纪念这对姑嫂，便在她们垒合的地方，修建了这座姑嫂塔。姑嫂塔的故事，反映了当时闽南沿海人民被迫背井离乡出海谋生的情景，以及故乡人民无限牵挂海外亲人的心情。

泉州人很早就外出谋生，泉州港也很早就成为著名的良港。据有关史料记载，在南朝泉州已经是中国海外交通贸易的重要港口，在唐代，泉州同扬州、明州、广州并称四大商港，到南宋泉州已发展成为与广州并驾齐驱的全国两个最大的商港之一，元代泉州地区海外交通进入了空前繁荣的黄金时代，它与埃及的亚历山大港齐名，被誉为“世界最大的贸易港”。

美丽的厦门原是东南沿海中的一个岛屿，很早以前曾经是白鹭栖息的地方，被称之为“鹭岛”。1953 年 6 月，人们在此修筑了集美海堤和银杏海堤，厦门变成了一个与陆地相连的半岛。这里，面临东海，背靠大陆，岛上山湖相映，草木四季常青，鲜花终年盛开，素有“海上花园”的美誉。今天，厦门是最早开辟的四个经济特区之一。

在厦门数百年的历史中，郑成功反清复明的军事斗争和收复台湾的壮举是最壮烈最精彩的一页。“郑成功文化”包含政治、文化、军事、外交、民族、航海、民俗和两岸渊源，至今还影响着厦门的历史进程和人文性格。

郑成功长期与清廷对峙，厦门成为当时反清复明活动的大本营和一个政治重镇。从1644年清兵入关进入北京，到1680年清兵完全占领厦门，长达36年的时间，厦门基本上在明朝和郑成功父子的控制下，这在当时的几支抗清力量中是历时最久的。郑成功屯兵厦门，并与清政府多次展开攻防，厦门几度在双方之间易手。厦门长期处于战场硝烟之中，厦门百姓亲身感受了浓厚的战争氛围，铸就了波澜壮阔的战争文化。郑成功胸怀大志、坚毅果敢的性格和强烈的爱国主义精神深深影响着后人，厦门人形成了坚忍不屈、勇猛顽强的性格，也带有几分豪放不羁和争强好胜的特性。清代的《晋江县志》描述：“属邑同安多豪猾，健斗喜讼，前后令莫制。”

厦门对外通商口岸的确立也是始于郑成功时期。郑成功以厦门为基地，开拓内外贸易，既促进了厦门商贸地位的提高，也使厦门民众形成了重商、亲商的风气。在郑成功占据厦门的时期，厦门的对外贸易出现了新兴局面。厦门同荷兰、英国、西班牙以及南洋各地经常有商船来往。可以说，郑成功奠定了厦门商港的历史地位。

第五节　中国的瀑布和泉

一、瀑布

（一）瀑布分类

瀑布，又称跌水，是指河流或溪水经过河床纵断面的显著陡坡或悬崖处时，成垂直或近乎垂直地倾泻而下的水流。在地质学上，是由断层或凹陷等地质构造运动和火山喷发等地表变化造成河流的突然中断，另外流水对岩石的侵蚀和溶蚀也可以造成很大的地势差，从而形成瀑布。

依瀑布的外观和地形的构造，瀑布有多种分类：

据瀑布水流的高宽比例划分：垂帘型瀑布、细长型瀑布。

据瀑布岩壁的倾斜角度划分：悬空型瀑布、垂直型瀑布、倾斜型瀑布。

据瀑布有无跌水潭划分：有瀑潭型瀑布、无瀑潭型瀑布。

据瀑布的水流与地层倾斜方向划分：逆斜型瀑布、水平型瀑布、顺斜型瀑布、无理型瀑布。

据瀑布所在地形划分：名山瀑布、岩溶瀑布、火山瀑布、高原瀑布。

中国是一个多瀑布的国家，这与中国河川众多、山地广布、喀斯特发育、东部地区降水丰富等地理因素有密切关系。

按瀑布产生的环境条件，中国的瀑布可分为江河瀑布、山岳瀑布和洞穴瀑布。

(二)瀑布与中国的传统文化

望庐山瀑布

作者：李白

日照香炉生紫烟，
遥看瀑布挂前川。
飞流直下三千尺，
疑是银河落九天。

李白的七言绝句《望庐山瀑布》是家喻户晓、雅俗共赏、人人口熟能详却又模仿不得的神来之作。庐山是我国古代最著名的风景与文化圣地之一，有“无限风光”的仙人洞穴，有“天下奇观”的飞流瀑布，有山中盆地，有峰上天地，还与远处隐约可见的万里长江和千顷鄱阳湖互为映衬，这一切自然而然地组成了气象万千的天然图画。不但如此，庐山还以它极为丰厚的历史人文积淀而成为我国文化遗产中最引人注目的承载之一。古往今来，它不知引发过多少文人墨客的情怀灵感，他们绞尽脑汁地写下无数歌咏诗篇，而李白的这首《望庐山瀑布》不过是一首小小的七言绝句，却在众多诗作中，雄视古今，独占鳌头。

“日照香炉生紫烟”，这句诗是写香炉峰的奇丽景色，为瀑布勾勒出一幅壮美隽逸的背景图画。这里的“香炉”、“紫烟”无疑是景物名称的偶然巧合，但是经过诗人似乎漫不经心的一笔巧借、点化，却增添了动感。这里勾勒的环境，其实并不单纯为了描绘美景，而是借此来寄情托意，将自己的性格、理想寓于追求香烟缥缈的仙境的志趣之中。

“遥看瀑布挂前川”，把遥望中开先瀑布的形象展现在读者的面前。这里的一个“挂”字，化动为静，突现了远望中瀑布的静态感、其灿若珠帘、洁如白练的壮美感。这样，在雄阔的背静中勾出珠帘垂空、直泻涧底的一泓瀑布，就增添了诗歌静中有声、以静显动的气韵。

“飞流直下三千尺”一句，诗人扣紧瀑布的喷涌，通过“飞流”、“直下”两个极有气势的动词和“三千尺”这个富于夸张的数量词，把瀑流之湍急、冲力之猛烈、声势之宏大，展现于读者眼前。

“疑是银河落九天”一句中，诗人巧借银河自天而降的比喻，渲染瀑布飞动的气势。此处的“疑”字分外传神，它既真切地传达了诗人仰观飞瀑时一刹那间的心灵感受，又符合开先瀑布高接云天的实际。诗人积极浪漫地调动想象、夸张、比喻等艺术手法来凸现庐山开先瀑布的变幻多姿和雄奇壮观，把瀑布描绘成了独具个性的艺术形象。

全诗融情于景。庐山瀑布“飞流直下”的气势，洋溢着诗人昂扬激进的思想，蕴含着他对祖国锦绣山河的深切感情。诗人丰富独特的想象，使全诗的字里行间飘荡着浪漫主义的色彩。诗人又调动衬托、夸张、比拟等修辞手段，更使全诗神采飞扬，浑然天成。

二、泉

(一)分类

大气降水渗漏地下顺岩层倾斜方向流，遇侵入岩体阻挡，承压水出露地表，形成泉水。

泉水为人类提供了理想的水源，同时也能构成许多观赏景观和旅游资源，如理疗泉、饮用泉等。分布广泛，相对集中，是中国泉分布的突出特点。说其广泛，是因为全国每个省、区都有分布；说其集中，是因为西藏、云南、福建、广东、台湾泉眼多，分布密度高。全国各省区就数量而论，西藏温泉最多；就密度而言，台湾温泉最密。

按照出露情况，泉水可分为：接触泉、裂隙泉、断层泉、溶洞泉；按照水温可分为：冷泉、温泉、热泉、高热泉和沸泉；按照矿化程度，可分为：普通泉和矿泉。

(二)泉的保健疗效

温泉是泉水的一种，从严格意义上说，是从地下自然涌出的自然水，泉口温度显著高于当地平均气温而又低于45度的地下水。

一般来说，温泉的形成有以下三个条件：

(1)地下必须有热水；

(2)必须有压力差促使热水往上涌；

(3)岩石中必须有深长裂隙供热水通达地面。

一般来说，不同的泉有不一样的保健疗效，具体如表3-2所示。

表3-2　　泉的疗效

泉	疗　效
碱性碳酸氢泉	治疗神经痛、皮肤病、关节炎
弱酸性单纯泉	治疗风湿症及皮肤病
弱碱性碳酸盐泉	治疗皮肤病、风湿、关节炎
弱碱性碳酸泉	治疗神经痛、皮肤病、关节炎

续表

泉	疗　效
酸性碳酸盐泉	火成岩温泉形成灰色泥巴，泉泥敷脸可美白肌肤
酸性硫酸盐氯化物泉	对皮肤病具有疗效
酸性硫磺泉	皮肤病、风湿、妇女病及脚气
酸性硫酸岩泉	治疗慢性皮肤病

本章小结

在山水游历中，自然景观和人文景观是相互交织，相得益彰的。山水养育了文化，文化增添了山水的灵性。没有山水的养育，文化便缺少了根基与源泉；没有文化的滋润，山水便缺少了精神和韵味。本章介绍了中国水文化的形成，江河文化、湖泊文化、海滨文化及瀑布和泉文化。

课后习题

一、简答题

1. 你能说出长江途经中国的哪些省份吗？

2. 中国长江三峡包含哪三峡？

3. 中国黄河沿线主要湖泊有哪些？

4. 江南三大名楼是指哪三楼？

二、实训题

1. 你还知道中国的哪些湖泊及以它们为中心发展起来的文化呢？

2. 你泡过温泉吗？温泉的作用你切实体会到了吗？与大家分享一下你的温泉之旅。

第四章 中国古典园林文化

中国园林、欧洲园林和伊斯兰园林被称为世界三大园林体系。中国古典园林以其特有的风姿，岿然屹立于中国博大精深的文化宝库之中。

第一节 中国古典园林的起源与发展

中国古典园林是中国传统文化的重要组成部分。作为一种载体，它不仅客观而又真实地反映了中国历代王朝不同的历史背景、社会经济的兴衰和工程技术的水平，而且特色鲜明地折射出中国人的自然观、人生观和世界观。所以，园林史就是一部中华祖先的发展历程史。

一、形成背景

园林是在一定自然条件和人文条件综合作用下萌生的优美的景观艺术作品。如果我们抛开各种独特的现象而从共性的视角来看，园林的形成离不开大自然的造化、社会历史的发展和人们的精神需要这三大背景。

(一)自然造化

伟大的自然具有移山填海之力、鬼斧神工之技。既为人类提供了花草树木、鱼虫鸟兽等多姿多彩的造园材料，又为人类创造了山林、河湖、峰峦、深谷、瀑布、热泉等壮丽秀美的景观，具有很高的观赏价值和艺术魅力，展现了自然美，同时为人们创造“第二自然”——园林奠定了得天独厚的基础。

(二)社会历史发展

园林的出现是社会财富积累的反映，也是社会文明的标志。它必然与社会历史发展的一定阶段相联系；同时，社会历史的变迁也会导致园林种类的新陈代谢，推动新型园林的诞生。

(三)人们的精神需要

园林的形成当然也离不开人们的精神需要，这种精神需要来自神话仙境，来自宗教信仰，来自文艺浪漫，来自对现实田园生活的回归。现实社会往往充满痛苦和矛盾，难以使人的精神得到满足，人们也乐于寻找一个理想中的“避风塘”来远离现实。所以，园林是为理想而诞生，它的形成是历史的必然。

二、发展历程

中国古典园林的营造从有文字记载的殷周时期的“囿”算起，已有3000多年的历史。自古以来，经过历代匠师的创作和发展，中国古典园林取得了极其高超的艺术成就，形成了独特的民族形式和艺术风格，成为中国传统文化的巅峰之作。

(一)萌芽期(夏—春秋战国)

我国古代第一个奴隶制国家——夏朝，农业和手工业都有相当的发展，为营造园林活动提供了物质技术上的条件。直到商朝，出现了园林的雏形——囿，事实上它已具备了狩猎观赏等园林活动内容。

西周时，灵囿、灵台、灵沼等集田猎、登高、垂钓功能于一体的皇家园林崭露头角，可以称之为“田猎型自然山水园林”。及至春秋战国，礼崩乐坏，百家争鸣，各国竞相筑台建宫，比囿更美的园林——苑诞生了。

(二)生成期(秦—汉)

封建帝国初步形成，相应的皇家宫廷园林规模宏大，气魄宏伟，成为这个时期造园活动的主流，可以称为“宫苑型自然山水园林”。此外，皇亲国戚，将相豪门，富商大贾开始投资园林，标志着私家园林的兴起。

(三)发展期(魏晋—隋)

时局长期动荡不安，官僚统治削弱，民间的私家庄园异军突起，一大批饶有田园风光的私家园林涌现，可以称为“田园型山水园林”。与此同时，佛教和道教的流行，使寺观园林也开始勃兴。园林艺术兼容佛、道、儒诸家的美学思想向更高的水平跃进，奠定了中国山水风景式园林大发展的基础。

(四)全盛期(唐—宋)

科举制的发展，极大地调动了中国文人、士流的创造性。作为一个园林体系，具有独特风格的写意山水园林在文人士流的作用下开始出现了。由于大批文人参与园林营造，写意山水园林向更高水平迈进，中国古典园林呈现一派欣欣向荣的繁盛景象。

(五)成熟期(元—清)

封建社会盛极而衰，文化也越发呈现衰退的迹象。中国园林的发展，一方面继承唐宋写意山水园林的优秀传统而趋于精致，一卷代山，一勺代水，表现了中国写意园林的最成熟风格，可以称为“成熟性写意园林”；另一方面由于政治、经济、文化发展的不均衡和各地气候、人文条件的差别，私家园林逐渐分化，先后有江南园林、北方园林和岭南园林脱颖而出，表现出中国古典园林适应时代的发展，从浓郁的文人风格向世俗化演变的倾向。

第二节 中国古典园林要素与传统文化

中国古典园林是将大自然的美景浓缩到有限的空间，成为大自然的缩影。园内奇花异木、秀峰怪石、碧水流泉、亭台楼阁等异彩纷呈，千姿百态。从组成的要素上看，中国古典园林主要由山、水、花木、建筑四个基本要素构成。

一、园林之山水

山水是中国古典园林的主要标志，是自然界中最富有艺术魅力的自然景观，几乎无园不山，无园不水。山、水的布局奠定了园林景观环境的基本轮廓。一个被塑造了山水的园林，就是一种自然美与人工美相统一的艺术形象。

(一)山水之山——园林的骨骼

山是造园的骨架，有了山才能“绿影一堆”。自然界的山形形色色，土石相兼，有土山，石山、土抱石山，石掩土山。造园堆山叠石，是以大自然为师，是真山的艺术性再现。自然界的石头种类繁多，常见的用于造园的有湖石、黄石、宣石，以及灵璧石、虎皮石等种类。每种石头都有自己的石质、石色、石纹、石理，各有其形体轮廓。而不同形态和质地的石头，便自有它们不同的性格。就造园来说，湖石的形体玲珑剔透，用它堆叠假山，情思绵绵；黄石则棱角分明，质地浑厚刚毅，用它堆叠假山，嵯峨棱角，峰峦起伏，给人一种朴实坚韧的感觉。所以要分峰用石，避免混杂。

叠石假山大体上分为两大类型：一是写意假山，二是相形假山。

写意假山是取真山的山姿山容、气势风韵，经过艺术概括、提炼，再现园林里的以小山之形传大山之神。这类以某种真山的意境创作而成的山体，会给人一种亲切感，有着丰富的想象和品味的余地。如扬州个园假山：笋石(白果峰)配以翠竹，湖石假山用玉兰、梧桐掩映，黄石假山由松柏、枫树衬托，宣石假山用腊梅、天竺陪衬，构成春、夏、秋、冬四季景色。特别是秋山，它坐落在园的东北角，每当夕阳西照，则格外显得秋色迷人。

相形假山是模仿自然界动物的形体动作而堆叠起来的景观，给人印象最深的莫过于苏州狮子林的假山。未进园门已见墙前几只狮子在舞，此为序幕，点出了园景主题。狮子林全园采用湖石做材料，以表现狮趣为造型中心，大胆泼辣地在园子的中心堆叠出一座重峦叠嶂的山体，几乎在每一个石峰上都有一只狮子在向游人卖弄姿态。数不清的山峰，看不完的狮子，说不尽的情趣，恍惚置身于狮子的世界。

山石之美既形于外也聚于内。山石之所以具有审美价值，与其出于天然，古而有骨的内在特性有关。所谓的“古”是指山石的形体，虽千奇百怪，不可言说，但都是风吹浪激，日晒雨淋，历经多年而缓慢形成的，它是大自然的杰作，可谓鬼斧神工，巧趣天成。而“骨”具有“风骨”、“骨气”、“骨力”、“骨骼”等意味，在园林美学里，以石为骨的审美内涵也是很丰富的。

山石还具有所谓的“瘦”、“透”、“漏”、“皱”、“丑”等品格。所谓的“瘦”，这是对石的总体形象的审美要求，即“壁立当空，孤峙无倚”，它好似亭亭玉立的淑女，高标自持的君子，如苏州留园的冠云峰、瑞云峰。关于“透”、“漏”，李渔在《闲情偶寄》中作了这样的阐述“此通于彼，彼通于此，若有道路可行，所谓‘透’也；石上有眼，四面玲珑，所谓‘漏’也”。其实，“透”是指通过，穿过之意，用于品石则是指石孔相通。“漏”是指窍、孔、穴，用于品石，主要强调石上有孔穴。而“皱”，在园林中即指石面上的凹凸和纹理，也是计成所说的“纹理纵横，笼络起隐”。“丑”则是相对美而言的。

假山峰石，在园林中都是作为主景，或是特置观赏的。这样的主景山石，并非园林山石的全部功能。中国古典园林中的假山石，有着更为广泛的用途。在造园艺术上，除了构成主景，形成制高点借以控制全园或局部区域景色外，还起着分割空间、界定空间、屏障空间、点缀空间等作用，从而使园林景色能够达到山重水复、层次丰富、曲折幽深、小中见大的艺术境界。

中国古典园林中的叠石造山技艺可以说是“虽由人作，宛自天开”，是中国古代文化中的珍贵遗产。叠石造山之所以能从起源于中国古典园林并持续发展到“无园不石”的地步，与古代一脉相承的爱石、品石的文化风气有着密切联系，另外，奇山名石，取之不尽，用之不竭，为中国古典园林的发展提供了可靠的保障。山石在中国园林中具有十分突出的地位，叠石造山也必然成为一门精彩的艺术。

（二）山水之水——园林的血液

自然水景不论是在晴空万里之下，还是在烟雨霏霏之中，都是美丽动人的。作为自然审美的对象，水体往往能比山峦更给人以亲切感，成为园林造景的重要因素。水景可以丰富园林里的游乐活动，如采莲、垂钓、泛舟、流觞等。水体与山石花木建筑的巧妙配合，还能形成各种生动活泼、引人入胜的景观。

中国古典园林里的理水方式，常把水源做成流泉、飞瀑景观以模拟自然。泉是地下涌出的水，瀑是断崖跌落的水。水源或为天然泉水，或为园外引水，或为人工水源。泉源的处理，一般都做成石窦之类的景观，望之深邃幽暗，似有泉涌。瀑布有线状、帘状、分流、跌落等形式，主要在于处理好峭壁、水口和递落叠石。

溪涧是泉瀑之水从山间流出的一种动态水景。溪涧宜多弯曲以增长流程，显示出源远流长，绵延不尽。多用自然石岸，以砾石为底，溪水宜浅，可数游鱼，又可涉水。两岸树木掩映，表现山水相依的景观。中国古典园林中著名的溪涧景观，有无锡寄畅园的“八音涧”和杭州的“九溪十八涧”，源于自然又高于自然。

池塘、湖泊是成片汇聚的水面。池塘形式简单，平面较方整，没有岛屿和桥梁，岸线较平直而少叠石之类的修饰，水中植荷花、睡莲、荇、藻等观赏植物，或放养红鲤等观赏鱼类，再现林野荷塘、鱼池的景色。湖泊是一种广阔而集中的水面，但园林中的湖，一般比自然界的湖要小很多，多数是一个自然式的水池。水面宜有聚有散，聚散得体。岸线曲折，常做成港汊、水湾，使透视产生流域广阔、极目不尽的效果。湖中设岛屿，用桥梁、汀步连接，增加了景深和空间层次。水面与岸边的陆地极为接近，使之产生湖水拍岸、荡漾浩瀚之感。岸边常设石矶、滩头，配植以深柳疏芦，宛如水乡泽国的野趣情调。

不同的理水方式可以形成不同的水景，园林的理水方式大体上可分为三种：

(1)掩。以建筑和绿化将曲折的池岸加以掩映。临水建筑，除主要厅堂前的平台为突出建筑的地位，不论亭、廊、阁、榭，皆前部架空挑出水上，水犹似自其下流出，用以打破岸边的视线局限；或临水布蒲苇岸、杂木迷离，造成池水无边的视角印象。

(2)隔。或筑堤横断于水面，或隔水净廊可渡，或架曲折的石板小桥，或涉水点以步石，正如计成在《园冶》中所说，“疏水若为无尽，断处通桥”。如此则可增加景深和空间层次，使水面有幽深之感。

(3)破。水面很小时，如曲溪绝涧、清泉小池，可用乱石为岸，怪石纵横、犬牙交错，并植配以细竹野藤、朱鱼翠藻，那么虽是一洼水池，也令人似有深邃山野风致的审美感觉。

（三）山水中的传统文化因子

中国古典园林历史悠久，在3000余年漫长的发展过程中形成了世界上独树一帜的山水风景园林体系。自然山水是美的典型，园林里只要有山有水，便具有林壑之美，也就有了画意诗情。借山水以寄意，借山水以抒情，山水景观的美感作用足以称奇。

孔子云："智者乐水，仁者乐山。"把泽及万民的理想的君子德行赋予大自然而形成山水的风格，这种"人化自然"的哲理必然会导致人们对山水的尊重。因此，园林里的山水几乎都负载着与道德相联系的情愫。中国古典园林的山大多用来比喻君主，因此，山就成了皇帝的精神拟态，成熟稳重彰显大气风范，同时也含有仁寿之意，自北宋以来，皇家园林的山几乎都以"万寿山"为名。园林中的水被赋予了人格的魅力，以其清清浊浊衡量道德修养之上下优劣，修于内，止于外；以其昼夜奔流不息作为时间的"意象"警示激励世人，珍于现在，惜于所有；也以其可动可静，动静皆宜体现养生的曼妙和精髓。

园林的筑山理水所创造的东方品格，本质上反映了人居环境与天地万物同生同存的哲学思想。山水意识是洁性、仁性、智性、灵性、柔性、宏性等美学气质、哲学气质、文学气质和艺术气质的综合体现。山水文化是在山的笼罩下，综合中国古典园林构筑艺术、中国山水绘画、中国山水诗词、中国风水理论等创造了一种结合中外理想主义、可持续发展理论、天人合一的生存模式。这种山水文化，也即以山水为骨架的自然资源和以山水为主题的人文资源的统一体，是"千壑竞翠，万水争流"的秀水青山的理想生存环境的创造性的艺术展现，是人的生命价值在山水世界中与天地生生不息的宇宙精神的结合。

二、园林之植物

（一）花木——园林的毛发

植物是造山理池不可缺少的因素。花木犹如山峦之发，山水之景如果离开花木的衬托就没有美感。拙政园的枫杨、网师园的古柏、留园的白皮松、浪沧亭的箬竹都是一园之胜，左右大局，如果这些饶有画意的古木除去了，一园景色顿减，特色尽失。

园林着意表现自然，对花木的选择标准，一讲姿美。树冠的形态、树枝的疏密曲照、树皮的质感、树叶的形状，都追求自然优美；二讲色美，树叶、树干、花都要求有各种自然的色彩美，如红色的枫叶，青翠的竹叶、白皮松，斑驳的粮榆，白色的广玉兰，紫色的紫薇等；三讲味香，要求自然淡雅和清幽。最好四季常有绿，月月有花香，其中尤以腊梅最为淡雅，兰花最为清幽。

(二)花木中的传统文化因子

中国古典园林中植物的不同凡响之处还在于其文化象征意义。受中国传统文化的熏陶和影响，许多花木被认作高尚品质和高洁情操的象征。松、竹、梅傲雪凌霜，深为人们敬重和喜爱，因而被当作正直、高洁、孤傲不羁的象征。菊取陶渊明“采菊东篱下，悠然见南山”之意，象征着俭朴淡泊的生活之道。“出淤泥而不染”的荷花比喻不趋炎附势，洁身自好的高雅之士。清雅淡逸的兰花具有君子风范，象征幽居隐士，尤为文人韵士所吟诵。玉兰、牡丹、桂花象征荣华富贵，石榴象征多子多孙，紫薇象征高官厚禄，等等。拟人化了的花草树木皆有情，其文化意蕴深化了植物美，这是中国古典园林中植物的独特之处。因此，中国古典园林的植物配置既兼顾了植物的形、神之美，更是自然美和象征寓意美的经典艺术组合。

三、园林之建筑

(一)建筑——园林的眼睛

中国古典园林多采用古典式建筑。古典建筑斗拱梭柱，飞檐起翘，具有庄严雄伟、舒展大方的特色。它不只以形体美为游人所欣赏，还特别善于利用具有浓厚的民族风格的各种建筑物，如亭、台、楼、阁、廊、榭、轩、舫、馆、桥等，配合自然的水、石、花、木等组成体现各种情趣的园景。

为了使园林成为可望、可行、可游、可居之地 ，园林中建造各种相应的建筑是必要的。但园林中的建筑不能压倒或破坏主体，而且应该突出山水的自然，力求达到自然与建筑的有机融合。在使山、石、水、植物和建筑之间协调融合时，更应顺其自然、追求人趣，使人与自然十分和谐地融入建筑环境之中，让人们虽然身处有限的人造环境中，却能够感受到一种天然环境的无限情趣。

以常见的亭、廊、桥为例，它们所构成的艺术形象和艺术境界都是独具匠心的。

亭：它不仅造型丰富多彩，而且在园林中起着“点景”与“引景”的作用。如苏州西园的湖心亭、拙政园别有洞天的半亭。

廊：它在园林中既是引导游客游览的路线，又起着分割空间、组合景物的作用。如当人们漫步在北京颐和园的长廊之中，便可饱览昆明湖的美丽景色，而苏州拙政园的水廊，则轻盈婉约，人行其上，宛如凌波漫步；苏州怡园的复廊，用花墙分隔，墙上形式各异的漏窗(又称“花窗”或“花墙洞”)，使园有界非界，似隔非隔，景中有景，小中见大，变化无穷，这种漏窗在江南古典园林中运用极广，这是古代建筑匠师们的一个杰出创造。本来比较单调枯燥的墙面，经过漏窗的装饰，不仅增添了丰富的变化，那一个个各不相同的漏窗图案在墙面上成为一幅幅精美的装饰纹样，而且通过巧妙地运用一个“漏”字，使园林景色更为生动、灵巧，增添了无穷的情趣。苏州的西园、狮子林的漏窗都充分地体现了这一特色。

桥：它以丰富多彩的形式，在世界建筑艺术上大放异彩。最突出的例子就是北京颐和园的十七孔桥、玉带桥，它们各以其生动别致的造型，把颐和园的景色装点得更加动人。此外，江苏扬州瘦西湖的五亭桥，苏州拙政园的廊桥则又是另一种风格，成为这些园林中最引人注目的园景之一。

(二)建筑中的传统文化因子

其一，中国古典建筑与神仙崇拜和封建礼教有密切关系，在园林建筑上也多有体现。汉代园林中多有“楼观”，就是因为当时人们都认为神仙喜爱住在高处。另外还有一种重要的体现是皇家建筑的雕塑装饰物上才能看到的吻兽。吻兽即是由于人们对龙的崇拜而创造的多种神兽的总称。吻兽是中国古典建筑中一种特有的雕塑装饰物，因为吻兽是皇家特有的，所以也是一种区分私家和皇家园林及建筑的一种方法。吻兽排列有着严格的规定，按照建筑等级的高低而有数量的不同，最多的是故宫太和殿上的装饰。这在中国宫殿建筑史上是独一无二的，显示了至高无上的重要地位。在其他古建筑上一般最多使用九个走兽。这里有严格的等级界限，只有金銮宝殿(太和殿)才能十样齐全。

其二，传统封建礼教在古典园林建筑平面布局上也有相当明显的体现。古代园林建筑平面布局有一种简明的组织规律，每一处庄园几乎是由若干单座建筑和一些围廊、围墙之类环绕的一个个庭院组成的。一般来说，多数庭院是前后串联起来，通过前院到达后院，这是中国封建社会“长幼有序，内外有别”的思想意识的产物。同时，这种庭院式的组群与布局，一般都是采用均衡对称的方式，沿着纵轴线与横轴线进行设计。比较重要的建筑都安置在纵轴线上，次要房屋安置在它左右两侧的横轴线上，这种布局和中国封建社会的宗法和礼教制度密切相关，它最便于根据封建的宗法和等级观念，使尊卑、长幼、男女、主仆之间在住房上体现出明显的差别。

其三，因地域文化差异，园林建筑风格也有很大区别。北方园林建筑大气宏伟，南方园林建筑则婉约幽雅。

第三节　中国古典园林的造园艺术

中国古典园林是把自然景观和人造的山水以及植物、建筑等造园要素融为一体的游赏空间环境，也是中国传统建筑文化中综合性最强、艺术性最高的一种类型。其艺术魅力，历千年而不衰，至今仍然受到全世界人民的喜爱。

一、中国古典园林的造景方法

(一) 抑景

所谓抑景，即先把园林中的景致隐藏起来，不使其被一览无余，然后再展现在你面前，先藏后露，欲扬先抑，以此提高风景的艺术感染力和层次感。

方法：园林入口处常迎门挡以假山、照壁等。

(二) 借景

大至皇家园林，小至私家园林，空间都是有限的。在横向或纵向上让游人扩展视觉和联想，才可以小见大，最重要的办法便是借景。

借景有远借、近借、仰借、俯借、应时而借之分。

1. 远借

借园林外的远处景物，如颐和园借玉泉山及西山，无锡寄畅园借锡山，苏州沧浪亭登见山楼可远借农村景色。

2. 近借

把园林附近的景物纳入园里。如苏州沧浪亭，园内缺乏水面，而园外却有河滨，因此在沿水面河滨处设假山驳岸，上建复廊及面水轩，无封闭围墙，透过复廊上面的漏窗，使园内外景色融为一体，在不觉之间便将园外水面组织到园内。

3. 仰借

以借高处景物为主，如宝塔、山峰、大树，甚至白云飞鸟、明月繁星。如北京北海公园借景山，南京玄武湖公园借钟山，均属仰借。

4. 俯借

以借低处景色为主，如登杭州六和塔展望钱塘江上景色，登西湖孤山观湖上游船及湖心亭、三潭印月等。

5. 应时而借

主要是依靠大自然的变化和园景配合组景。朝借旭日，晚借夕阳，春借桃柳，夏借塘荷，秋借丹枫，冬借飞雪，乃至山泉流水，燕语莺歌。

总之，借景就是将园外甚至远方的风光胜景，巧妙地收进园内游人的视线中，以丰富园内景色，使园内外景物融为一体，从而取得园外有园，景外有景，游人能在有限的空间看到无限景致的效果。

(三) 透景

园林中有许多观景点，当从甲观景点远望或俯眺乙观景点时，可能有建筑物、树木等阻挡观景视线，但建筑物之间，或建筑物与树木之间，或树木与树木之间，总有视线可通过，且可取得观景的审美效果，这叫透景。这是中国美学上追崇“镜中月、雾里花”的实践运用和现实反映，既可幽化近景，又可叠化远景，虚实相间。

(四)添景

当风景点在远方，或自然的山，或人文的塔，如没有其他景点在中间、近处作过渡，就显得虚空而没有层次。如果在中间、近处有乔木或花卉，近处的过渡景色便瞬间显得有层次美，这中间的乔木和近处的花卉，便叫做添景。如当人们站在北京颐和园昆明湖南岸的垂柳下观赏万寿山远景时，万寿山因为有倒挂的柳丝作为装饰而生动起来。

(五)对景

在园林中，登楼阁亭台，可观湖光山色；湖中泛舟，可观亭台楼阁，这就是对景。也就是说甲乙两处观赏点，无论身在哪处，都能观赏到对面的景色，所以对景就是一种景点与景点之间相互观赏与烘托的构景手法。无论游人身在园中何处，对面都要有景可看，这是最基本的构景手法，也是最常用的造园手法。

对景又有正对、互对之分。对景处理可对称严整，可自由活泼，根据条件而定，为了欣赏对景，一般选择亭、树、草地等能使游人休息逗留的场所作为欣赏对景的视点。如北京颐和园昆明湖上的南湖岛和十七孔桥，是万寿山的对景。要是以南湖岛和十七孔桥为主体，万寿山便成了对景。

(六)框景

园林中建筑的门、窗、洞，或乔木树枝抱合成的景框，往往会把远处的山水美景或人文景观包含其中，恰似一幅嵌于镜框中的图画，这便是框景。如北京北海便有专视框景的“看画廊”的设置。杜甫“窗含西岭千秋雪，门泊东吴万里船”，呈现的就是这种意境。

(七)漏景

由框景发展而来，园林的围墙上，或走廊(单廊或复廊)一侧或两侧的墙上，常常设以漏窗，或雕以带有民族特色的各种几何图形，或雕以民间喜闻乐见的葡萄、石榴、老梅、修竹等植物，或雕以鹿、鹤、兔等动物。透过漏窗的窗隙，园外或院外的美景若隐若现，表现含蓄，这叫做漏景。漏景不仅可以从漏窗取景，还可通过花墙、漏屏风、漏隔扇等取景，也可从树干、疏林、飘拂的柳丝中取景，以扩大视野，丰富空间。

（八）障景

任何园林，总有一些美中不足之处，或者是必须遮挡之物。用山、石、花木加以掩盖和处理，不仅达到隐藏效果，也可形成一处美景，这叫障景。

二、中国古典园林的艺术特色

1. 崇尚自然，寄情山水

中国古典园林的基本艺术形式是自然山水园林，其一脉相承的造园法则是“师法自然”。中国古典园林的艺术创作，集中体现了中国人追求自然美和生活美的世界观和价值观。中国古典园林以生动形象的物质空间形态和园景形象，反映了不同时代园主的生活方式与审美理想。

在自然界中，凡能够成美丽风景的地方，一般都离不开山水形象。有山有水，或山环水抱，或山水相映，方显出自然风景的妩媚动人。恰如中国宋代的郭熙在《林泉高致》中所说：“山以水为血脉，故山得水而活；水以山为颜面，故水得山而媚。”在中国的传统文化概念中，“山水”已成为自然风景的代名词，以描绘自然风景之美见长的中国画，俗称为山水画。崇尚自然，寄情山水，是中国人自古以来的审美价值取向。所以，在主要利用天然材料进行的园林营造活动中，掇山和理水显得格外重要。这并不是对自然水体的简单模仿，而是对自然水景做抒情写意性的艺术再现，同时满足园林的功能需要。例如，苏州网师园仅 400 平方米左右的水面，即造成湖水荡漾的烟波效果；无锡寄畅园利用杯水细流，即创作了“八音涧”的动人景观。以不大的水面和水量表现湖泊、溪流等自然景观，关键在于把握不同水体的景观性格特征。

2. 巧于因借，精在体宜

“巧于因借”的“因”是指因地制宜。园林布局只有先“因”，然后才能“宜”，造园艺术的因借理论，是基于景象空间引申和扩展的。

“借”是园景深度的强化手段，有意识地将园外的适当景物组织于园内景象之间，造成视觉和心理上的错觉，从而拓展园林景象空间，达到增进园林艺术的效果。例如，唐代所建的南昌滕王阁，巧借赣江之景，尽收“落霞与孤鹜齐飞，秋水共长天一色”的山水画面。岳阳楼，近借洞庭烟波，远借君山青岚，登楼四望，气象万千。杭州西湖，在“明湖一碧，青山四围，六桥锁烟水”的湖山境域内，“十景”互借，各有特色。

人类社会的一切艺术都来源于生活，园林营造艺术也是一样。在中国古典园林创作中，为了适应富有自然趣味的山林、湖泊等景观形象，园林建筑多数是借鉴现实生活中依山傍水的各类实用建筑进行美化加工而创作的。这些通过“因借”方法所构思和创作的园林建筑形象，只要工艺处理恰当，体量相宜，就能有效地为园林空间增添光彩。

所谓体宜，就是要量体裁衣，相地构建，使园林景象的体量、尺度、色彩和空间比例等适度宜人。中国古典园林中的建筑，包括建筑小品和建筑装饰的处理，一般是通过与自然要素的直接关系而组织于园林景象当中的。建筑在园林中具有使用和观赏的双重功能，常与山池花木一起构成园景，并作为园林的主题景象。所以，园林建筑的位置往往是观赏园中山水景象的最佳位置，建筑也就成为园内主要的观赏景点。

在中国古典园林的营造过程中，建筑的布局、体量、式样、色彩等处理手法，对形成全园的艺术风格影响很大。一座园林是要表现幽静淡雅的乡野山林的趣味，还是要表现琼楼玉宇的气派，很大程度上取决于主体建筑的形式风格。例如，北京颐和园，在碧波荡漾的昆明湖与重翠浓荫的万寿山之间，布置了几组金碧辉煌的楼台殿阁，宛如色彩浓重、青绿山水的北宋“界画”，充分表现了“君临天下”的皇家气派。苏州古典园林，灰瓦白墙，山池竹影，风格迥异。在灰白的湖石和天光倒映的池水之间，用翠绿的芭蕉、竹丛、花木掩映着明快的白粉墙。无论曲廊亭榭还是馆阁重楼，比例修长的木柱、门窗造型显得既朴素又活泼。园林建筑的梁柱等构件都漆成赭黑色。远远望去，如同用墨笔勾勒出来的一般。再加上白粉墙与黑灰瓦屋顶的强烈色差对比，形成一种清新典雅、水墨淡彩似的格调，与文人造园的气质恰好相映成趣。

3. 虚实相生，小中见大

虚实相生，小中见大，原是中国传统画论中的概念。中国古典园林的营造，历来十分讲究画意，在具体的空间处理上常以绘画理论作为指导，运用建筑的空间语汇来围合和优化园林形象。造园家采用借景、对景、隔景、抑景、框景、漏景等多种手法，力求营造形神兼备、意境结合、虚实相生、动静相衬、变化多姿、曲折含蓄的园林审美空间，达到咫尺山林、韵味无穷的效果。园林时而开朗，时而隐蔽，犹如一幅逐步展开的画卷，让人回味无穷，感受“山重水复疑无路，柳暗花明又一村”的雅趣，在有限的空间里创造出无限的意境。

所谓“虚实相生”和“小中见大”，关键在于组织园景空间变化，使之布局紧凑，错落有致，景深层次丰富，徜徉其间，不觉仅为弹丸之地。比如，苏州古典园林中的游廊，或穿行林间，或贴于水面，人行其上，移步换景，渐入佳境；而墙上的各种漏窗，园小可以引景，园大又能漏景，收放自如，小中见大；方寸之间，却有气象万千。拙政园中的远香堂与留听阁，虽同是观赏荷花的地方，处在前者，能使人感到“香远益清”，心境虚幻飘逸；而后者，则令人油然而生“留得残荷听雨声”之情，感受“柳暗花明”之趣。

园林中的景物有天然的和人工的，有虚幻的和实在的，以景物实体为界面所造成的多为封闭性空间；而以虚拟的边界，则造就开放性的空间；虚实结合，又形成封闭与开放交织的空间。还有通过审美活动而创造的隐空间和运用借景手法创造的朦胧空间等。

中国古典园林，是典型的时间和空间同步运行的综合艺术。空间性表现为园林要素的并存性和广延性。因此，造园艺术不仅要组织园景空间，还要设计园景展示的顺序、时间和季相交替。中国古代造园艺术中园景空间虚实相生的时空变幻性，还体现在它比较讲究于动静交替中组景的特点。如山静泉流，水静鱼游，花静蝶飞，树静风动等。人在动静交替的园景空间中游园，或漫步曲径，泛舟湖上，信步游廊，攀假山，钻幽洞，渡曲桥，或驻足台榭，小憩亭阁，品茗厅室，留步亭台等。这种动静结合，寓静于动，寓动于静，使游赏时间与空间融为一体的手法，充分表现了园林景观因时而变、虚实相生的特征，进一步丰富了人在园林的空间特征。

在中国古典园林里，为了丰富园景空间的美感，造园家要采用各种艺术处理手法，力求做到园景空间的“虚中有实，实中有虚”，使游人仿佛置身画中，步移景异。中国古典园林的艺术空间，由此获得了景观的多变性和意境的连续性，从而有别于其他门类的造型艺术。

4. 花木寄情，和谐生境

园林植物的造景配置，是中国古典园林中融汇自然与建筑空间于一体的最为灵活、生动的造景手段。园林植物作为园景结构的要素，经过长期的栽培实践，按照其生态习性、观赏特点、命名含义或谐音，古代的文人、画家多借以抒怀，对之寄托了不同的思想感情，有些植物甚至还被赋予了独特的人文品格。例如：

松、竹、梅以其耐寒的生活习性，被誉为“岁寒三友”。

松柏四季常青，树龄长久，而寓意重德长寿。

竹有“高风亮节”，莲能“出淤泥而不染”，都被誉为“君子”。

梅花性洁喜晒，香韵清高，被誉为幽人伴侣(“梅妻鹤子”)。

牡丹雍容华贵，芬芳浓郁，被誉为“国色天香”的“富贵之花”。

菊花傲霜独放，被赋予超人、高士的品格。

丁香、桂花、含笑、茉莉花等花卉，或温馨香艳，或芳香清甜，被比作丽姝佳人。

桃、李、杏、海棠之类的花卉，以其春季姿色妖艳而被看做美女仙姬。

在中国古典园林里，这些源于自然造就，再经人文雕琢的植物景观，常用作某一景区的观赏主题。如松柏之挺拔傲然，芭蕉之挥洒阔度，合欢之纤巧妩媚，杨柳之婀娜多姿，竹之潇洒风流，莲之亭亭玉立，既表现了自然情趣，又抒发了园景诗意。

中国古代造园，非常讲究对于场地现状自然条件的分析利用，尤其重视多年树木的利用。造园不只求湖石玲珑，更追求莲塘花屿，古木奇枝，使紫竹青藤攀缘于幽亭曲廊之外，碧桐垂柳掩映于新花老树之间，从而赋予山林池沼、亭阁台榭，以致整座庄园以诱人的生命活力。如果建筑布局与现场大树发生位置上的矛盾，则宁可修改建筑布局方案。中国古代造园艺术家所推崇的这种要建筑对树木“让一步”的设计原则，充分体现了尊重自然、顺应自然的思想，使建筑与自然环境的关系通过对植物的处理而达到和谐生境，更为自然生动。

古代中国人热爱自然的传统，不仅表现在他们对山水、花木的雅兴上，也表现在他们对动物充满情趣的欣赏上，甚至把某种思想感情也寄托在他们所感兴趣的动物身上，把动物的特征也加以人格化。如犬马之忠义，乌鸦讲孝道，鸿雁有节操，鹿、鹤、龟象征长寿吉祥，孔雀象征幸福福贵，鸳鸯象征美满婚姻等。这些审美观念直接影响了园林中有关动物景象的创作与欣赏活动。

在中国古典园林里，多有豢养温禽驯兽盆鱼之类的观赏动物。的确，在人工营造的园林环境中，用动物来点缀景观，可以增加园景的山林野趣。恰如南朝梁王籍《入若耶溪》中的经典名句所云：“蝉噪林愈静，鸟鸣山更幽。”

园林中用于点景的观赏景物，本身也有相当高的观赏价值，其温顺的形象和天真的神态十分逗人喜爱，更使人感到自然之可亲。各种动物在林泉濠濮之间悠然的姿势、欢悦的动态、兴奋的鸣唳及其舞蹈般地游戏、追逐、欢叫、跳跃，能使人的精神兴奋和愉快。中国古典园林所营造的艺术化游憩生活空间，是人与自然亲密融合的和谐生境。

第四节　中国园林分类与名园赏析

一、中国园林分类

（一）按占有者身份分

1. 皇家园林

皇家园林是专供帝王休息享乐的园林。古人讲普天之下，莫非王土，在统治阶级看来，国家的山河都是属于皇家所有的。所以其特点是规模宏大，真山真水较多，园中建筑色彩富丽堂皇，建筑体型高大。现存的著名皇家园林有：北京的颐和园和北海公园、河北承德的避暑山庄等。

2. 私家园林

私家园林是供皇家的宗室外戚、王公官吏、富商大贾等休闲的园林。其特点是规模较小，所以常用假山假水，建筑小巧玲珑，表现其淡雅素净的色彩。现存的私家园林，如北京的恭王府，苏州的拙政园、留园、沧浪亭、网师园，上海的豫园等。

(二)按园林所处地理位置分

1. 北方园林

北方园林，地域宽广，建筑富丽堂皇。又因自然气象条件所局限，河川湖泊、园石和常绿树木都较少，风格粗犷，所以秀丽媚美则显得不足。比较著名的有一亩园、清华园、勺园、承德避暑山庄等。

2. 江南园林

南方人口较密集，所以园林地域范围小；又因河湖、园石、常绿树较多，所以园林景致较细腻精美。其特点为明媚秀丽、淡雅朴素、曲折幽深，但因面积小，故略感局促。南方园林中又数扬州、苏州两地最为有名，如休园、个园、网师园、环秀山庄等。

3. 岭南园林

因为其地处亚热带，终年常绿，又多河川，所以造园条件比北方、南方都好。其明显的特点是具有热带风光，建筑物都较高而宽敞。现存岭南类型园林，有著名的广东顺德的清晖园、东莞的可园、番禺的余荫山房等。

二、中国四大名园

颐和园、承德避暑山庄、拙政园、留园被称为中国四大名园。

(一)颐和园

1. 简要概述

颐和园占地 2.97 平方公里，有各式宫殿、寺庙 3000 多座，是中国现存最完整、规模最大的皇家园林，素有“皇家园林博物馆”的美誉。颐和园水域面积约占整个面积的 3/4。这座古典园林素以规模宏伟、娇丽多姿而享有盛名，成为我国四大名园之一。

2. 历史背景

颐和园原为封建帝王的行宫和花园，远在金贞元年(1153 年)即在这里修建“西山八院”之一的“金山行宫”。明弘治七年(1494 年)修建了园静寺，后皇室在此建成“好山园”。1664 年清廷定都北京后，又将“好山园”更名为“瓮山行宫”。清乾隆年间，经过 15 年的修建工程，该园改名为“清漪园”。此时的清漪园，北自文昌阁至西宫门筑有围墙，东、南、西三面以昆明湖水为屏障，园内修建了许多亭台楼阁，桥廊斋榭，山清水秀，富丽堂皇。咸丰十年(1860 年)，英法联军疯狂抢劫并焚烧了园内大部分建筑，除宝云阁(俗称“铜亭”)、智慧海、多宝琉璃塔幸存外，珍宝被洗劫一空，建筑夷为一片废墟。光绪十四年(1888 年)慈禧太后挪用海军经费 3000 万两白银，在清漪园的废墟上兴建起颐和园。光绪二十六年(1900 年)颐和园又遭八国联军的野蛮破坏，后慈禧又动用巨款重新修复。数百年来，这里一直是封建帝王、皇室的享乐之地，中华人民共和国成立后辟为公园。1961 年国务院公布颐和园为全国重点文物保护单位。

3. 主要部分

颐和园内山水秀美，建筑宏伟。全园有各式建筑 3000 余间，园内布局可分为政治、生活、游览三个区域。政治活动区，以仁寿段为中心，是过去慈禧太后和光绪皇帝办理朝事，会见朝臣、使节的地方。生活居住区，以玉澜堂、宜芸馆、乐寿堂为主体，是慈禧、光绪及后妃居住之地。风景游览区，以万寿山前山、后山、后湖、昆明湖为主，是全园的主要组成部分。

颐和园在总体布局上大体可分为三大景区：

(1)宫殿区

位于万寿山东面山麓，是以方整的建筑院落组成的靠山临湖建筑群。宫殿区包括入口朝房(东宫门等)、前朝(仁寿殿等)和后寝(乐寿堂、玉澜堂等)部分。前朝部分以东西向轴线为中心，基本按皇宫建筑的形式布局；后寝部分则改为南北向轴线布置，并紧贴湖面。沿湖建筑结合昆明湖东岸景致的轮廓线变化错落有致地安排布局，配以花饰灯窗和汉白玉雕栏等，精美华丽，极为巧妙。

(2)前山前湖

包括东宫门建筑群、佛香阁、烟波浩渺的昆明湖和点缀有各种园林建筑的万寿山南麓。其中，昆明湖仿杭州西湖的理水手法，筑西堤，建六桥，并承袭了历代皇家御苑的“一池三山”布局，在湖中堆筑南湖岛、治镜阁和藻鉴堂三岛，追求“海中纵仙山”的园林意境。

前山前湖景区约占全园面积的 90%。辽阔的昆明湖面横陈于万寿山南坡，园外的玉泉山塔影和西山岚光以及沃野平畴等美景均借景入园，山水景观空间极为开阔。沿昆明湖畔蜿蜒伸展 728 米的彩饰长廊，共有 273 个开间，是我国古典园林中最长的游廊。它不仅把前山的排云殿、宝云阁(铜亭)、听鹂馆、画中游、清宴舫(石舫)等主要风景建筑连为一体，也是雨雪天漫步赏景的绝好去处。

昆明湖东岸的知春亭，据岛临湖，垂柳环绕；每当春日融融，美丽风光令人心醉。湖中汉白玉石砌筑的十七孔桥，犹如一道长虹飞架湖心，从东岸连接着绿荫掩映的南湖岛。桥头还有中国古典园林中体量最大的亭子——“廓如亭”和造型生动的铜牛。在昆明湖西岸，纵贯南北的一线长堤，装点着秀丽多姿的“西堤六桥”，景致胜似杭州西湖。

(3)后山后湖

以宏伟壮观、金碧辉煌的藏式宗教建筑群为主体，辅之以高低错落、精巧玲珑的若干山居别墅，又有收放有致，幽邃野趣，遍布曲水、高林、深谷的后溪河贯穿，构成与前山开朗旷远空间在风景性格上相对比的迷离幽远空间，极富山林野趣和浪漫情调。景区内建有仿无锡寄畅园的“谐趣园”，后山后湖中段仿苏州水街形式临水建筑的“买卖街”，更增添了江南城镇的市井生活色彩。

4. 艺术成就

颐和园是一个以帝王君权神授、君临天下和藏奇纳胜的造园思想为指导，巧于相地借景和规划经营的离宫型自然山水园，其艺术风格主要表现在：以“人化自然”的大型自然山水风景为主题，营造天然野趣与帝王之尊相结合、宗教气氛与世俗风味相融洽、园居听政与寄情山水相统一的游憩生活境遇；寓情于景，达理于境，空间多样，生趣盎然，情景交融，意境深邃，达到了极高的园林艺术水平。颐和园不仅在中国园林史上占有重要地位，而且在国际上享有盛誉，1998 年被联合国教科文组织列入了世界文化遗产名录。

世界遗产委员会评价道：北京颐和园，始建于 1750 年，1860 年在战火中严重损毁，1886 年在原址上重新进行了修缮。其亭台、长廊、殿堂、庙宇和小桥等人工景观与自然山峦及开阔的湖面相互和谐、艺术地融为一体，堪称中国风景园林设计中的杰作。

(二)承德避暑山庄

1. 简要概述

承德避暑山庄，也叫热河行宫，位于河北承德北部。这里群山环抱、地势高爽、气候宜人，是清朝皇帝夏季避暑和处理政务的离宫别苑。它始建于清康熙四十二年(1703 年)，乾隆五十五年(1790 年)竣工。总面积约 564 公顷，建筑物达 110 余处，是我国现存占地面积最大的皇家园林。避暑山庄东界武烈河，西面和南面毗邻承德市区，北面为狮子沟，背山面湖，草木蓊郁，山峦起伏，亭榭掩映，湖沼洲岛错落有致，山清水秀、野趣盎然。

2. 主要部分

避暑山庄正门名“丽正门”，虎皮石宫墙依山势蜿蜒起伏，长达 20 余里，人称“小长城”。山庄分宫区和苑区两大部分，苑区又分湖洲区、平原区和山岭区三大景区，有康熙以四字题名的 36 景和乾隆以三字题名的 36 景，各具特色。在山庄外围的山岭上，先后建置了 10 座壮丽的庙宇——外八庙，自北而东环绕着山庄，犹如众星拱月般衬托出山庄的气势更加雄伟。乾隆曾盛赞山庄曰：物有天然之趣，人忘尘世之怀，较之汉唐离宫别苑，有过之无不及也。

避暑山庄在总体布局上可分为四大景区：

(1)行宫区：位于山庄南端的山冈上，筑有正宫松鹤斋和东宫等殿堂，供皇帝园居时上朝理政。其平面布置沿袭传统的对称均齐格局，但木材不施彩绘，楹柱不加朱漆，屋面只用灰色筒瓦，显得庄重朴素，尽量与周围清新的自然风景相协调。正宫大殿取名“淡泊敬诚”，是为园主托物言志之物。

(2)湖洲区：其水面面积虽不到全园用地的1/6，却集中了全园一半以上的风景建筑，是避暑山庄景观的精华所在。

湖洲区的西半部以水景开阔取胜，多设风景建筑景点。东半部较多幽闭的水域，相应地以小园和建筑群为主。景区内的建筑布局能够与水域的开合聚散、洲岛桥堤和绿化种植的障隔通透恰当地结合起来构成一幅幅步移景异的优美画面。景区内的水心榭、如意洲、月色江声、小金山、烟雨楼、云帆月舫、芝径云堤、锤峰落照、文园等，都是极为著名的园林胜景。尤其是靠如意湖东岸的小金山岛，地貌酷似江苏镇江金山寺江上浮玉的缩影，因此得名。岛上的建筑物也模仿镇江金山寺"寺包山"的做法：临水曲廊周围回抱如弯月，山坡上错落穿插殿宇亭榭与如意洲上大建筑群隔水成对景。岛上除西部有小狭条平地外，均为块石叠山，高达9米多，气势不凡。石山顶部有个八角三层的崇阁，称"上帝阁"，意为"皇穹永佑"。

小金山是避暑山庄湖洲景区内许多风景画面的构图中心，它与对岸烟雨楼的"南山积雪"、"北枕双峰"等景点互相呼应，各成对景。登崇阁上环眺，以湖区为近景的最佳山水画卷扑面而来。

(3)平原区：位于澄湖以北，其南缘即如意湖北岸建置四个小景点："甫田丛樾"、"濠濮间想"、"莺啭乔木"、"水流云在"，四列环布，倒影波间。在如意湖西岸有条石垒砌的南北向跨水堤桥一座，西湖之水由桥孔注入东湖。堤桥两端竖宝坊两座，北曰"双湖夹镜"，南曰"长虹饮练"，均为康熙皇帝所题，与水心榭的东西宝枋，恰好一南一北，遥相呼应。桥北原有"玉琴轩"和"宁静斋"，还有以瀑布得名的"千尺雪"等景点。再往北，便为"文津阁"，自成一局小园，藏有四库全书。

文津阁东面有一大片草原和树林，景名"试马埭"和"万树园"，丰草茂树广阔粗犷，风光酷似塞上草原。在这片天然的茂林草地中，有飞雉野兔栖息其间，山庄中豢养的梅花鹿等动物也大部分来此觅食。它既是秋凉时皇帝骑射围猎的狩猎场，也是蒙藏等族王公入觐时张幕赐宴和观焰火、马戏等燕乐的场所。平野尽处，有永佑寺的舍利塔拔地耸天，并以其高耸的形态作为湖洲、平原两大景区南北纵深尽端处的一个有力的收束。

(4)山岭区：范围很大，约占山庄总面积的八成，风景清幽。景区内因山构室，布局有多组园林建筑。或深奥，或开阔，是避暑山庄中园林建筑艺术发挥得最充分之处。如"青枫绿屿"之悬谷安景，"山近轩"之山怀建轩，"碧静堂"之绝巘倒座，"秀起堂"之据峰为堂，"玉岑精舍"之沉谷架舍，"鹫云寺"、"静含太谷山房"、"有真意轩"、"珠源寺"、"绿云楼"、"玉岑精舍"、"食蔗居"、"含青斋"、"四面云山"、"罨画窗"等园林建筑，大大丰富了自然山水跌宕起伏的韵律。

在整个山岭区中，园林景点在几条大山谷中若隐若现。建筑得山水而立，山水得建筑而奇，互得益彰，相映生辉。这些依山傍溪巧妙设置的山居建筑，充分体现了避暑山庄的风景特色。

3. 造园艺术

有着朴野自然的景观风韵，是在城市里难得享受到的山野村落情调和漠北山寨的乡土气息，包括山水石、林泉、湖和野生动物在内的原生态自然环境。乾隆皇帝曾手书《山中》诗一首，盛赞山庄里“鸟依客语”、“树张清荫”、“鹿向人亲”的野趣。这种“以山为宫，以庄作苑”的创作手法，在历代皇家园林的营造中亦为罕见。

4. 历史成就

避暑山庄不仅是一座供皇帝夏季避暑的离宫园林，也是清朝设在塞外的一个政治中心。康熙和乾隆皇帝所倾慕的天然风致之美，主要是湖洲区模拟江南的明山秀水和山岭区效仿泰岱名胜的山居寺观，表现出一种“移天缩地在君怀”的帝王心态。而平原区的大漠草原情调，外八庙结合地形地貌所模拟的西北、西南边疆地区景观，其造景意图是为清廷与边疆少数民族进行政治联谊活动提供场所，渲染气氛，作为民族团结，祖国统一的象征。所以，避暑山庄在中国古典园林里又是将园林造景与政治功能相结合的一个成功范例。

世界遗产委员会认为，承德避暑山庄，是清王朝的夏季行宫，位于河北省境内，修建于 1703 年到 1792 年。它是由众多的宫殿以及其他处理政务、举行仪式的建筑构成的一个庞大的建筑群。建筑风格各异的庙宇和皇家园林同周围的湖泊牧场和森林巧妙地融为一体。避暑山庄不仅具有极高的美学研究价值，而且还保留着中国封建社会发展末期罕见的历史遗迹。

(三) 拙政园

1. 简要概述

拙政园位于江苏苏州，占地面积约 4.1 公顷。明正德四年(公元 1509 年)由御史王献臣始建。在以后的四百余年间，沧桑变迁，屡易其主，几度兴废，原来浑然一体的园林演变为相互分离、自成格局的三座园林。拙政园名冠江南，胜甲东吴，是中国的四大名园之一，苏州园林中的经典作品。

2. 主要部分

乾隆初年，拙政园东部园林以西分割成中、西两个部分。

(1)西部现有布局形成于光绪三年(公元 1877 年)，由张履谦修葺，改名“补园”。遂有塔影亭、留听阁、浮翠阁、笠亭、与谁同坐轩、宜两亭等景观。又新建三十六鸳鸯馆和十八曼陀罗花馆，装修精致奢丽。

(2)中部是拙政园最精彩的部分。虽历经变迁，与早期拙政园有较大变化和差异，但园林以水为主，池中堆山，环池布置堂、榭、亭、轩，基本上延续了明代的格局。从咸丰年间《拙政园图》、同治年间《拙政园图》和光绪年间《八旗奉直会馆图》中可以看到山水之南的海棠春坞、听雨轩、玲珑馆、枇杷园和小飞虹、小沧浪、听松风处、香洲、玉兰堂等庭院景观与现状诸景毫无二致。因而拙政园中部风貌的形成，应在晚清咸丰至光绪年间。

3. 艺术特色

(1)因地制宜，以水见长。拙政园利用园地多积水的优势，疏浚为池，望若湖泊，独具特色。拙政园中部现有水面近六亩，约占园林面积的1/3，“凡诸亭槛台榭，皆因水为面势”，用大面积水面造成园林空间的开朗气氛，基本上保持了明代“池广林茂”的特点。

(2)疏朗典雅，天然野趣。早期拙政园，林木葱郁，水色迷茫，景色自然。园林中的建筑十分稀疏，仅“堂一、楼一、为亭六”而已，建筑数量很少。竹篱、茅亭、草堂与自然山水融为一体，简朴素雅，一派自然风光。拙政园中部现有山水景观部分，约占据园林面积的3/5。池中有两座岛屿，山顶池畔仅点缀几座亭榭小筑，景区显得疏朗、雅致、天然。这种布局虽然在明代尚未形成，但它具有明代拙政园的风范。

(3)庭院错落，曲折变化。拙政园的园林建筑，早期多为单体，到晚清时期发生了很大变化。首先表现在厅堂亭榭、游廊画舫等园林建筑明显增加。中部的建筑密度达到了16.3%。其次是建筑趋向群体组合，庭院空间变幻曲折。如小沧浪，开始仅为水边小亭一座，后来俨然已是一组水院。由小飞虹、得真亭、志清意远、小沧浪、听松风处等轩亭廊桥依水围合而成，独具特色。水庭之东还有一组庭园，即枇杷园，由海棠春坞、听雨轩、嘉实亭三组院落组合而成，主要建筑为玲珑馆。在园林山水和住宅之间，穿插了这两组庭院，较好地解决了住宅与园林之间的过渡。同时，对山水景观而言，由于这些大小不等的院落空间的对比衬托，主体空间显得更加疏朗、开阔。

(4)园林景观，花木为胜。拙政园以“林木绝胜”著称，数百年来一脉相承，沿袭不衰。早期王氏拙政园31景中，2/3的景观取自植物题材。每至春日，山茶如火，玉兰如雪。杏花盛开，“遮映落霞迷涧壑”。夏日之荷，秋日之木芙蓉，如锦帐重叠。冬日老梅偃仰屈曲，独傲冰霜。有泛红轩、至梅亭、竹香廊、竹邮、紫藤坞、夺花漳涧等景观。至今，拙政园仍然保持了以植物景观取胜的传统，荷花、山茶、杜鹃为著名的三大特色花卉。仅中部23处景观，80%是以植物为主景的景观。如远香堂、荷风四面亭的荷；倚玉轩、玲珑馆的竹；待霜亭的橘；听雨轩的竹、荷、芭蕉；玉兰堂的玉兰；雪香云蔚亭的梅；听松风处的松，以及海棠春坞的海棠，柳荫路曲的柳，枇杷园、嘉实亭的枇杷，得真亭的松、竹、柏等等。

拙政园的园林艺术，在中国造园史上具有重要的地位，它代表了江南私家园林一个历史阶段的特点和成就。

(四)留园

1. 简要概述

留园在苏州阊门外，是明万历年间太仆寺少卿徐泰时所建，时称东园，清嘉庆时名寒碧庄，俗称刘园。同治年间重加扩建，修葺一新，取留与刘的谐音改名留园。清末状元俞樾作《留园记》称其为“吴下名园之冠”。1961 年被列为全国重点文物保护单位，1997 年被列入世界文化遗产名录。

2. 主要部分

留园占地 30 余亩，集住宅、祠堂、家庵、园林于一身，该园综合了江南造园艺术，并以建筑结构见长，善于运用大小、曲直、明暗、高低、收放等文化，吸取四周景色，形成一组组层次丰富、错落相连的，有节奏、有色彩、有对比的空间体系。全园用建筑来划分空间，可分中、东、西、北四个景区：中部以山水见长，池水明洁清幽，峰峦环抱，古木参天；东部以建筑为主，重檐叠楼，曲院回廊，疏密相宜，奇峰秀石，引人入胜；西部环境僻静，富有山林野趣；北部竹篱小屋，颇有乡村田园风味。

3. 艺术特色

留园以其独创一格、收放自然的精湛建筑艺术而享有盛名。层层相属的建筑群组，变化无穷的建筑空间，藏露互引，疏密有致，虚实相间，令人叹为观止。全园景区之间以墙相隔，以廊贯通，又以空窗、漏窗、洞门使两边景色相互渗透，隔而不绝。狭窄的入口内，两道高墙之间是长达 50 余米的曲折走道，造园家充分运用了空间大小、方向、明暗的变化，将这条单调的通道处理得意趣无穷。过道尽头是迷离掩映的漏窗、洞门，中部景区的湖光山色若隐若现。绕过门窗，眼前景色才一览无余，达到了欲扬先抑的艺术效果。留园内的通道，通过环环相扣的空间造成层层加深的气氛，游人看到的是回廊复折、小院深深，是接连不断错落变化的建筑组合。园内精美宏丽的厅堂，则与安静闲适的书斋、丰富多样的庭院、幽僻小巧的天井、高高下下的凉台燠馆、迤逦相属的风亭月榭巧妙地组成有韵律的整体，使园内每个部分、每个角落无不受到建筑美的光辉辐射。

留园内外空间关系格外密切，并根据不同意境采取多种结合手法。建筑面对山池时，欲得湖山真意，则取消面湖的整片墙面；建筑各方面对着不同的露天空间时，就以室内窗框为画框，室外空间作为立体画幅引入室内。室内外空间的关系既可以建筑围成庭院，也可以庭园包围建筑；既可以用小小天井取得装饰效果，也可以室内外空间融为一体。千姿百态、赏心悦目的园林景观，呈现出诗情画意的无穷境界。

4. 留园三绝

(1)冠云峰

留园内的冠云峰乃太湖石中绝品，其集太湖石“瘦、皱、漏、透”四奇于一身，是江南四大奇石之一，据说是宋代未来得及运走的“花石纲”的遗物，是太湖石中的珍品。重 5 吨，高 6.5 米，是我国现存最高的独峰观赏假山。

(2) 楠木殿

楠木殿的柱子原来是上好的楠木加工而成，但是在抗战时，楠木殿成了马棚，饥饿的行军马把上好的楠木柱子啃得不成样子。后来抗战胜利后修葺园子时，不得不用水泥把楠木柱糊住，外面再刷上漆。

(3) 鱼化石

留园的五峰仙馆内保存有一件号称“留园三宝”之一的大理石天然画“鱼化石”。只见一面大理石立屏立于墙边，石表面中间部分隐隐约约群山环抱，悬壁重叠，下部流水潺潺，瀑布飞悬，上部流云婀娜，正中上方，一轮白白的圆斑，就像一轮太阳或者一轮明月，这是自然形成的一幅山水画。

本章小结

中国古典园林是指以江南私家园林、北方皇家园林和岭南园林为代表的中国山水园林形式，在世界园林发展史上独树一帜，是全人类宝贵的历史文化遗产。它是由建筑、山水、花木组合的、具有诗情画意的、供人颐养和游览的综合艺术品。它既是作为一种物质财富满足人们的生活要求，又是作为一种艺术的综合体满足人们精神上的需要，它是中国传统文化宝库中的一座光辉灿烂的里程碑。

课后习题

一、简答题

1. 中国古典园林最早起源于哪里？典型代表是什么？

2. 中国古典园林包含哪些基本要素？

3. 中国四大名园是哪四个园林？

4. 说出下列诗句所包含的造景手法：

(1) 山重水复疑无路，柳暗花明又一村。

(2) 窗含西岭千秋雪，门泊东吴万里船。

(3) 接天莲叶无穷碧，映日荷花别样红。

(4) 犹抱琵琶半遮面。

二、实训题

你去过哪些古典园林呢？请向大家分享一下你的游览感受吧。

第五章 中国传统饮食文化

中华民族饮食文化的悠久历史、艺术魅力和文化意蕴，再一次证明了中国人民所创造的高度文明。孙中山先生在《建国方略》中说过："我中国近代文明进化，事事皆落人之后，惟饮食一道之进步，至今尚为各国所不及。"

第一节 中国传统饮食文化概述

中国俗话说："民以食为天"，这句话就证明了饮食在中国人的日常生活中占有极其重要的位置。中国是一个崇尚饮食文化的国家，没有任何一个国家的美食像中国这样种类繁多，让人目不暇接。中国饮食文化是人类饮食文化的一部分，也是中国文化的一部分。

一、中国传统饮食文化概况

(一)中国传统饮食文化的概念

什么是中国传统饮食文化呢?

《中华膳海》指出：饮食文化是指饮食、烹饪及食品加工技艺、饮食营养保健以及以饮食为基础的文化艺术、思想观念与哲学体系的总和。

在《饮食文化概论》中我们也可以看到：饮食文化是指食物原料的开发利用、食品制作和饮食消费过程中的科技、艺术，以及以饮食为基础的习俗、传统、思想和哲学，即由人们食生产和食生活方式、过程、功能等结构组合而成的全部食事的综合。

所谓中国传统饮食文化，就是指中华民族在长期的饮食品生产与消费实践过程中所创造并积累的物质财富和精神财富的总和。中国的饮食文化涉及饮与食两方面内容，“食”包括五谷、蔬菜、肉食之类，“饮”则是指酒和茶等饮料。

(二)中国传统饮食文化的类型

中国历史悠久、幅员辽阔、人口众多，因此形成了丰富的饮食文化。下面，我们就从食者这个角度来认识一下中国饮食文化的类型。

1. 宫廷饮食文化

作为统治阶级，封建帝王不仅将自己的意识形态强加于其统治下的臣民，以显示自己至高无上，而且还将自己的日常生活行为方式标新立异，以示自己的绝对权威。同样，饮食行为也无不渗透着统治者的思想和意识，表现出其修养和爱好，形成了独具特点的宫廷饮食。宫廷饮食文化的特点是：首先，选料、用料严格；其次，花色品种繁杂多样，规模庞大；最后，烹饪精细。

虽然宫廷饮食带来了人力、物力和财力的铺张浪费，但是客观上促进了中国饮食文化的发展。

2. 贵族饮食文化

贵族饮食以孔府菜(食不厌精，脍不厌细)和谭家菜(戏界无腔不学谭，食界无口不夸谭)为代表。

孔府菜在长期的发展过程中形成了饮食精美、注重营养、风味独特的饮食菜肴，菜名和食器都具有浓郁的文化气息，如在食器上会刻上古诗句等。

谭家菜是靠味道的鲜美和质地的软嫩而获得人们一致赞扬的，选材用料广泛，制作技艺奇异巧妙，而尤以烹饪各种海鲜见长。媒体对于谭家菜曾有“其味之鲜美可口，虽南面王不易也”的评价。

3. 民间饮食文化

中国老百姓日常家居所烹饪的菜肴，即民间菜才是中国饮食文化的渊源，多少豪宴盛馔如追本溯源，当初皆源于民间菜肴。

民间饮食就地取材，选材的方便随意带来制作方法简单易操作，属因地制宜型。民间饮食味道适口实惠，朴实无华。

4. 宗教饮食文化

在中国饮食文化中，宗教饮食主要指的是道教、佛教和伊斯兰教三大教的饮食。

佛教首先提倡素食，这与佛教提倡慈善、反对杀生的教义是相一致的；其次，佛教饮食中好茶，佛教寺院多在名山大川，这些地方一般适于种茶、饮茶；最后，佛教饮食的特点是就地取材。

道教以素食为主，禁食鱼羊荤腥及辛辣刺激的食物，并尽量少食粮食等，而且应多食水果。总之道教饮食的特点就是尽量保持食物原料的本色本性。

伊斯兰教的饮食称为“清真菜”。清真菜以对牛肉、羊肉丰富多彩的烹饪而著名，还有一些小吃也颇具特色，如北京锅贴等。

(三)中国传统饮食文化的特点

1. 风味多样

中国幅员辽阔、地大物博，各地气候、产物、风俗习惯都存在着差异，长期以来，在饮食上也就形成了许多风味。中国一直就有“南米北面”的说法，口味上有“南甜北咸东酸西辣”之分。

2. 四季有别

自古以来，中国一直按照季节变化来调味、配菜。冬天味醇浓厚，夏天清淡凉爽。冬天多炖焖煨，夏天多凉拌冷冻。

3. 讲究美感

中国饮食有讲究菜肴美感的传统。用红萝卜、黄瓜等都可以雕出各种造型，达到色、香、味、意、形的和谐统一，给人以精神和物质高度统一的特殊享受。

4. 注重情趣

中国饮食对菜肴的命名、品味的方式、进餐时的节奏、娱乐的穿插都有一定的要求。菜肴的名称出神入化，雅俗共享，可以根据主辅调料、烹饪方法、历史掌故、神话传说、名人食趣、菜肴形象来命名。

5. 食医结合

中国饮食与医疗保健有密切的联系，“医食同源”，“药膳同功”。中国人民自古以来就利用食物原料的药用价值，做成各种美味佳肴，达到预防某些疾病的目的。

(四)中国传统饮食文化的意义

(1)从沿革看，中国饮食文化历史悠久，绵延了170多万年，可分为生食、熟食、自然烹饪、科学烹饪4个发展阶段，推出了6万多种传统菜点、2万多种工业食品、五光十色的筵宴和流光溢彩的风味流派，获得“烹饪王国”的美誉。

(2)从内涵看，中国饮食文化涉及食源的开发与利用、食具的运用与创新、食品的生产与消费、餐饮的服务与接待、餐饮业与食品业的经营与管理，以及饮食与国泰民安、饮食与文学艺术、饮食与人生境界的关系等。涉及范围广，知识丰富，深厚广博。

(3)从外延看，中国饮食文化可以从时代与技法、地域与经济、民族与宗教、食品与食具、消费与层次、民俗与功能等多种角度进行分类，体现不同的文化品位和实用价值，异彩纷呈。

(4)从影响看，中国饮食文化直接影响到日本、蒙古、朝鲜、韩国、泰国、新加坡等国家，是东方饮食文化圈的轴心；与此同时，它还间接影响到欧洲、美洲、非洲和大洋洲。

二、中国传统饮食文化的发展与传播

(一) 中国传统饮食文化的起源与发展

1. 中国饮食的萌芽时期

用火熟食是中国烹饪的起源。考古成果表明，中国饮食的萌芽时期大约在新石器时代，即始于约公元前 6000 年，延续至公元前 2000 年左右。

萌芽时期的特点是：

(1) 炊餐器具基本齐备，陶制炊具在当时大量出现，不仅名目繁多，而且形式多样，种类齐全。

(2) 采集渔猎与农耕畜牧原料并用，极大地丰富了食物品种。

(3) 烹饪技艺与饮食品初步发展，食物原料开始初步加工，出现了蒸煮等烹饪调味方法。

2. 中国饮食的初步形成时期

初步形成时期(公元前 21 世纪—公元前 221 年)，属于夏、商、西周和春秋战国时期，几乎与中国奴隶社会的产生、发展与衰亡相始终。

初步形成时期的特点：

(1) 炊餐器具种类多样。青铜炊餐具形制多样，纹饰各异；其他质地的炊餐具层出不穷。在这一时期，青铜器主要是供上层贵族使用，平民百姓仍大量使用陶器，同时在商朝中期创制出原始瓷器。

(2) 食物原料以种植、养殖为主并迅速增加。同时，调料出现了“五味”——咸、酸、甜、辛、苦。

(3) 烹饪工艺形成初步格局。选料逐渐严格，刀工日益精湛，配菜日益合理；调味理论逐渐产生，在造型装盘上也有了一定要求。

(4) 饮食分类细化，呈现出明显的地区特征。

(5) 饮食市场雏形初现。在商朝的都邑市场上已经开始有饮食店铺。

(6) 有关饮食的各种著述不断问世。比如涉及饮食养生的医学著作《黄帝内经》。

3. 中国饮食的蓬勃发展时期

蓬勃发展时期(公元前 221 年—公元 1279 年)，主要历经秦汉、唐宋，这一时期，饮食的各方面都有了巨大的发展。

蓬勃发展时期的特点：

(1) 能源新突破，开始用煤做燃料。同时铁制炊具开始使用，餐具的新突破则表现在漆器和瓷器的使用上。

(2)食物原料来源更加丰富。除来源于农业、畜牧业和部分采集渔猎外，还来源于新技术条件下的新原料开发和引进，如汉朝已经开始利用温室栽培蔬菜；同时，从汉朝开始，从国外引进了许多食物原料，比如大蒜、黄瓜等。

(3)烹饪工艺不断发展创新。烹饪环节分工细化；烹饪技艺不断创新，在选料上注重按烹饪方法的需要选料，在切配上刀工技术大为提高，在加热上因铁器的使用，出现了高温快速成菜。

(4)特色菜点大量涌现。出现了食品雕刻，组合拼盘等，造型美观。

(5)从隋唐到两宋，饮食市场高速发展，档次齐全，经营方式灵活，昼夜兼营，服务周到。

(6)饮食著述迅速增多，出现了专门的饮食典籍。

4. 中国饮食的成熟定型时期

成熟定型时期基本贯穿元明清三个朝代，中国饮食的各个方面都取得了极大成就。

成熟定型时期的特点：

(1)餐饮器具精美绝伦，拥有陶瓷和金属餐饮器具，丰富多彩，纹饰精美。

(2)食物原料十分广博，继续开发新的原料，引进新的原料如番茄、辣椒等。

(3)烹饪工艺拥有较完善的体系。在切割、配菜、烹饪、调味、装盘等技术及环节都形成了较为完善的体系。

(4)地方风味流派形成稳定格局。拥有北京菜、上海菜、山东菜、四川菜、广东菜等。

(5)饮食市场持续兴盛，专业化饮食行业增多，比如在清朝出现了专营烤鸭的全聚德。综合性饮食店也得到不断完善。

(6)饮食著述越来越丰富完善，主要是在饮食保健理论和烹饪技术理论形成较完整的体系。

5. 中国饮食的繁荣创新时期

繁荣创新时期(辛亥革命至今)，中国饮食发生了极大的变化乃至变革，形成许多新的特点。

繁荣创新时期的特点：

(1)烹饪工具得到改变，在能源上主要使用煤、煤气、天然气等，电能的炊具在部分大城市使用；同时，出现了烹饪机械，食品工业也逐渐兴起。

(2)优质食物原料快速增长，表现在引进了许多国外的优质食物原料如肥牛、西兰花等，出现了人造食品。

(3)在国内，地区、民族间的饮食文化交流频繁；在国外，中国烹饪在走向现代化中得到西方烹饪方法的启迪，中国饮食在海外的影响越来越大。

(4)随着生活水平的不断提高，人们逐渐要求吃好，吃得营养健康，吃得有文化、有品位。

(5)饮食市场空前繁荣。第三产业兴起，饮食业受到重视和青睐。

(6)饮食著述全面深入。如今，全国各地编写的饮食典籍已有上万种。

(二)中国传统饮食文化的传播

1. 民族、地区间的传播

中国饮食文化对外传播的历史悠久，从先秦时期开始，中国文化就以饮食为先导，担负起了文化传播的使命。当时，华夏族的谷物，常常供给北方游牧民族。

到了汉代，张骞出使西域，促进了内地与西域之间的饮食文化交流。西域的葡萄、石榴、葱、蒜、胡萝卜等特产，先后传入内地，大大丰富了内地民族的饮食生活。同时，内地民族的肴馔和烹饪技艺，又为这些地区的人民所喜食和引进，各民族在相互交流的过程中，不断完善自己，共同创造出中华民族的饮食文化。

2. 世界范围的传播

从世界范围来看，受中国饮食文化影响较大的莫过于日本。在公元四世纪，就有一些中国人经过朝鲜移居日本，其中包括不少烹调厨师。至唐代，鉴真大师又把中国的佛学、医学、烹饪等文化艺术带到日本。与此同时，大批日本学问僧和留学僧也来到中国，随着他们的归国，唐代宫廷与民间美味也传至日本，中国先进的饮食文化对日本宫廷与民间的饮食生活产生了广泛的影响。唐代以后，中国的许多菜点就在日本流行开来。日本人调味时经常使用的酱油、醋、豆豉、红曲以及日本人经常食用的豆腐、酸饭团、清酒等，都来源于中国。

中国和非洲也有近千年的交往，近年来在索马里等东非国家出土了唐、宋、明三个朝代的瓷器和钱币。另外，今日非洲的烤全驼和唐代宫廷菜肴浑羊殁忽在形状和烹制方法上有惊人的相似之处。我国的烹饪研究专家认为，这可能是中国和非洲历史交往在饮食文化上的一个见证。

随着丝绸之路的开通，中国同中亚、西亚以至欧洲的经济交往日趋密切。通过这条道路，中国饮食文化被源源不断地介绍到西方。据记载：公元1070年，大食国(今伊朗)“遣使来贡，赐器服，饮食”。这种互相往来的例子，在史书中很多。至今在希腊，中式饮食还占有一席之地。

现在世界各国基本上都有中国餐馆。从某种程度上来说，中国饮食文化的外传也促进了中国文化的输出。外国人士对中国文化的一些感性认识，许多是从中国饮食开始的。

第二节　八大菜系与地方小吃

长期以来由于饮食原料和主副食品的搭配都和各个地区的自然环境、文化、习俗、习惯有关，中国菜肴形成了不同风味的地方风味流派，被称作菜系。具有典型的地方代表菜系当属中国的“八大菜系”。同时，每个地区的特色小吃也是中国饮食不可缺少的一部分。

一、中国八大菜系

我国的“八大菜系”指的是鲁菜(山东菜)、淮扬菜(江苏菜)、川菜(四川菜)、粤菜(广东菜)、浙菜(浙江菜)、徽菜(安徽菜)、湘菜(湖南菜)和闽菜(福建菜)。

(一)鲁菜

南北朝时鲁菜已经粗具规模，明清时期已形成稳定流派。鲁菜的形成和发展与山东地区的历史文化、地理环境、经济条件和习俗风尚有关。鲁菜由济南风味、胶东风味和孔府菜组成。

1. 特点

注重以当地特产为原料，精于制汤和以汤调味，烹调法以爆、炒、扒、熘最为突出，味型以咸鲜为主，善于用葱香调味。

2. 传统名菜

糖醋鲤鱼、九转大肠、德州扒鸡、葱爆海参、四喜丸子、红烧大虾、酱爆茄子、油爆双脆、锅塌豆腐等。下面来介绍葱爆海参的做法：

制作原料：海参4个，大葱1根，色拉油适量，姜适量，料酒适量，白糖适量，酱油1勺，蒜适量，耗油1勺。

制作方法：把海参彻底冲洗干净，放在冰水里再泡一会，直到变软，同时将大葱、生姜和蒜切好。热锅后放油，加入姜蒜小火煸炒出香味，加入大葱煸炒到被油浸润，再依次加入海参、料酒、一小勺酱油、一小勺蚝油，然后加入清水或者高汤，小火煮5分钟后再加点白糖，出锅前淋上点香油。最后装盘即可。

(二)川菜

两汉两晋时，四川风味已粗具规模，明清时期因为辣椒的传入进一步形成稳定的味型特色。四川菜主要由成都、重庆、自贡三个地方风味组成。川菜是我国民间第一大菜系。

1. 特点

取料广泛，技法中以小炒、小煎、小烧、干煸见长，调味离不开“三椒”(辣椒、胡椒、花椒)，味型丰富，百菜百味，享有“食在中国，味在四川”的美名，以辣椒、鱼香、怪味等最为擅长。

2. 传统名菜

宫保鸡丁(因清末“宫保”丁宝桢偏爱此菜而得名)、麻婆豆腐(清代一小饭铺老板陈富春的妻子“麻婆”所创)、鱼香肉丝、水煮肉片(水煮鱼片)、干煸牛肉丝(“干煸”就是经长时间热炒，使原料失去水分，变干后再加调料炒)、锅巴肉片等。下面介绍麻婆豆腐的做法：简介：麻婆豆腐是由这道菜的发起人——一个满脸雀斑的女人而命名的。她来自成都，生活在清朝时期。没有麻婆豆腐川菜就不完整。嫩豆腐、碎牛肉和鲜葱是这道菜的主要材料。其调料巧妙地实现了“麻”和“辣”的平衡。

制作原料：豆腐1块、肉末50克、素油100克、豆瓣辣酱35克、味精3.5克、骨头汤10克、红油15克、花椒粉0.5克、湿淀粉30克、葱2根、姜10克、蒜头2瓣。

制作方法：豆腐切成1厘米的小方丁块，装入容器内，倒入1000克开水，浸泡10分钟左右，倒入漏勺沥水。葱、姜、蒜头洗净，切成细末。锅置旺火上烧热，加素油50克烧热，下肉末炒散至转色，加入葱姜、蒜末，炒出香气，放入豆瓣辣酱，炒出红油。豆腐丁下锅，加入骨头汤、味精，烧开后用湿淀粉勾芡，淋入50克素油，转动锅子，用汤勺轻轻推几下，淋入红油，撒上花椒粉，出锅装深汤盆上席。

(三)淮扬菜

淮扬菜在唐宋已成为“南食”中重要的组成部分，元代已粗具规模，明清完全形成流派。淮扬菜主要由淮扬(扬州、淮安)、江宁(镇江、南京)、苏锡(苏州、无锡)、徐海(徐州、连云港)四大风味组成。

1. 特点

取料不拘一格而物尽其用，重鲜活。特别讲究刀工、火工和造型，擅长炖、焖、煨、焐，调味重清爽鲜淡平和，菜肴四季有别。

2. 传统名菜

三套鸭子(将菜鸽套入野鸭，再套入家鸭中制成)、松鼠鳜鱼(鳜鱼制成，形似松鼠)、大煮干丝(鸡汤煮制豆腐干丝)、清蒸鲥鱼、叫化鸡、霸王别姬(主料有甲鱼和鸡)、金陵盐水鸭、香松银鱼、神仙蛋等。下面介绍大煮干丝的做法：

制作原料：白豆腐干300克、熟鸡脯丝50克、虾仁20克、金华火腿15克、冬笋25克、豌豆苗10克、虾子5克、熟猪油25克、盐10克、上汤300克，肫、肝、酱油、盐各适量。

制作方法：将豆腐干先片成薄片，再切成细丝，放入开水锅中焯水，再捞起来用冷水漂清。锅置火上，舀入熟猪油，放入虾仁炒至乳白色时，倒入碗中。锅中舀入鸡清汤，放入干丝，再将鸡丝、肫、肝、笋放入锅内一边，加虾子、熟猪油，置旺火烧15分钟，随即加酱油、盐。加盖再煮5分钟，后离火，将干丝装入盘中，肫、肝、笋、豌豆苗分放在干丝四周，上放火腿丝，撒上虾仁即成。

（四）粤菜

南宋之后，广东风味始具雏形。广东菜由广州、潮州、东江三地的特色菜点发展而成，是起步较晚的菜系，是我国民间第二大菜系。它的影响极大，不仅香港、澳门，而且世界各国的中餐馆多数是以粤菜为主的。

1. 特点

取料广博奇杂而重“生猛”，烹调方法多而善于变化，长于炒、泡、清蒸、煲，尤其独擅焗、软炒等。调味重清脆鲜爽嫩滑而突出原味。

2. 传统名菜

东江盐焗鸡、清蒸鲈鱼、爽口牛丸、油泡鲜虾仁、潮州冻肉、脆皮乳猪、白灼基围虾、烧鹅、蚝油牛肉、蜜汁叉烧等。下面介绍清蒸鲈鱼的做法：

制作原料：鲈鱼600克、葱、姜、料酒、酱油、盐各适量。

制作方法：将鱼收拾干净后，在鱼体上划两刀，抹上一些盐腌制15分钟。取大块老姜切成细长丝，将大葱取中段切丝，将鱼入盘后在鱼身上撒些葱姜丝，然后稍微加点料酒、酱油和少许油。锅中水开后，再将鱼入锅，蒸10分钟。蒸好后，将鱼取出，将葱丝放在鱼上，淋上热油和酱油，即可。

（五）浙菜

浙菜历史悠久，成名较早。浙菜以杭州、宁波、绍兴三种地方风味菜为代表，以杭州菜最负盛名。

1. 特点

品种丰富，菜式小巧玲珑，菜品鲜美嫩滑、脆软清爽，拥有清、香、嫩、爽、鲜的特点。

2. 传统名菜

西湖醋鱼、东坡肉、龙井虾仁、油焖青笋、荷叶粉蒸肉、清汤越鸡、冰糖甲鱼、蜜汁火方、干菜焖肉、网油包鹅肝等。下面介绍东坡肉的做法：

制作原料：带皮猪五花肉1500克、绍酒250毫升，姜、葱、酱油、白糖等适量。

制作方法：将猪五花条肉刮尽皮上余毛，用温水洗净，放入沸水锅内氽5分钟，煮出血水，再洗净，切成方块。取砂锅一只，用小蒸架垫底，先铺上葱、姜块，然后将猪肉整齐地排在上面，加白糖、酱油、绍酒、再加葱结，盖上锅盖，用旺火烧开后密封边沿，改用小火焖两小时左右，至肉到八成熟时，开盖，将肉块翻身，再加盖密封，继续用小火焖酥。然后将砂锅端离火口，撇去浮油，皮朝上装入两只陶罐中，加盖，上笼用旺火蒸半小时左右，至肉酥嫩。食用前将罐放入蒸笼，用旺火蒸 10 分钟，即可。

（六）闽菜

闽菜主要由福州、闽南（以厦门、泉州为中心）、闽西（客家话区）三个地方风味菜组成。

1. 特点

闽菜善用红糟做配料，具有防变质、去腥味、增香、生味、调色的作用。福州菜清爽，偏酸甜，闽南菜多香辣，闽西菜喜欢浓香醇厚。闽菜尤以烹制海鲜见长，刀工精妙，汤菜居多。

2. 传统名菜

佛跳墙、淡糟香螺片、醉糟鸡、鸡丝燕窝、荔枝肉、橘汁加吉鱼等。下面介绍佛跳墙的做法：

制作原料：水发鳐鱼翅 30 克、小鲍鱼 15 克、干瑶柱 10 克、水发广肚 15 克、大虾肉 20 克、鹌鹑蛋 20 克、鲜冬笋片 10 克、水发香菇 15 克、熟鸡肉 20 克、老姜两片 5 克、绍兴花雕酒 50ml、盐 1 克、白胡椒粉少许。

制作方法：先把姜片铺在罐底，然后铺上冬笋片，依次铺上香菇。再放入熟鸡肉，同时放入虾肉、瑶柱、鹌鹑蛋、广肚，铺上鱼翅，并把鱼翅铺平，最上面放上一只小鲍鱼，把一半花雕酒舀入罐内。炒勺上火注入上汤，倒入另一半花雕酒煮开。用少许盐调味，再撒入少许胡椒粉。把汤舀入罐内，盖好罐的盖子。用保鲜膜把罐子包上，把密封好的罐子放入笼中。盖好锅盖，用中火蒸两小时。蒸好后取出，用剪刀剪开保鲜膜。在罐子下垫上垫盘便可上桌食用。

（七）湘菜

湘菜历史悠久，早在汉朝其烹调技艺就已经有相当程度的发展，以湘江流域、洞庭湖和湘西山区三种地方风味为主。

1. 特点

湘菜制作精细，用料广泛，品种繁多，其特色是油多、色浓、讲究实惠，在品味上注重香酥、酸嫩、软嫩，尤以煨菜和腊菜著称。总之，湘菜最大的特点就是辣和腊。

2. 传统名菜

麻辣子鸡、腊味合蒸（集腊猪肉、腊鱼和腊鸡于一体）、油辣冬笋尖、剁椒鱼头、红椒腊牛肉、板栗烧菜心、东安鸡、发丝牛百叶等。下面介绍剁椒鱼头的做法：

制作原料：鱼头1个、食盐1茶匙、葱半棵、姜2小块、料酒适量、水淀粉少许、剁椒1把、植物油1汤匙。

制作方法：鱼头洗净切半，用刀在鱼肉上划两刀。用盐均匀抹在鱼头上，上下铺上姜丝，淋上料酒和植物油腌制10分钟左右。鱼头铺上适量的剁椒。水烧开后，入锅蒸12分钟，再虚蒸3分钟至熟。蒸鱼会有多出的汤汁，把汤汁回锅烧。加少许水淀粉勾芡一下，稍加收干，再淋回鱼头上；再淋上少许葱油增香。放上葱丝即可上桌。

（八）徽菜

徽菜由安徽省的沿江菜、淮北菜、皖南菜三大部分组成，并且以起源于徽州的皖南菜为代表。

1. 特点

徽菜的特点是选料朴实、讲究火功、重油重色、味道醇厚、保持原汁原味。同时，还以烹制山野海味而闻名。其烹调方法擅长烧、焖、炖。

2. 传统名菜

黄山炖鸽、符离集烧鸡、火腿炖甲鱼、问政山笋、无为熏鸭、毛蜂熏鲥鱼、方腊鱼等。下面介绍无为熏鸭的做法：

制作原料：鸭子两只、葱片100克、姜片100克、茴香25克。

制作方法：鸭子洗净，用盐擦透鸭身，放缸中腌4小时，中间须翻动一次。将鸭在开水中烫至皮缩紧，挂在风口处，擦去皮衣。熏锅中架放4根细铁棍，把鸭背朝下放上，熏5分钟后翻身再熏5分钟。大锅内放入香料、酱油、葱、姜块，烧开后放入鸭子焖煮45分钟捞出，将鸭剁成块装盘即成。

二、中国地方风味小吃

风味小吃是中国饮食不可缺少的一部分，并成为中国饮食生活的主要内容之一。每个地区都有着其独特的小吃，被称为当地的特色小吃。这些小吃已经成为当地的一种饮食文化，通常能够突出反映当地的物资、气候及社会生活风貌。

（一）北方小吃

北方小吃丰富多样，主要包含北京、天津等具有北方特色的地方小吃。接下来将介绍几种富有特色的北方小吃：

1. 北京豆汁儿

豆汁儿是北京的特产。豆汁儿并不是豆浆，它是用制造绿豆淀粉或粉丝的下脚料做成的，一般味酸，略苦，有轻微的酸臭味。它极富蛋白质、维生素 C、粗纤维和糖，并有祛暑、清热、健脾、开胃、去毒、除燥等功效。

2. 冷面

冷面既清凉馥郁，又甜美新鲜。过去，朝鲜族有正月初四中午或过生日时吃冷面的传统。据民间传说，这一天吃了细长的冷面，就会长命百岁，命大福大，故冷面又名“长寿面”。在夏季吃冷面，不仅清凉，更有解暑作用。

3. 山西刀削面

山西刀削面是我国山西人民日常喜食的面食，因其风味独特，驰名中外。刀削面全凭刀削，因此得名。用刀削出的面叶，中厚边薄，棱锋分明，形似柳叶；入口外滑内筋，软而不粘，越嚼越香，深受喜食面食者欢迎。

4. 山东周村烧饼

周村烧饼，至今已有 1800 多年的历史，是我国山东省的著名特产之一，以传统工艺精工制作而成，为纯手工制品，有“酥、香、薄、脆”四大特点，富有营养，老少皆宜。其外形圆而色黄，正面贴满芝麻仁，背面有很多的酥孔，酥脆异常。

5. 其他北方小吃

北京酸梅汤、北京驴打滚、安徽油煎毛豆腐、内蒙古酸奶子、天津狗不理包子、开封灌汤包子、陕西羊肉泡馍、煎饼果子、锅贴、糖葫芦、鸡蛋灌饼、八宝莲子粥、小窝头、山东煎饼，等等。

(二) 南方小吃

南方小吃同样独具特色，主要包含广东、江浙等具有南方特色的地道小吃。接下来将介绍几种富有特色的南方小吃：

1. 长沙臭豆腐

长沙臭豆腐，长沙人又称臭干子。“臭豆腐”其名虽俗气，但外陋内秀、平中见奇、源远流长，是一种极具特色的小吃。闻起来臭，吃起来香，这是臭豆腐的特点。老人常吃臭豆腐，可以增加食欲，还能起到防病保健的作用。

2. 四川龙抄手

龙抄手皮薄馅嫩，爽滑鲜香，汤浓色白，为蓉城小吃的佼佼者。龙抄手的得名并非老板姓龙，而是当初三个伙计在“浓花茶园”商议开抄手店，取“浓”的谐音“龙”为名，也寓有“龙腾虎跃”、生意兴“隆”之意。

3. 广东炒田螺

田螺与一种叫紫苏的芳香草同炒一镬，便会产生一种香中有辣，辣中带甜的怪味。这一怪味，不但南方人喜欢，而且北方人、港澳台同胞以及外国朋友也十分喜欢。人们常常在街头小食档围着小木桌津津有味地品尝紫苏炒田螺。

4. 云南过桥米线

据称，这道菜是由当地一位非常贤惠的妻子制成。她的丈夫在外努力工作，因此她用了特别的方式使面条长久保鲜保热。这道云南特色菜营养丰富，呈现方式也非常新颖。一般来说，这道菜配备有一碗米线、一碗高汤和几打装有各种配料的小盘子，例如牛肉、蟹肉、盐水鸭、牡蛎、木耳，然后辅以蔬菜和香草制成。

进餐时，以沙锅或大汤碗盛汤，加味精、胡椒、熟鸡油。汤上桌后，将鸽蛋磕入碗内，继而将肉片依次放入，用筷子轻轻拨动。然后再放入鲜菜、米线，配上辣椒油、芝麻油等，便可食用。

5. 其他南方小吃

贵州荷叶糍粑、海南椰丝长粑、四川担担面、四川夫妻肺片、南京鸭血粉丝、温州炒粉干、广东虾饺、广东双皮奶、广东云吞面、潮州老婆饼、芝麻糊、苏州糕团、福建鱼丸、福州光饼、油煎南瓜饼等。

第三节　中国茶文化

茶与咖啡、可可被誉为世界三大饮料。世界上有 60 多个国家或地区种茶，160 个国家或地区有喝茶的习惯。寻根溯源，世界各国最初所饮的茶叶、引种的茶树，以及饮茶方法、栽培技术、加工工艺、茶事礼俗等，都直接或间接地来自中国。中国是茶的发祥地，是世界上最早发现茶树和利用茶树的国家，被誉为“茶的祖国”。

一、茶的起源与定义

(一) 茶的起源

据植物学家考证，茶树起源至今已有 6000 万年至 7000 万年的历史。自古以来，人们一直认为茶树起源于中国，只是到了近代才出现争议。主要有以下两种观点，其一是茶树起源于中国，其二是茶树起源于印度。中国有文献记载“茶”的历史比印度发现野生茶树的历史要早千年，且经过科学家们的科学论证，茶树起源于中国的观点已基本为各国学者所公认。

学术界从树种、地质变迁、气候变化等角度出发，进一步证明中国西南地区是茶树的原产地。值得一提的是 1961 年在云南西双版纳勐海县巴达山发现的大茶树，该树生于海拔约 1500 米处，树高 32.12 米，树围 2.9 米，但关于饮茶的起源，至今仍争论未定。

(二) 茶的定义

茶为茶树(山茶科)的嫩叶和芽做成的饮料，可冷饮和热饮。

二、茶叶的成分特征

茶对人体具有营养作用，对健康具有生理调解作用。这些功效源于茶叶的营养和药效成分。经研究发现，茶叶中含有600多种化学成分，它们对茶叶的色、香、味、营养、保健起着重要的作用。茶叶的特征性成分包括氨基酸、茶多酚、咖啡因、矿物质、维生素、叶绿素等。

（一）选取茶叶特征性成分的标准

（1）特有或含量高；

（2）溶于水，喝得到；

（3）身体有反应。

（二）茶氨酸——鲜爽

1. 茶树氨基酸种类

茶叶中的氨基酸占茶叶干重的1%～4%。茶中主要有茶氨酸、谷氨酸、亮氨酸、赖氨酸、精氨酸等。其中有20种蛋白氨基酸，6种非蛋白氨基酸，其中茶氨酸含量占氨基酸总量的70%以上。绿茶中的氨基酸含量明显高于红茶。氨基酸，尤其是茶氨酸，是形成茶叶香气和鲜爽度的重要成分。对于绿茶，茶氨酸主要影响滋味，其次是香气；对于红茶，茶氨酸主要影响香气。

2. 茶氨酸的独特功效

（1）镇静作用，抗焦虑、抗抑郁——安神；

（2）显著提高机体免疫力——抵御病毒侵袭；

（3）增强记忆，增进智力；

（4）显著地降血压的作用；

（5）有效增强肝脏排毒的功效。

（三）咖啡因——苦、提神

含有咖啡因的植物很少，主要有茶叶、咖啡、可可、冬杏等。咖啡豆的咖啡因含量较高，但茶叶比咖啡豆中咖啡因的含量还要高。茶多酚及其氧化产物跟化学性质比较稳定而微带苦味的咖啡因形成络合物，低温下析出乳状物，这就是红茶的“冷后浑”现象，它与红茶汤的鲜爽度和浓强度有关。

1. 咖啡因的独特功效

（1）使神经中枢兴奋，消除疲劳，提高劳动效率，“好茶一杯，精神百倍”；

（2）抵抗酒精、烟碱的毒害作用；

（3）对中枢和末梢血管系统及心波有兴奋和强心作用；

(4)有利尿作用；

(5)有调节体温的作用；

(6)直接刺激呼吸中枢兴奋。

(四)茶多酚——涩

茶多酚是形成茶叶色香味的主要成分之一，也是茶叶中有保健功能的主要成分之一。它有防止心脑疾病的作用，更是六大茶的分类依据。1990 年美国医学基金会主席指出：茶多酚将是 21 世纪对人体健康产生巨大效果的化合物。

茶多酚的独特功效如下：

(1)治疗冠心病、动脉硬化；

(2)治疗高血脂症；

(3)增强记忆力；

(4)长期服用可以防癌抑瘤，增强免疫力；

(5)抗氧化、抗衰老；

(6)对抗自由基。

三、茶叶的种类与名品

(一)按季节分

1. 春茶

当年 3 月下旬到 5 月中旬之前采制的茶叶。春季温度适中，茶树经过了半年冬季的休养生息，使得春茶质量特别好，香高味浓，且含有丰富的维生素，富有保健作用。

2. 夏茶

5 月初到 7 月初采制的茶叶。夏季天气炎热，茶树新的梢芽叶生长迅速，使得能溶解茶汤的水浸出物含量相对减少，特别是氨基酸等的减少，使得茶汤滋味、香气多不如春茶强烈，滋味也较为苦涩。

3. 秋茶

8 月中旬以后采制的茶叶。茶树经春夏二季生长，新梢芽内含物质相对减少，叶片大小不一，叶底发脆，叶色发黄，滋味和香气显得比较平和。

4. 冬茶

10 月下旬开始采制的茶叶。冬茶是在秋茶采完后，气候逐渐转冷后生长的。因冬茶新梢芽生长缓慢，内含物质逐渐增加，所以滋味醇厚，香气浓烈。

(二)按生长环境分

1. 平地茶

平地茶芽叶较小，叶底坚薄，叶面平展，叶色黄绿欠光润。加工后的茶叶条索较细瘦，骨身轻，香气低，滋味淡。

2. 高山茶

由于环境适合茶树喜温、喜湿、耐阴的习性，有高山出好茶的说法。与平地茶相比，高山茶芽叶肥硕，颜色绿，茸毛多。加工后的茶叶，条索紧结，肥硕。白毫显露，香气浓郁且耐冲泡。

（三）按色泽（或制作工艺）分

1. 绿茶——不发酵

绿茶是最古老的茶叶品种。将采摘来的鲜叶先经过高温杀青，杀灭各种氧化酶，保持了茶叶的绿色，然后经揉搓、干燥而制成，冲泡后茶汤碧绿清澈，味道清香鲜醇。绿茶中有所谓“明前茶”和“雨前茶”，分别以清明前和谷雨前采摘的嫩叶制成，为绿叶中的珍品。

绿茶产量大，品种多，比较著名的有：西湖龙井、洞庭碧螺春、黄山毛峰、庐山云雾、信阳毛尖等。西湖龙井干茶扁平挺直，色泽绿中透黄，茶香清高鲜爽，味甘而隽永，世人誉为“色绿、香郁、味甘、形美”四绝。

2. 白茶——轻度发酵

福建省特产。将采摘来的鲜芽叶晒晾干，不经过炒揉等过程，保持芽叶的完整性，通过特殊的工艺，促使茶叶内质发生生物化学反应。白茶白色茸毛多，色如白银，汤色浅淡、素雅，滋味醇厚。

名品有白牡丹、白毫银针、贡眉等。白毫银针，因色如白银，形状似针而得名，具有外形美观、富有光泽、汤色碧青、味香清淡等特点。

3. 青茶（乌龙茶）——半发酵

青茶即乌龙茶。乌龙茶制作要等到新萌发的茶芽展叶抽枝到最后，顶芽变得很小不再展新叶时，采下顶上的二叶至三叶，而且要求不可过嫩也不可过老。其特点是叶色青绿，汤色金黄，绿叶红镶边，品质介于红茶和绿茶之间，既有红茶的浓鲜味，又有绿茶的清淡芬芳，有“绿叶红镶边”的美誉。

名品有武夷岩茶、大红袍、铁观音、冻顶乌龙茶等。铁观音茶叶色泽褐绿，重实如铁，香气特异，疑是观音所赐，便取名为铁观音。

4. 黄茶——微发酵

黄茶的制法与绿茶相近，只是在炒作过程中，增加了堆放使之闷黄的工序。黄茶为黄叶黄汤，香气清悦醇和。

名品有君山银针、蒙顶黄芽、北港毛尖、鹿苑毛尖、温州黄汤等。君山银针芽头茁壮紧实，长短大小均匀，芽身金黄，称为“金镶玉”，汤色浅黄，滋味甘醇，香气清雅。

5. 红茶——全发酵

加工时不经过杀青，使鲜叶失去一部分水分，再经过揉搓或揉切，然后发酵，最后是干燥处理的一系列程序，使绿叶变成红叶，形成了红茶所特有的红汤红叶、香甜味醇的特征。

红茶多以产地命名，名品有安徽祁红、云南滇红、川红、越红等。安徽祁红色泽乌润，汤色红艳透明，入口醇和，回味隽厚，味中有浓郁的既似果香又似兰花香的香气，清香持久。国外誉为“祁门香”。

6. 黑茶——后发酵

黑茶以粗老的芽叶为原料，一般采一芽五六叶，是我国特有的茶类。其制作工艺流程为高温杀青、揉捻、堆积做色、干燥，多制成砖茶。黑茶又是制作紧压茶的原料，主要供边疆少数民族饮用，故又称“边销茶”。

名品有湖南黑茶、湖北老青茶、四川边茶、六堡散茶、云南普洱茶等。

四、茶具、茶艺和茶道

（一）茶具

(1)茶壶：用以泡茶的器具，主要有瓷质、陶制、紫砂，各种壶型还有容量大小之分。

(2)茶船：放茶壶的垫底茶具。其用以承茶盏防烫手，后因其形似舟，遂以茶船或茶舟名之。

(3)茶盅：也称茶海、公平杯，盛放泡好的茶汤之分茶器具。

(4)闻香杯：盛放泡好的茶汤，倒入品茗杯后，闻嗅留在杯底余香之器具。

(5)小茶杯：放泡好的茶汤并饮用的小茶具。

(6)杯托：放置茶杯的垫底器具。

(7)盖置：放置壶盖、盅盖、杯盖的器物。

(8)同心杯：大茶杯中有一只滤胆，将茶渣分离出来。

(9)茶碗：泡茶的器具，或用于盛放茶汤。

(10)冲泡盅：用以冲泡茶叶的杯状物。盅口留一缺口为出水口，或杯盖连接一滤网，中轴可以上下提压如活塞状，既可使冲泡的茶汤均匀，又可使渣与茶汤分开。

(11)大茶杯：泡饮合用器具。多为长筒形，有把或无把，有盖或无盖。

★小常识：

铁观音香高韵长，醇厚甘鲜，品格超凡，驰名中外，被誉为“长寿茶”、“青春健美茶”、“茶类中之香槟酒”、“最优美而诱人的天然花香”。那么用什么茶具来泡铁观音比较好呢？

泡铁观音用盖碗泡是比较好的。因为盖碗是白瓷制作，不吸味，导热也快。铁观音为珠茶，珠茶与展开后的体积相差甚大，盖碗有利于其叶面的伸展，以鉴赏叶底。

(二)茶艺

1. 茶艺的定义

茶艺是包括茶叶品评技法和艺术操作手段的鉴赏以及品茗美好环境的领略等整个品茶过程的美好意境，其过程体现形式和精神的相互统一，是饮茶活动过程中形成的文化现象。总之，茶艺就是泡茶的技艺和品茶的艺术。其中又以泡茶的技艺为主体，因为只有泡好茶之后才能谈得上品茶。

2. 茶艺的三种形式

中国茶艺的表现形式主要有三种：煎茶，斗茶，功夫茶。

(1)煎茶：把茶末投入壶中和水一起煎煮。最早记述于宋代，有“吃茶”之说，流行于唐代。煎茶是茶的最早艺术品尝形式。

(2)斗茶：是古代文人雅士各携带茶与水，通过比茶面汤花和品尝鉴赏茶汤以定优劣的一种品茶艺术。

(3)功夫茶：是一种泡茶的技法。之所以叫功夫茶，是因为这种泡茶的方式极为讲究，操作起来需要一定的功夫，功夫乃沏泡的学问、品饮的功夫。

3. 茶艺六要素

中国茶艺六要素：人、茶、水、器、境、艺。

(1)人之美：人是茶艺中最根本的要素。包括仪表美、风度美、语言美、心灵美。

(2)茶之美：包括茶的名称、形态、色泽、香味、味道。

(3)水之美：现代茶人认为“水以清轻甘冽活为美”。

(4)器之美：茶艺中，要重视对茶器之美的研究，用有形的茶艺去反映茶道的精神。

(5)境之美：中国茶艺要求在品茶时要做到环境、艺境、人境、心境，四境俱美。

(6)艺之美：主要包括茶艺程序编排的内涵美和茶艺表演的动作美、神韵美、服装道具美等两个方面。

(三)茶道

1. 茶道的定义

茶道是一种以茶为媒的生活礼仪，也被认为是修身养性的一种方式，它通过沏茶、赏茶、闻茶、饮茶，增进友谊，美心修德，学习礼法，是很有益的一种和美仪式。茶道不同于茶艺，它不但讲求表现形式，而且注重精神内涵。茶道精神是茶文化的核心，是茶文化的灵魂。

2. 茶道的本质

儒道佛与茶文化发展密切相关，三家思想的统一形成了今天中国的茶道精神。三教合一，以儒家思想为核心，结合茶叶栽制，饮用的变革和审美观点的变化发展，规定和影响着我国茶文化的发展。中国茶道的内在本质就是儒道佛三家思想的统一。

3. 茶道的内容

(1)备茶品饮之道，即备茶的技艺、规范和品饮的方法；

(2)思想内涵，即通过饮茶陶冶情操、修身养性，把思想升华到富有哲理的、关于世界人生本体的道的境界。

4. 中国茶道的“四谛”

中国茶道有“四谛”：和、静、怡、真。

(1)和：中国茶道哲学思想的核心，是茶道的灵魂。“和”就是中国佛、道、儒家思想糅合的具体表现。中国人的性格像茶，人们总是清醒、理智地在思考中看待世界，在和谐的气氛中求共存与发展。

(2)静：中国茶道修习实践中的心灵感受。中国茶道是修身养性，追寻自我之道。

(3)怡：中国茶道修习的必由途径。怡指和悦、愉快之意。中国茶道是雅俗共赏之道，它体现于平常的日常生活之中，不讲形式，不拘一格。无论任何人都可以在茶事活动中取得生理上的快感和精神上的畅适。

(4)真：中国茶道的终极追求。中国茶道所讲究的“真”不仅包括茶应是真茶、真香、真味；环境最好是真山真水；挂的字画最好是名人名家的真迹；用的器具最好是真竹、真木、真陶、真瓷；还包含对人要真心，敬客要真情，说话要真诚，心境要真闲。

第四节 中国酒文化

酒在中国已经有数千年的历史，形成了独具特色的中国酒文化。中国是酒的王国，中国酒以其精湛的工艺、独特的风格和最大的产销量而驰名世界；中国酒文化更以其悠久的历史、博大精深的蕴含而屹立于世界酒文化之林。

一、酒的起源

关于酒的起源，历来传说众多，影响最大、最深入人心的是以下四种。

1. 上天造酒说

自古以来，中国人的祖先就有酒是天上“酒星”所造的说法。轩辕，中国古称星名，共17颗星，其中12颗属狮子星座。酒旗三星呈“一”字排列，南边紧傍二十八宿的柳宿八颗星。

2. 猿猴造酒说

这个说法在许多典籍中有记载。《清稗类钞·粤西偶记》说：“粤西平乐等府，山中多猿，善采百花酿酒。”这证明是猿猴发现了类似“酒”的东西。其实，当成熟的野果坠落下来后，由于受到果皮上或空气中酵母菌的作用而生成酒，这是一种自然的现象。

3. 仪狄造酒说

《世本》、《吕氏春秋》等典籍记载，仪狄是夏禹时代的人，是他发明了酿酒。但也有人认为不会是仪狄所造，因为早在夏禹之前的黄帝、尧、舜时代，就已经有酒可饮了。

4. 杜康造酒说

《酒诰》记载，杜康将未吃完的剩饭放置在桑园的树洞里，剩饭在洞中发酵后，有芳香的气味传出，这便是酒的原始做法。

二、中国酒的种类与名品

根据商业习惯，酒可以分为白酒、黄酒、葡萄酒、啤酒、果酒、露酒和药酒。

(一)白酒

白酒是用粮食或其他含有淀粉的农作物为原料，以酒曲为糖化发酵剂，经发酵蒸馏而成。中国白酒与白兰地、威士忌、伏特加、朗姆、金酒并列为世界六大蒸馏酒。

1. 特点

白酒的特点是无色透明，质地纯净，醇香浓郁、味感丰富，酒度在30度以上，刺激性较强。

白酒的制作过程为：蒸馏、摊晾、接种、发酵、转缸、蒸馏、成品。

2. 香型

根据白酒的原料和生产工艺的不同，可以分为清香型、浓香型、酱香型、米香型、复香型五种类型。

(1)清香型

酒气清香芬芳，醇厚绵软，甘润爽口，酒味纯净。以山西杏花村的汾酒为代表，故又有汾香型之称，酒液晶莹透亮，清香雅郁、甘洌，有色、香、味三绝之美。同类还包括黄鹤楼酒和宝丰酒等。

(2)浓香型

芳香浓郁，甘绵适口，饮后犹香，回味悠长，可概括为“香、甜、浓、净”四个字。以四川泸州老窖特曲为代表，故又有泸香型之称，还有五粮液，古井贡酒等。泸州老窖特曲产于四川泸州市泸州老窖酒厂。酒液晶莹清澈，酒香芬芳飘逸，酒体柔和纯正，酒味协调适度。

(3)酱香型

香而不艳，低而不淡，香气幽雅，回味绵长，杯空香气犹存。以贵州茅台酒为代表，故又有茅台香型之称，还有湖南常德武陵酒等。贵州茅台历史悠久，源远流长，酒液色泽晶莹透明，口感醇厚柔和，无烈性刺激感，入口酱香馥郁，回味悠长，饮后余香绵绵，持久不散，素有“国酒”之誉。

(4)米香型

蜜香清柔，幽雅纯净，入口绵甜，回味怡畅。以广西桂林的三花酒和湖南全州的湘山酒为代表。

(5)复香型

兼有两种以上主体香型的白酒，也称兼香型或混香型，具有一酒多香的特点。贵州董酒是复香型的代表，还有湖南白沙液、辽宁凌川白酒等。

(二)黄酒

黄酒是中国民族的特产，也称为米酒，是世界上最古老的酒类之一，源于中国绍兴，且唯中国有之，与啤酒、葡萄酒并称为世界三大古酒。以糯米、黍米和大米为原料，经酒药、麦曲发酵压榨而成。酒度一般在8~20度。

1. 特点

黄酒的特点是酒质醇厚幽香，味感谐和鲜美，有一定的营养价值。

2. 类型

根据原料、酿酒工艺和风味特点的不同，可分为江南糯米黄酒、福建红曲黄酒和山东黍米黄酒三种类型。

(1)江南糯米黄酒

产在江南地区，以浙江绍兴黄酒为代表，以糯米为原料，以酒药和麸曲为糖化发酵剂酿制而成，存放时间越长越好。主要品种有状元红、加饭酒、花雕酒、善酿酒等，酒度在13~20度。

(2)福建红曲黄酒

以糯米、粳米为原料，以红曲为糖化发酵剂酿制而成，代表品种有福建老酒和龙岩沉缸酒，具有酒味芬芳、醇和柔润的特点。酒度在15度左右。

(3)山东黍米黄酒

以黍米为原料，以米曲酶制成的麸曲为糖化剂酿制而成，具有酒液浓郁、清香爽口的特点。可分为清酒、老酒、兰陵美酒等品种。酒度在12度左右。

(三)葡萄酒

我国用葡萄酿酒的历史悠久，汉代西域地区就以酿葡萄酒驰名。中国最早的近代葡萄酒酿造企业是1895年华侨张振勋创建的山东烟台张裕葡萄酒厂。

葡萄酒可按以下标准分类：

(1)按加工方法分为酿造葡萄酒、加香葡萄酒、起泡葡萄酒、蒸馏葡萄酒。

(2)按糖分含量分为干葡萄酒(<0.5%)、半干葡萄酒(0.5%~1.2%)、半甜葡萄酒(1.2%~5%)、甜葡萄酒(>5%)。

(3)按色泽分为红葡萄酒、玫瑰红葡萄酒、白葡萄酒。

(四)啤酒

啤酒是用大麦芽和啤酒花为主要原料，再加上水、淀粉、酵母等辅料，经酵母发酵而制成的一种含有二氧化碳的低度酒精饮料，也叫麦酒，有“液体面包”的美誉。啤酒含有丰富的营养，有11种维生素和17种氨基酸。

啤酒可按以下标准分类：

(1)根据是否杀菌，可分为鲜啤酒(生啤酒)和熟啤酒。

(2)根据颜色深浅，可分为黄啤酒(淡啤酒或浅色啤酒)和黑啤酒(浓啤酒或绿色啤酒)。

(3)根据麦汁浓度、酒精含量(质量)不同，可分为低浓度啤酒(7~8度)、中浓度啤酒(11~13度)和高浓度啤酒(14~20度)。

(五)药酒

药酒是以成品酒(大多是白酒)为酒基，配各种中药材和糖料，经浸泡制成。药酒是中国的传统产品，品种繁多，主要分为两类：一类是滋补酒，另一类是药用酒，如竹叶青等。

三、酒文化的概念与表现形式

(一)酒文化的概念

广义：包括几千年来不断改进和提高的酿酒技术、工艺水平、法律制度、酒俗酒礼、形形色色的饮酒器皿，以及文人墨客所创作的与酒相关的诗文词曲等等。

狭义：多指饮酒的礼节、风俗、逸闻、逸事等。主要是言传身教，缺乏理性的指导。

酒文化已经渗透到人类社会生活中的各个领域，对文学艺术、医疗卫生、工农业生产、政治经济各方面都有着巨大影响。

(二)酒文化的表现形式

1. 酒趣

(1)酒与成语

汉语中的许多成语不仅托载着丰富的酒文化内容，还包含着有趣的与酒密切相关的故事和传说。例如：

画蛇添足：战国时代有个楚国人祭他的祖先。仪式结束后，他拿出一壶酒赏给手下的几个人。大家商量说："我们都来画蛇，谁先画好谁就喝这壶酒。"其中有一个人先画好了。但他看到同伴还没有画完，就又给蛇添上了脚。这时，另一个人也画好了，夺过酒壶把酒喝了，并且说："蛇本来是没有脚的，你怎么能给它添上脚呢?"这个成语比喻做了多余而不恰当的事，反而把事情弄糟了。

杯弓蛇影：晋朝有个叫乐广的人，爱喝酒。一天，他邀请朋友到家里来对斟对饮。忽然，朋友看见酒杯里有条蛇影在游动。他受了惊吓，回去便一病不起。请医服药，都无起色。乐广跑来看他，问明起病的缘由。乐广听后一把拉起朋友往家走。他让朋友坐在原处，斟满酒问："有蛇影吗?"杯子里还有"蛇影"！乐广随手取下墙上的弓。这次，"蛇影"不见了。"杯子里原来是弓影呀!"朋友的病情顿时好了。这个成语比喻把虚幻当作真实的恐惧心理。

(2)少数民族的特色酒

土家族的三杯酒：土家族人酿酒种类繁多，并且有特殊的喝酒习惯，谓之"咂酒"。饮用时，揭开坛盖，兑上凉水，插入一支竹管，轮流吸饮，又甜又香，别有一番情趣。"咂酒会"古今传名。客到"进门三杯酒"，客走"上马三杯酒"，无酒难以成欢会。

哈尼族的特色酒：哈尼族热情好客，当有客人来，就会拿出自家酿造出来的酒，此酒醇香美味，俗称"焖锅酒"。焖锅酒清澈晶莹、醇厚甘甜，是哈尼山寨节庆必备的饮料。

苗族的交杯酒：举行婚礼时，苗族新娘新郎要喝交杯酒。

傣族竹管酒：逢年过节，傣族群众在一起饮酒取乐，他们将一大陶罐酒置于空地中心，然后一部分男女团团围住，用根约一米五长的细竹管伸入罐内吸饮；另一部分人则在一旁欢歌起舞，为之助兴。傣族群众认为，这样饮酒象征着全寨的团结和睦。

2. 酒器

(1)陶酒器：盛酒——尊，饮酒——单耳杯、双耳杯、高脚杯等，煮酒兼盛酒——盉与斝。

(2)瓷酒器：杯、瓶、尊、壶、碗等。

(3)青铜酒器：始于夏朝，盛于商朝与春秋时期。

(4)玉酒器：地位和身份的象征。唐朝夜光杯、元代的玉瓮、清代的九龙杯。

(5)玻璃酒器：刻花玻璃酒器。

(6)其他酒器：漆酒器、象牙酒器、牛角酒器、金银酒器、锡酒器、骨制酒器、木酒器、竹酒器等。

3. 酒德

酒德是指饮酒的道德规范和酒后应有的风度。中国酒德的主要内容包括三个方面：

(1)量力而饮酒：饮酒不在多少，贵在适量。要正确估计自己的饮酒能力，不作力不从心之饮。

(2)节制有度：饮酒要注意自我克制，有十分的酒量最好只喝到六七分，至多不超过八分，这样才能做到饮酒而不乱。

(3)饮酒不能强劝：作为主人，在款待客人时，既要热情，又要理智，不能强人所难。

4. 酒礼

酒礼即饮酒的礼节，使饮酒成为一种庄重的活动、一种仪式。现在宴会上碰杯即为酒礼。酒礼中有最重要的两点：一个是洒酒于地，用于敬神，祭祖先、山川；二是端杯敬酒，讲究“先干为敬”。受敬者也要以同样方式回报，否则罚酒。此外，斟酒时要注意“室内以东为尊，堂上以南为尊，斟酒先长后幼，斟满或八分为敬。”

5. 酒楼

隋唐时期出现酒肆、酒店、酒舍。宋代的酒楼可分为三类：一类是综合性的大酒楼，供给上层顾客。第二类是除酒外还供应食物，一般是平民去的。第三类是带有半妓院性的酒店。明朝出现官办酒楼。清代私人酒楼遍布。

6. 酒旗

作为一种最古老的广告形式，酒旗在我国已有悠久的历史。酒旗是用青布制成悬挂于门前的标志，也称酒望、酒帘、青旗、锦旆等。目的之一是标明自己是卖酒的，相当于现代理发店门前的标志；其二是对酒神、酒星的敬重。酒旗的升降是店家有酒或无酒、营业或不营业的标志。

7. 酒联

酒联是与酿酒、饮酒、用酒、酒名、酒具、酒楼等相关的对联，是饮酒行为与文学艺术的有机融合。按其表达的内容，酒联可分为酒楼对联、节俗酒联、婚喜酒联、祝寿酒联、名胜酒联、劝戒酒联等。中国历史上的优秀酒联，不仅言简意赅、形式灵活、雅俗共赏，而且包括丰富多彩的酒文化知识。例如：“为名忙，为利忙，忙里偷闲，且喝一杯茶去；劳心苦，劳力苦，苦中作乐，再斟两壶酒来”；“茶可清心，酒能乱性”；“有志者饮酒，无聊人喝茶”。

8. 酒令

酒令，是中国人在饮酒时助兴的一种特有方式，是中国人的独创。它既是一种融洽饮酒氛围的娱乐活动，又是一种斗智斗勇、提高品位的文化艺术。

酒令的内容涉及诗歌、谜语、对联、投壶、舞蹈、下棋、游戏、猜拳、成语、典故等。酒令分俗令和雅令。雅令即文字令，包括字词令、谜语令、筹令等。猜拳是俗令的代表。

如调笑令：花酒(指花指酒)满筵有(指席上)，酒满金杯花在手，头上戴花方饮酒(以花插头举杯饮)，饮罢了(放下杯)，高叉手(叉手)，琵琶发尽相思调(作弹琵琶手势)，更向当筵口舞袖(起身举两袖舞)。又如两只蜜蜂令：口令：两只小蜜蜂呀，飞到花丛中呀，嘿！石头、剪刀、布，然后猜赢的一方就做打人耳光状，左一下，右一下，同时口中发出“啪、啪”两声，输方则要顺手势摇头，作挨打状，口喊“啊、啊”；如果猜和了，就要做出亲嘴状还要发出两声配音、动作，声音出错则饮！适合两个人玩，玩起来特别逗！

9. 酒诗

中国酒文化的特色之一就是诗与酒的不解之缘，往往是诗赠酒趣。有酒必有诗，无酒不成诗；酒激发诗的灵感，诗增添酒的神韵。例如：

何以解忧，唯有杜康(曹操)；白日放歌须纵酒，青春作伴好还乡(白居易)；借问酒家何处有，牧童遥指杏花村(杜牧)。

第五节　中国饮食文化趣谈

节日食俗是指广大民众在节日即一些特定的日子里创造、享用和传承的饮食习俗。中国饮食文化博大精深，许多饮食有其特有的历史。饮食禁忌习俗大多是人们从主观愿望上对自身的一种护卫，防止因吃喝而发生疾病，损年折寿。

一、中国传统节日饮食

(一)春节

春节是中国人最大的团聚假日。春节的传统饮食有年夜饭、年糕、饺子、汤圆等。

在除夕日，家家户户都要备办好酒好菜，全家在一起开怀畅饮，迎接新年，这就是所谓的“年夜饭”。年夜饭的菜肴数量要双数，要有鸡、有鱼，并且不能吃完，用来表示大吉大利、年年有余。

年糕是用糯米粉制作的，其谐音为“年年高升”。饺子长久以来是中国北方春节期间必备的食品，寓意着财源广进、吉祥如意。

(二)清明节

清明节是中国民间的传统节日，一般是在公历4月5日前后。在清明节的饮食方面，各地有不同的节日食品。

北方的清明节饮食主要是糕饼、冷粥，南方地区主要是一些时令食物。在山东，吃鸡蛋和凉馒头。上海江浙一带居民有吃青团和藕的习惯；而两湖、四川盆地的部分居民则有吃粽子的习俗，粽子既可以用于上坟祭祖，也可以在出游时供自己食用。

(三)端午节

端午节的时间是农历的五月初五，最初是人们祛病防疫的节日，后来成为中国汉族人们纪念屈原的传统节日。其主要的节日食品是粽子、雄黄酒等。

粽子多种多样。内含的花色则根据各地特产和风俗而定，著名的有桂圆粽、肉粽、蜜饯粽、板栗粽、火腿粽、咸蛋粽等。

端午饮雄黄酒的习俗，从前在长江流域地区极为盛行。雄黄酒有杀菌驱虫解五毒的功效。

江浙一带端午节有吃“五黄”的习俗。五黄指黄瓜、黄鳝、黄鱼、咸鸭蛋黄、雄黄酒。

(四)中秋节

中秋节的时间是农历的八月十五，其主要的节日食品为月饼。“中秋佳节吃月饼”，是中国流传已久的传统风俗。月饼种类繁多，并形成了粤式、苏式、京式三大流派，影响深远。

月饼至少有两层含义：一是形如圆月，用以祭拜月神，表达对大自然的感激之情。二是月饼为圆形，象征团圆。

(五)重阳节

重阳节的时间为农历九月初九，庆祝重阳节的活动一般包括出游赏景、登高远眺、观赏菊花、遍插茱萸、吃重阳糕、饮菊花酒等活动。

重阳糕中的“糕”与“高”同音，又有“步步高升”、“寿高九九”之含义，所以“重阳糕”成了普受欢迎的节日食品。重阳糕又称花糕、菊糕、五色糕，制无定法，较为随意。

二、中国饮食历史趣谈

(一) 油的历史

上古时代，中国古人就已开始食用油类食品，不同季节还需食用不同的油。汉代以后，开始出现植物油，但不能食用。宋代才开始有食用植物油的记录，有麻油、菜油、茶油等。

(二) 盐的历史

中国制盐历史悠久，距今已经有两千多年的历史。据说皇帝时代就已经开始从井、池、海中提取盐，种类有井研、池盐、海盐等。

(三) 馒头的历史

古时候“馒头”一词，据说源自三国时的诸葛亮，当时是为了以面包肉食供祭神之用，类似今天的包子，并非现代的馒头。

(四) 豆腐的历史

豆腐是最具有民族特色的传统食品之一。我国是豆腐的故乡，始于汉朝，已经有两千余年的历史。豆腐是从黄豆加水发胀，磨浆去渣，煮熟后加石膏，使豆浆中的蛋白质凝固，再放入框中压出过剩水分而成的。利用豆腐制作的菜肴已有四百余种。

(五) 稀饭的历史

稀饭的书面语，通常叫做“粥”。“粥”的历史在中国可谓源远流长。古时候的粥用米熬成，稠的叫“干”，稀的才叫“粥”，这也是为什么有人将“粥”称为“稀饭”。如今，粥已经变为人们调节饮食的一种风味食品，制作技艺也越来越精湛。

(六) 筷子的历史

筷子作为饮食餐具，是中华饮食文化不可分割的一部分。远古时，人们吃饭多用手抓，但吃热食的时候为免烫手，会自觉或不自觉地用木棍来协助取食。久而久之，筷子便逐渐产生，人们也有意识地去制造筷子。筷子种类很多，有木筷、竹筷、金筷、银筷等。

三、饮食禁忌

人们赋予饮食种种文化内涵，饮食禁忌即为其中的一部分。饮食禁忌主要表现在饮食方式和饮食对象两个方面。

（一）饮食方式

古时候汉族有不许用手抓着吃的忌讳。更多的饮食方式的忌讳是由于迷信的影响。旧时汉族忌吃饭时抛撒米粒或吃完饭后碗底有残饭；忌讳吃饭时说“捧碗”；忌用一根筷子扒饭，因为丧俗中，棺上放的碗中央插一根筷子；在别人家吃饭时，忌把碗转来转去。

在餐具方面也有很多禁忌，比如忌讳吃饭前用筷子敲空碗，因为旧时只有乞丐要饭时才会这样敲；不许倒扣碗于桌子上；也不能把筷子插在盛的饭上，这是供鬼神时的做法。另外，每双筷子应该一般齐，不能一长一短，因为这会令人想起“三长两短”等不吉利的词语。

（二）饮食对象

饮食对象的禁忌，即对食物的禁忌。汉族在饮食上的自我限制或禁忌是很少的，各族各地在忌食原因方面则是多种多样的。

有的因恐惧心理而忌吃某一些动植物。动植物多有自己的属性，比如豹子是凶猛的，老母鸡的皮肉是粗糙的，辣椒是辣的等。吃了这些，俗信动植物的这一类属性会传染给食者。尤其不能吃处于异常状态的动物。

有的食物禁忌是由人们对动物的喜好而引起的。比如汉族的一些地区有禁食牛肉的习俗。对于农耕民族来说，牛是必不可少的劳动工具，有时显得比人本身还重要。因其有助于人，终年劳苦又通人性，所以不忍杀食。汉族民间至今还有不食马肉的习俗，人们认为马与牛一样有功于人，所以不忍心杀食之。

有些食物禁忌只是针对一部分人的，比如江南一带祭礼灶神的糖果，禁忌幼女吃食，大人则无忌。

饮食禁忌或多或少含有迷信的成分。但不管怎么说，饮食禁忌是中国丰富发达的饮食文化的一部分，反映了民族的、宗教的信仰及习惯，不能一概否定。

本章小结

中国饮食文化历史久远，熠熠生辉。在新的时代里，中国人的饮食应敢于取其精华、去其糟粕、革故鼎新，摒弃不良饮食习惯，树立正确的饮食观念并在传统优良食风的基础上不断发扬光大，使中华饮食与国际接轨，使中国成为真正意义上的饮食文明大国。

课后习题

一、简答题

1. 中国传统饮食文化有什么特点？

2. 请将下列名菜与其对应的菜系进行连线。

宫保鸡丁	湘菜
佛跳墙	粤菜
德州扒鸡	川菜
腊味合蒸	鲁菜
盐焗鸡	闽菜

3. 中国茶艺的三种表现形式是什么？

二、实训题

1. 假如你在中国过春节，在饮食上，你将准备些什么？（可结合课本和相关资料）

2. 请谈谈南北方饮食的差异。

第六章　中国传统民俗文化

民俗，是一个民族千年历史的沉淀，广泛地影响着民族生活，反映了这个民族历史社会生活的现实。只有了解了一个民族的风俗，才能充分地认识这个民族。①

第一节　中国传统民俗概述

一、中国传统民俗的概念和分类

民俗，即民间风俗习惯，是广大劳动人民群众在生活中自然形成并长期承袭下来的风俗。民俗作为一种民族社会心理的表现形式，是广大中下层劳动人民所创造和传承的民间社会生活文化。民俗文化更是一个历史范畴，是在长期历史发展中形成的规范，用来约束群体生产、生活方式的不成文的模式。

从社会学的角度来说，民俗可分为四大类：物质民俗，包括生产、商贸、饮食、服饰、居住、交通、医疗保健民俗等；社会民俗，包括社会组织民俗、社会制度民俗、岁末节日民俗及民间娱乐民俗等；精神民俗，包括民间信仰、民间巫术、民间哲学伦理观念以及民间艺术等；语言民俗，包括民俗语言、民间文学等。

二、中国传统民俗的主要特征

传承性，即中国人的风俗习惯大多有古老的历史渊源，经历了漫长的历史演

① 民俗具有强烈的历史和时代局限性，现代人应以科学眼光看待，对其中消积的不符合科学常识甚至充满封建迷信色彩的成分予以坚决抵制。

变，具有一定的稳定性，在日常生活中世代传承。随着社会的发展变化、时间的推移，这些风俗不断地变异，即使传承，也是在发展中传承。

地域性，即因地区差异而产生的民俗的差异。中国许多民俗具有全民性的特征，为国人所普遍沿袭；但一般民俗在渗透到全国的过程中，往往会由于各种原因而出现地方性差异。

实用性，这是中国传统民俗最本质的特征。中国传统民俗门类繁多、形态各异，但最基本的特性是实用性。民众创造了民俗，民俗服务于民众。

三、民俗文化的功能

各个民俗文化现象的性质、结构不一样，其社会功能也不一样。同时，民俗文化现象由于所处的社会形态及历史阶段不同，其社会功能也会发生一定的变化。但总的来说，民俗文化的功能主要有：

历史功能。民俗文化的历史功能表现在民族融合上，在民族大融合的基础上，华夏文化不断地吸收融汇各族民俗文化。

教化功能。民俗文化是社会、集体的创造，具有教化功能。各民族通过民俗文化对本民族人民进行传统思想教育，从而来规范民族成员的行为和仪态。

娱乐功能。民俗文化是人们智慧的结晶，又供人民群众享受和利用。民俗文化本身就带着浓厚的娱乐性质，其中以节日民俗和游艺民俗最为突出，其娱乐功能还和各民族人民的审美意识结合在一起。

第二节　中国民间传统人生礼仪习俗

人生礼俗是人生习俗中最重要的活动，它贯穿一个人从生到死的整个旅途，为平平淡淡的人生增添了色彩，是人生历程中的里程碑，体现了民族文化的特色。

一、民间传统诞生习俗

中国传统的人生礼仪是超越个体生命过程的，从诞生礼仪方面说，在个体生命诞生之前，就已有许多指向这个尚不存在的个体生命的礼仪，那就是五花八门的求子仪式和各种预测生男生女的习俗。

1. 求子

生育自古以来就受到重视，为求得子嗣，人们会给主管生育的神仙进行祭祀或者烧香。这些神仙一般都是女性，比如观音。祈求怀孕的习俗，从结婚的时候就开始了，例如“压床”，在结婚前一天晚上，要选一个爷爷奶奶、爸爸妈妈都健在的没有结婚的男子陪新郎睡在新床上，祈求“早生贵子”。婚礼的时候，还会选择一些水果、鲤鱼等，同样表示“早生贵子”的愿望。其中石榴象征多子，鲤鱼意为鲤鱼跳龙门，象征多子多福，也对孩子的未来寄予美好的期望。

2. 孕期习俗

怀孕也叫“有喜”，被认为是一件家族的喜事。怀孕期间有很多禁忌，包括饮食、起居等许多方面。比如说孕妇不能吃兔肉，因为吃兔肉，孩子的嘴就会变成“兔唇”。另外，孕妇应该避免看到丑恶的东西，更要注意自己的言行，还不能够参加祭祀活动等。同时，人们总是根据孕妇的反应和表现来预测生男生女，例如：酸儿辣女(喜酸生男，喜辣生女)、儿勤女惰(怀男孩勤快，怀女孩懒惰)等。不仅如此，很多人相信梦见的事物也是生男生女的一种征兆，比如梦见熊就生男孩，梦见蛇就生女孩。

3. 报喜

婴儿出生的第一项礼仪活动是报喜，即向亲戚朋友邻居及宗祠报喜。由于重男轻女宗法观念的影响，早在先秦就有了弄璋、弄瓦之说。璋是古代贵族所用的玉器代表男孩，预示所生的男孩长大后能执玉器为王侯，所以生男就叫弄璋之喜。瓦是古代女子纺织用的纺砖，代表女孩，所以生女孩便称弄瓦之喜。

报喜时，通常用篼子装一些染红的鸡蛋，俗称“红鸡蛋”，鸡蛋的数目依孩子的数目而定：生男孩一般是双数，如10个或12个；生女孩一般是单数，如9个或11个。生男孩要在篼子里放一本书，希望其将来能读书做官；生女孩一般在篼子的边上插上一朵花，希望其将来能长得像花一样漂亮。

4. 三朝礼

新生儿诞生一般要到第三天才举行一个正式的礼仪来庆贺新生命的诞生，俗称三朝礼，届时亲朋好友带着贺礼来道喜。

三朝礼一般有以下几项仪式：一是对脐带和囟门作礼仪性的处理，俗称“落脐炙囟”。二是象征性的开奶和开荤。先是抹儿滴黄连汤在婴儿的嘴上，然后蘸一些用肥肉、状元糕和酒、鱼、糖等食品制成的汤水滴在婴儿嘴上，最后让婴儿尝一口从别人那里要来的乳汁。三是三朝礼中最典型的洗三，也叫洗三朝，用槐枝和中草药煮成的汤水给婴儿沐浴，边沐浴边唱祝词，洗完用姜片、艾蒿擦婴儿脑门和身体的重要关节，以使孩子健壮；还要用新布蘸清茶水擦婴儿的牙床，让他放声大哭，以此为吉兆，俗称“响盆”；最后还要用大葱打三下，据说能使他聪明伶俐。

5. 满月礼

生子满月值得庆幸，产妇出月也该纪念，所以满月礼往往比较隆重热闹。婴儿满月后许多禁忌就随之消除了，所以主人要请亲朋好友来喝满月酒。宋朝时期，小儿满月时，主家在盆中烧了香汤，亲友就撒钱在汤中，称“添盆”，这是一种独具特色的馈赠仪式。

满月时还有剃胎发、出门游走等仪俗。剃胎发是满月礼中的一项重要礼俗，剃头时，额顶要留“聪明发”，脑后要蓄“撑根发”，眉毛则要全部剃光，剃下的头发还要收藏好。满月游走也叫满月逛街，是一种为婴儿祈求吉祥的活动。满月剃脱胎发之后，多由外婆或舅舅将婴儿抱去住处小住一段时间，目的是让婴儿能够象征性地见见世面，以便将来有出息、有胆识，成为一个精明能干的人。

6. 百日礼

“过百岁”是婴儿出生百日的庆贺仪式，取百日之“百”的吉祥含义，祝福小儿长命百岁。小儿若体弱多病，家长为让孩子将来长寿常给孩子挂上由百家钱置办的“百家锁”。富贵人家可以大宴宾朋，接受众人贺礼，来获得百家之钱；而一般人家只能在邻里中挨户乞讨粮食，表示给孩子吃“百家饭”，或到每家乞讨一根线，佩戴在孩子脖子上，称为“百家线”。民间认为孩子吃了“百家饭”或佩戴了“百家线”，就可以长命百岁。除此之外，还有穿“百家衣”的习俗，即集百家之布头或布条做成衣服给婴儿穿。尽管邻家皆乐助“百家衣”之成，但一般紫色的布条是不肯轻易给人的，因为“紫”谐音“子”，谁也不愿意将“子”送给别人。

7. 周岁礼

婴儿出生满一年，古称“周”，现在也叫“周岁”。这一天，主人家设宴款待，这种宴席必须配上长寿面等带有长命百岁和富贵康宁寓意的食物，并要求吉庆风光。周岁是诞生礼的总结，也是生日礼的开始，除了要隆重庆贺，还要举行抓周仪式。

抓周是周岁礼中最普遍的，也叫拈周、试周或试儿。父母以各色象征物摆在孩子面前，随其抓取，以此来预测他的志趣、前途和将来可能从事的职业等。一般以文房四宝代表读书为文，以算盘戥秤代表经商贸易，以珠宝玩具代表贪婪玩耍，以炊具碗筷代表主持家务，以刀尺针线代表女工，以首饰花朵代表喜欢打扮，等等。

二、民间传统成人习俗

冠礼和笄礼是中国古代男女的成年礼仪，这种文化现象在世界上许多国家有过。非洲有所谓的割礼，也是一个人走向成年的标志。举行成年礼仪，除了要庆贺之外，还要进行某种社会责任的教育，以使刚成年的年轻人勇于承担社会责任。

1. 冠礼

冠礼也叫成男礼或成丁礼，主要的礼仪形式就是加冠，所以叫冠礼。古人对冠特别重视，行冠礼使人增加一种庄重的色彩。行冠礼之前，当事人就成了大人，别人要以成人之礼来相待，自己的言行举止也要符合社会的礼仪规范，所以冠礼被称为“礼之始”，位列六礼(冠、婚、丧、祭、乡、相见)之首。男子行冠礼的年龄多为二十岁，但实际上的行冠年龄一般都在二十岁之前。只有行过冠礼之后才能择偶婚配，为使未满二十岁的青年男子生子合礼，就只有提前行冠礼，这种做法实际上是为了延续宗法社会而采取的一种无奈的变通。

冠礼由父亲或兄长在宗庙里主持。先以占卜决定加冠的吉日，通知宾客并选定负责加冠者。正式的加冠有三次：初加缁布冠，表明他已成年，有了成人所应有的一切责任和权利；二加皮弁，表示从此要服兵役了；三加爵弁，表示从此有权参加祭祀了。三次加冠之后，加冠青年还要去拜见母亲，然后由宾客给他取字。字是成人的标志，此后，别人一般不能直呼其名，必须称字了。最后再去依次拜见家人、地方行政长官和乡里前辈。加冠之后，冠就成了成年男子的服饰，在一定的场合，必须戴冠。

2. 笄礼

所谓笄礼，就是将头发挽起来，用笄簪上。女子成年要行笄礼，女子行笄礼的年龄要早于男子。女子十五岁便可行笄礼，表示已经成年并可以出嫁了。和男子一样，只有行过笄礼的女子才能出嫁，并要像男子一样取字。如果女子十五岁还没有出嫁最迟二十岁也要行笄礼。

女子笄礼由母亲主持，提前三天通知宾客，提前一天登门邀请行笄礼的主宾。行礼之日，主妇恭迎女宾入堂，并请主宾为女孩加笄。然后是换衣、祭酒、取字。最后是父亲带去祠堂拜祖先，与长辈见礼，宴请宾客。由于女子成年以后的社会活动和社会责任有别于男子，她们的主要活动范围被限制在室内，所有程序与男子的冠礼相比，少了三加，也没有与地方长官和乡绅见面的内容。

三、民间传统婚嫁习俗

“男大当婚，女大当嫁”，婚姻，理所当然地成了人生的又一大礼，自古以来就是人类社会的重要生活内容。婚姻礼仪作为一种世代相传的文化现象，在演进过程中具有相当的传承性和稳定性。

中国传统的婚姻中，男女双方在婚前多数是从未谋面，全凭父母之命、媒妁之言在背后决定。而父母主要考虑的是宗族的延续和门当户对，很少考虑当事人的情感。当事人婚前与爱情根本无缘，更谈不上什么恋爱。

中国的传统婚姻礼仪有婚聘、婚典和婚后三大部分。婚聘礼仪就是婚前礼仪，主要就是“三书六礼”。三书主要包括：聘书，订亲之书，是男女双方正式缔结婚约，纳吉时用；礼书，过礼之书，是礼物清单，过大礼时用；迎亲书，即迎娶新娘之书，接新娘过门时用。六礼主要是：纳采、问名、纳吉、纳征、请期和亲迎。

1. 纳采

纳采是六礼的第一礼，就是男子选妻子。男方打算选择某女为妻，就让媒人带话于女方，试探女方的态度。女方家长同意后，便收下男方送来的采择之礼。女方同意议婚之后，男家正式向女家求婚。

2. 问名

面对婚姻这项大事的时候，一般都要占卜吉凶，问名就是在这一背景下形成的。女方如果答应了这段婚事，于是就有了问名。所谓问名就是指男女双方初步了解彼此的姓名、年龄、生辰、籍贯和三代的情况，就是通常所说的“请八字”和“请庚”。问名一般是口头的，郑重的也有写成帖子给对方。

3. 纳吉

纳吉在婚聘六礼中最关键，因为这时已进入实质性的订婚阶段。传统婚姻除了父母之命和媒妁之言外，还需要有一个“天神之兆”做依据。形式也是逐渐复杂，从起初的“归卜于庙”，到后来的“批八字”，以各种方式对双方缔结婚姻的可能性进行考察。生辰八字若不能相合，婚姻便不能继续。除生辰八字外，还有属相、阴阳五行之间相生相克的关系以及面相、手相、骨相等，相当烦琐。

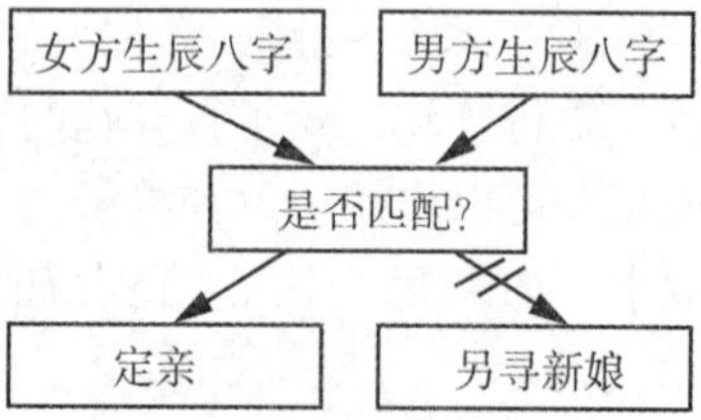

如果一切都能相合，那便是吉兆。把吉兆告诉对方，就是纳吉的主体内容，唐律中称之为“报婚书”，近代称“传庚”、“定亲”、“换帖”、“小定”等，现在就叫“订婚”。

纳吉之后，双方的婚姻关系就算是确定了，双方交换帖子，类似现在的“龙凤帖”，此后都将受到社会伦理的约束，任何一方不得随意终止婚约。

4. 纳征

纳征所送的礼品比较贵重，不再用雁。六礼中，除了纳征时用彩礼外，其余五礼都使用雁作为礼物。先秦时，还是用布帛和毛皮衣物等，汉朝以后就多用金银了，而且数目还相当可观，后代更是愈演愈烈，其流风余韵一直波及现在，影响极深。

后世对婚聘六礼一般有从简和合并的趋势，唯有纳征，却被进一步繁化。原先只送一次礼，后来发展为送两次礼。明清时的北京更有大小茶礼和大小定等名目，先小后大，小的只是一种礼仪和象征，大的就很注重礼品的价值了。礼品一般要取双数，很忌讳单数。

5. 请期

所谓请期，又叫告期，就是男方选定合婚的吉日良辰去征求女方的意见，征求时为表谦让，邀请女方确定日期，所以叫请期。当然，期间女方也有一番谦让，最终是男方把选定的日期告诉女方，所以后来也叫告期。

请期也要送礼，古代送雁，后世也有用各色礼物的。女方则于迎娶之前要“过嫁妆”，男方在收到嫁妆之后，新女婿要由媒人陪同去女家“谢妆”，过嫁妆其实就是亲迎的准备了。

6. 亲迎

婚聘六礼的最后一礼，相当于后代的婚礼大典。这个仪礼既隆重又繁琐，在古代要分三天才能完成。

亲迎的第一天是准备，是男女双方为自己即将成为夫妻的一些准备。女家要为女儿“开脸”。开脸就是用细线绞去脸上的汗毛，并修齐鬓角和额发，这是区别已婚和未婚的标志。

第二天才是迎亲的正日，这一天新郎一早就穿戴整齐，先去祠堂拜祖先，然后带着父亲的嘱托乘马去女家，表示是受父亲之命去迎亲的。迎亲队伍到达女家时，女方家长要亲自到门外去迎接。新郎进门之后，再次献上礼品雁。这之后才能把女方娶回家。迎亲队伍往往比较壮观，场面也热闹非凡。唐朝以前的新娘是坐车的，北宋以后逐渐流行坐花轿。有的地方，新娘要由新郎背上轿，上轿时还哭哭啼啼的，这被说成是一种吉兆，所以有“哭嫁”之说。队伍回到男家之后才开始了正式的成婚仪式：拜堂与洞房。

拜堂就是拜天地，是婚礼中最重要的仪式，要遵从相应的时辰，辰时、巳时和午时是人们看好的适合拜堂的时间段。拜堂开始，由于结婚有“天神之兆”做依据，要首先拜天地；从结婚之日开始，新娘就成了男方家庭的一员，所以又要拜父母；结婚之后，男女双方两个独立的个体融合为一体，所以要新郎新娘交拜。

拜堂之后就是入洞房，新郎用一条彩绸倒行着将新娘引入洞房。先秦时，由于儒家思想的影响，婚礼过程都比较古板，少有喧闹的场面，就更没有闹洞房了。两汉时期，随着婚礼奢侈之风的兴起，闹洞房这一习俗渐渐为人们所接受。

亲迎的第三天主要是拜见公婆与试厨。新娘在这天要早起，还必须梳妆整齐，恭恭敬敬地等待着拜见公婆。史书记载，新妇拜见公婆时，还要带上枣子、栗子和用姜桂腌制的干肉做见面礼，以此来谐音早生子和早立家业的意思。

7. 回门

一般在新娘完成了夫家各项礼仪之后的第三天或第七天举行，新郎要陪同新娘回娘家拜见岳父岳母。这个仪式也非常隆重热闹，女家也要大摆宴席款待新女婿，女家的亲属要给新女婿送贺礼，还要戏弄新女婿，新女婿在这里也要叩拜尊长，认认女家的大小。

四、民间传统祝寿习俗

寿诞就是人们常说的生日，在中国古代，过生日也是一件很讲究的事，下面重点介绍成年人的寿诞习俗。

1. 做寿

旧时人们十分重视做寿，尤其是五十岁后，几乎逢十必大操大办一番。其中尤以六十、八十整寿的规模最盛大，因此人们又称其为“做大寿”。

民间为老人做寿时，常将寿桃、寿面作为礼物敬献给主人，除此之外，也有人会赠送寿联。在老人做寿当天，亲朋好友都要来祝寿，晚辈们还要一一给“老寿星”跪拜作揖，献上祝词，譬如“福如东海，寿比南山”之类的吉祥话。

祝词之后，寿宴就开始了。在寿宴上，人们不仅要共食寿面，还要喝寿酒。大家都认为细长的面条能够作为祝福别人长命百岁的吉祥象征。吃面条、盼长寿，是人们共同的美好意愿。关于寿酒，相传它的配方为南岳衡山的道士所制，后被民间的一位郎中取得，他将其与酒融合在一起，制造出名扬天下的寿酒。除了吃寿面、喝寿酒，旧时的富人家还会专门请来戏班，为过寿的老人唱寿戏。

做寿作为最重要的寿诞习俗，在中国流传已久，有学者考证，其基本雏形自战国时期已经形成，后经人们的不断改良，成了风靡全国的习俗。

2. 冥寿

冥寿又名阴寿，也就是死人的生日，旧时人们有为过世的长辈过冥寿的习俗。为死者做冥寿与人们平常在家过生日不同，必须聘请和尚或道士。做冥寿一是在家中，二是在寺庙，其大体程序与做寿类似，但必须供放冥币。

如今已经很少有人为已故的亲属做冥寿了。古人认为人的寿命长短都是有定数的，不可能凭借自己的力量改变。但人们同时也相信只要有人愿意将他的寿命借给自己，自己就能够超越原定的寿命，活得更长久。在这种思想的泛滥下，民间产生了借寿的习俗。

3. 借寿

一般来讲，借寿仅发生在亲人之间。旧时，人们不忍自己的亲人离世，就会将自己的寿命“借”给病人。人们借寿一般都会到庙中祭拜神灵，在祭拜的同时，心中暗语愿减去自己多少年的寿命，以救助某人。通常家中会有多人到寺庙中为死者借寿，这样一来，你一岁、我一岁，大家都不用减太多，不会过分影响自己的寿命。民间传说，如果借寿之人不是出自自愿则借寿不会成功。

第三节　中国传统岁时节日习俗

一、传统岁时节日的起源与发展

节日习俗是指在一定的自然和社会历史条件下，人们因一种崇拜、一种纪念或一种企盼的心理而设定的在某一时日或时段开展的各种用以表达慰藉心理的风俗活动。丰富多彩的节日民俗文化不仅记载了人们对自然运动规律的认识与掌握程度，也可通过活动的形式来显示各个不同社会历史阶段的经济、文化与科学发展水平。

古今中外，岁时节日的起源是复杂多样的，但是它们都脱离不了人们对物质与精神的依赖，归根到底，节日习俗的来源主要有四种途径：

来源于宗教仪式和图腾的日子。早期，由于人们对自然界和人类自身还无法正确认识，于是，他们就认为在自然界中存在着一种超凡脱俗的神力。原始宗教信仰的出现使人们开始了对日月星辰、万事万物的种种崇拜。各种宗教节日正是基于人们的一种崇拜、祭祀和企盼过平安幸福生活的心态而产生的。如佛诞节、伊斯兰教的开斋节、古尔邦节。

来源于季节转换或植物成熟的日子。人们的生活离不开自然界，尤其在农耕社会时期，人们几乎是靠天吃饭而生存的。因而，季节变换给人们的生存所造成的影响是很大的。一年四季的轮回，给农业生产带来了不同的结果。随着一年到头的气象变化，由于农作物的种植收获及人民生活、生产的需要，就产生了许多与节气或季节变化相关的节日，他们是人们关心生产，希望人寿年丰的愿望和心理反映，如中国的立春、谷雨、中秋节等。

来源于历史事件的纪念日。中国人民在争取独立、解放和和平的斗争中，发生了许多重大的历史事件，它对于一个国家或一个民族来说是非常重要的，是值得后人永远纪念的，如国庆节。

来自于民族或国家英雄的诞辰或忌日，如清明节、端午节。清明节本是人们追念故人、寄托哀思的风俗节日，在后来的发展中渐渐与祭奠祖先亡灵的郊游扫墓结合，成为一个综合节日。

中国具有民族特色的传统节日，大多可追溯久远，绝大多数是在民间长期生活中约定俗成的，都是一定历史时期的产物。其最初的产生一般与生产、祭祀、宗教习俗等多种因素相关，反映了中国的传统习惯、道德风貌、宗教观念和物质生活状况，是中国传统文化的重要组成部分。有些节日是某一个或一些民族的共同节日，而有些节日如春节、元宵、清明、端午、七夕、中秋以及重阳等传统节日，原为汉族及部分少数民族的共同节日，但在长期的历史演进中，这些民俗广泛传布，使中国绝大部分民族过这些节日，从而它们几乎成为全中华民族的共同节日。

二、传统节日的仪式及文化功能

(一)春节

在众多的传统节日中，春节是最隆重的节日，也是最受人们重视的。它不仅历史悠久，涉及民族众多，而且持续时间最长，节日内容也最为丰富。中国古代使用的是农历，即阴历，所以人们也把春节(农历初一)叫做阴历年。

中国民间传说“年”是一种凶恶的动物，每到腊月三十就要出来吃人。后来人们发现“年”怕红、怕火、怕响，于是在腊月三十这一天，家家都要贴红色的春联，挂红色的灯笼，晚上还要放爆竹，这样“年”就不敢来了，人们就可以安心过年了。

春节持续时间很长，一般从农历十二月二十三或二十四(俗称小年)到正月十五，所以节日的习俗最多，主要有过小年、祭灶、扫尘、办年货、贴春联、放鞭炮、除夕守岁、拜年等。

1. 过腊八节和过小年

中国古人称农历十二月为腊月，腊月初八是我国传统的“腊八节”。“腊八节”原是佛教的重要节日，后来传入民间，并相沿成俗，约从北宋时期就固定下来。民间有过了腊八就是年的谚语。

腊月二十三或二十四日，是中国古俗的灶神节，又名小年节、送灶节等。古人最初视灶为神，后来渐渐产生了各种人格化的灶神形象。一般无论贫富之家，都要举行送灶(又称祭灶)活动，即送灶神上天的祭祀活动，其目的是通过灶神上天向玉皇述职，报告民间善恶功过，并祈求天神保佑五谷丰登、人畜兴旺。所以灶神像上往往写有类似于“上天言好事，下界保平安”的联语。送灶前夕，通常要把旧年的灶神像即木版纸印的灶神像取下来。祭灶时焚化以让灶神上天，然后在除夕之夜或正月初一五更再贴上新灶神像，并焚香摆供，以迎接灶神下界，称为“迎灶”，又叫“迎神”。祭拜灶神之后，便要举行过小年活动，所以灶神节又叫小年节。小年是大年的前奏曲，有些地方又称小年为

“交年”，意思是新旧交替、辞旧迎新。过小年是为了提前过年，提前驱灾免难，祈福纳吉。

2. 扫尘与办年货

扫尘，用今天的话说就是打扫卫生，这个习俗很早就有。史书记载，那时每到十二月末，所有人家都扫尘土，以祈求新岁之安。打扫卫生的同时，人们开始置办年货。年货就是过春节用的东西，包括吃穿用及娱乐等几个方面。

3. 贴春联

春联起源于古代的桃符，贴春联是我国春节的主要传统风俗之一。宋代以来，岁末题写春联就逐步发展成一种时尚。明清时，贴春联之风尤为盛行。我国最早的春联是五代十国的后蜀主孟昶写的联语“新年纳余庆，嘉节号长春”。春节除了在门框上贴春联外，还在屋里屋外许多地方贴春条、斗方、福字等。春条所用词句浅显易懂，无上下联对仗形式，内容也都是迎春、祝福的意思。另外就是在四方纸上写或剪一个“福”、“万”、“喜”等字，贴在门中央，墙壁、箱柜上等。“福”字一般倒着贴，用“倒”和“到”的谐音，表示“福到了”。这些大小不等的斗方、福字，给节日增加了喜庆气氛。

4. 贴年画

年画顾名思义，就是过年时贴的图画。据考证，年画起源于画门神像的桃符，后来人们把门神像专门贴在门上，而室内墙上贴年画。为了给节日增加更浓重的喜庆气氛，很多地方还有在窗上贴窗花的习俗，窗花是用大红纸剪成的，图案有花鸟鱼虫等，使人看后感到兴奋。

5. 守岁与年夜饭

农历一年最后的一天叫除夕，这一天夜里是不能睡觉的，于是人们就边吃边玩，迎接春节的到来。大家终夜不眠，以待天明，称为“守岁”。据说除夕晚上如果彻夜不眠，毫无倦意，则预兆来年此人精力充沛。除夕夜幕降临之时，万家灯火通明，大人们忙着准备除夕晚宴，孩子们手提各式彩灯追逐嬉笑，噼噼啪啪的鞭炮声和放鞭炮之人的欢笑声不绝于耳，此时老老少少都沉浸在节日欢乐的气氛之中。

除夕之夜，人们往往向尊长者行礼辞岁，又叫“辞年”。行完辞岁礼，就该吃年夜饭了。除夕的晚宴(有的地区是午宴)是一年中最丰盛的一顿家宴。人们要尽力做上许多美味菜肴，如“如意糕”，就是通常的年糕。年夜饭饮汤吃果吃糕，象征新的一年油水多、果实丰、年年高。此外，除夕夜吃饺子的习俗也为大多数人接受，寓意团结，表示吉利和辞旧迎新。吃完除夕晚宴，当午夜十二点的钟声敲响时，大街小巷鞭炮齐鸣，烟花四起，震耳欲聋，表达了人们辞旧迎新的喜悦兴奋之情。

6. 拜年

拜年是春节的又一习俗，就是人们相互走访祝贺节日。拜年由晚辈向长辈行跪拜磕头礼，并说“过年好”、“恭喜发财”、“祝健康长寿”等祝福语。首先从家庭内部开始，按长幼次序跪拜，长辈还要给未成年的晚辈压岁钱。然后是亲族、亲戚之间，从正月初一早上开始，一直持续几天。

7. 放爆竹

过春节放爆竹已有一千多年的历史了。放爆竹最早就是把竹子放在一起点燃，燃烧时发出噼噼啪啪之声。后来随着火药的发明使用，才产生了用纸卷上火药的爆竹。旧时放爆竹有两个意思，一是为了驱鬼迎神、祈祷五谷丰登；二是为了增加节日的欢乐气氛。现在不仅中国人喜爱烟花爆竹，而且世界上不少国家的重大节日如国庆、新年、圣诞节等也燃放烟花爆竹。

(二)元宵节

元宵节在农历正月十五日，既然是夜晚的活动，就要与灯发生关系，于是逐渐形成了张灯、观灯、猜灯谜，再加上吃元宵、看民间花会表演等活动，使节日气氛十分浓重。

1. 花会

花会的历史悠久，种类繁多。最早是在庙会上表演的艺术，后来发展到元宵节前后在大街小巷表演，为节日生辉助兴。据记载，1000 多年前，开封在元宵节时，就有“奇术异能，歌舞百戏”俱全的花会，后来逐渐分出舞龙、舞狮、高跷、旱船、秧歌、大小车会等许多种。

第一，舞龙。中国人崇拜龙，“舞龙”也就成了大型娱乐活动中必不可少的一项。一般用竹子做骨架，木头做柄，外面围土布，布上绘有鱼鳞图案，分若干节，长短不一。每节有一个木柄，第一节为龙头，最后一节为龙尾。晚上舞的龙里面放上蜡烛，所以叫龙灯；白天舞的龙不放点燃的蜡烛，所以叫布龙。舞龙时，表演者每人手握一个木柄，在锣鼓声中使龙上下翻滚、摇摆、跳跃等，似真龙飞舞一般。有时一条龙前配一个彩球，这叫“龙戏珠”。

第二，舞狮子。据考证，舞狮从西域传入内地，已有 1000 多年的历史。狮子的结构比较简单。一张长着棕黄色毛的狮子皮和一个张着血盆大口的狮子头，头上有一对碗大的眼睛，显得十分威武。大狮子由两个人扮演，小狮子一个人扮演。文狮着重表情，动作细腻诙谐，主要是表现狮子温顺可爱的神态和活泼、善于嬉戏的性格。

第三，踩高跷。高跷一般用二三尺长的木棍做成，上面有个脚踏装置。表演者多为二十几岁的年轻小伙子，演的多为传统戏剧，按要求打扮成生旦净末丑各种角色并在表演场所配备锣、鼓、琴、箫、笙等伴奏乐器。高跷形式自由活泼，不受舞台限制，大街小巷均可表演；没有完整的故事情节，仅有一些大的动作，给人创造一种欢乐的节日气氛，因而流传两千多年，至今仍受到广大人民群众的喜爱。

2. 吃元宵

元宵，旧时曾称作“圆子”“汤圆”“糖圆”“团子”等，即寓意家人的团圆，一般用米粉和果糖制成，现在有些地方仍叫汤圆、团子、圆子等。最早的元宵没有陷儿，把用糖和糯米粉捏的圆子放在锅里煮，也有煮熟后再蘸调味品吃的。后来为了吃时更加方便，才改为在糯米粉里包馅儿。浙江的宁波汤圆和四川的赖汤圆等较为有名。古代元宵珍贵，只有元宵节才能吃到，所以宋代诗人姜夔称它为“珍品”。

3. 张灯与观灯

元宵节又叫灯节，有“正月十五闹花灯”之说。元宵节张灯习俗，相传始于汉朝。从史书记载看，隋唐时张灯、观灯活动已经很盛。唐玄宗时，元宵节有人做了80尺的百枝灯树，立在高山之上，点燃后周围百里都能看到，可与明月争辉。观灯之俗，宋代最盛，届时灯市往往是观者如云，通宵达旦，热闹异常。明代元宵节张灯时间最长，前后总共10天，成为“十夜灯”。

4. 猜灯谜

灯谜是谜语的一种形式，也是灯节活动的一项内容。人们把写好的谜语贴、挂在灯上，让观灯的人边赏灯边猜谜。谜语运用的是语言技巧，有的通俗易猜，有的文雅典博，灯谜多属于后者，故古人常用“老虎难射”来形容它，称之为“灯虎”。

(三)清明节

清明节一般在农历二月中，阳历四月五日前后。清明节有两个含义，一个是节气，另一个是节日。在二十四节气中，只有清明演变为节日。清明节前一两天是中国的传统节日——寒食节。寒食节要禁火三天，就和清明节连在一起了，后来这两个节日并为一个节日——清明节。清明节的习俗主要有禁火寒食、扫墓、插柳戴柳、踏青、放风筝、荡秋千等。

1. 禁火寒食

据说寒食节是为了纪念介子推。相传晋文公当国君前，曾长期流亡在外，介子推一直跟随他，忠贞不贰。晋文公做了国君后，封赏功臣时忘了介子推。介子推隐居到绵山。后来晋文公想起介子推，命令他出山。介子推执意不从，晋文公就派人放火烧山，想逼他出来。结果介子推却宁愿被烧死也不出山。后来为了纪念介子推，晋文公改“绵山”为“介山”，并把这一天定为寒食节。各地对寒食节的重视程度随着时间推移有很大变化。如山西太原寒食时间最长，达一个月，后改为三天，最后仅剩清明一天。到明清两代，记载节日习俗的书中已很难看到有关这个节日活动情况的记载。

2. 扫墓

寒食清明扫墓成为定俗是从唐代开始的。唐时，寒食与清明合二为一，扫墓不仅被确立为法定活动，而且成为当时最重要的风尚。诗人高菊裥写的清明诗中云：“南北山头多墓田，清明祭扫各纷然。纸灰飞作白蝴蝶，泪血染成红杜鹃。”扫墓是中国人祭奠已故祖先和亲人的一种方式。在古代，清明节子孙后代纷纷来到墓地，摆上供品，焚香烧纸钱，磕头祭拜，再给坟头添加些新土。人们重视扫墓，是与儒家“忠”、“孝”思想的影响有着密切联系的。

3. 戴柳插柳

民间的谚语说“清明不戴柳，来生变黄狗”，因此每到清明，人们都“摘新柳佩带”。可见，戴柳有祈求来世幸福之意。清明节是中国传统的三大鬼节之一，民间认为这天是众鬼出游讨索替身的时候，而戴柳可以防止鬼的侵扰。清明也是柳树刚发嫩芽的时节，柳枝辟邪的观念加上适宜的时节，使得插戴柳枝的风俗得以在中国民间流行。

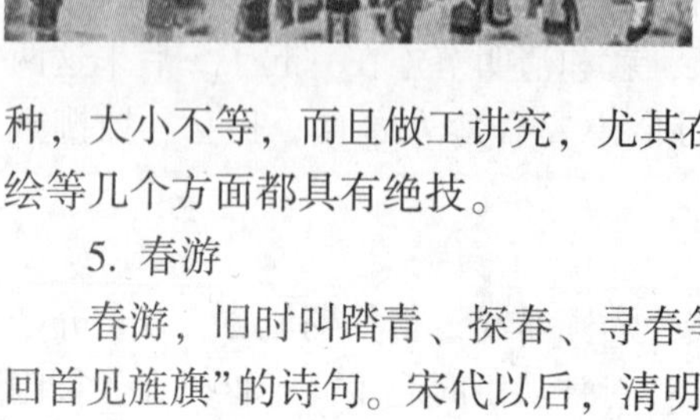

4. 放风筝

中国是风筝的故乡，制作风筝不仅历史悠久，而且独特的制作技术在世界上享有盛名。据载，春秋时的鲁班制作了世界上第一个木头风筝名叫木鸢，汉代出现了纸做的风筝——纸鸢。中国制造的风筝不仅种类繁多，形状各异，有蝴蝶、蜻蜓、燕子、龙、熊猫、蜈蚣、鹦鹉等几十个品种，大小不等，而且做工讲究，尤其在竹片的选择、骨架的扎结、图案的设计及彩绘等几个方面都具有绝技。

5. 春游

春游，旧时叫踏青、探春、寻春等。唐代著名诗人杜甫曾写下“江边踏青罢，回首见旌旗”的诗句。宋代以后，清明节踏青活动盛况空前。

除此之外，清明节还有荡秋千、踢球、植树等活动。荡秋千活动曾盛行于辽代清明节，明代以后渐弱，今天仅是儿童的一项娱乐活动。而植树活动则被历朝历代所倡导，1915 年中国曾定清明节为植树节，以后虽多次更改植树节的日期，但每年的植树活动一般仍在清明节前后几天进行。

(四)端午节

农历五月初五日是端午节，因为“初”有开始的意思，“端”也有开始的意思，所以初五又叫端五。明清时，北京人又把端午节叫做“女儿节”。据说从五月初一到初五，未出嫁的女孩子当系端午索，戴艾叶，配五毒灵符。传说端午节是为了纪念爱国诗人屈原而产生的，宋代朝廷追封屈原为“忠烈公”，定五月五日为端午节，并谕知全国纪念屈原。过去，端午节是一个集驱瘟辟邪、体育竞技与饮食娱乐为一体的，具有综合性的一个重要传统节日。

1. 赛龙舟

赛龙舟也叫龙舟竞渡，是一项历史悠久的水上游戏。龙舟竞渡用的不是一般的船，而是龙舟。龙舟的造型极为优美，船头雕成龙头，船尾雕成龙尾形，船头船尾高高翘起，犹如一条巨龙钻出水面。比赛时，同一条船上的划手穿相同的衣服，每人手里握着细而长的船桨，嘴里呼着整齐的号子，手随着号子的节奏用力划桨。有的龙舟的船头上还站着一个人，用力擂鼓，划手们随着鼓点一齐用力。

夺标比赛的方法是在终点设有投标船，当赛船快到终点时，投标船把标投到水里，让各船争夺，从水中拿到“标”者为胜。标容易沉入水底，很难找到，这种投标比赛要求很高，不仅每条船上要有好的划手，而且还必须有游泳的高手。

2. 吃粽子

最早的粽子叫筒粽，就是把糯米装进竹筒里煮熟。后多用竹叶或苇叶包裹，外边缠上丝线，包成三角、四角等形状，因此古时又称角黍。端午节吃粽子的风俗，魏晋时代已经盛行，唐代粽子就有角粽、锥粽、菱粽、九子粽等多个品种，还出现了各种不同馅的粽子。古时候将粽子往水里扔是为了纪念屈原，以后逐渐演变为端午节吃粽子的习俗。今天人们不仅端午节吃粽子，一年四季都可以吃到粽子，粽子已成为人们日常生活的食品。

端午节还有饮雄黄酒的风俗，俗语道：“饮了雄黄酒，百病都远走。”也有以雄黄酒涂于耳、鼻和额头，或洒于屋内屋外以辟邪驱毒的风俗。

(五)七夕

七夕是指农历七月初七的夜晚，就是传说中牛郎织女相会的日子。传说天上的织女下到凡间与地上的牛郎真心相爱，并生下一双儿女。狠心的王母娘娘知道后，强迫织女上天，并用银簪划出一条银河隔断了牛郎与织女。后来玉帝感念他们爱情

的真挚，允许他们每年七月七日的夜晚在银河的鹊桥上会面。传说，这个时候如果在葡萄架下，还能听到他俩的谈话声呢！伴随着牛郎织女故事的产生和流传，七夕出现了乞巧活动。在古代，乞巧活动主要有两种，一是卜巧，二是赛巧。

1. 卜巧

卜巧就是通过占卜的方法来测定谁笨谁巧。卜巧的方法有好几种。史书记载，妇女于七月七日夜，把瓜果放在院子里让蜘蛛在瓜果上结网，谁的瓜果上有网就说明谁巧。唐代传言，唐玄宗与杨贵妃，七夕在华清宫夜宴，宫女们把蜘蛛放在盒子里，第二天打开盒子，看谁的蛛丝密，越密越巧，越稀越拙。清代，北京妇女在七夕这天，每人拿一碗水放在太阳光下晒，然后把针放在水面，看针在水底的影子，以此判断是巧还是拙。

2. 赛巧

赛巧就是七月七日夜晚，妇女们比赛在月光下穿针，看谁穿得快，谁穿得快谁就手巧。在古代，每到七夕这天，姑娘媳妇们都拿出自己做的绣花鞋、鸳鸯枕、石榴裙、香荷包以及各种精致的手工艺品和民间玩具。比赛的目的不在于争夺桂冠，而在于交流技艺，培养女子手工制作的技能。

（六）中秋节

每年农历八月十五是中秋节。农历七、八、九为秋季，八月居中，故称中秋。八月十五这天月亮最圆，人们因月圆想到家人团圆，所以中秋节也称团圆节。

1. 拜月、祭月和赏月

中国古代把月亮尊奉为月神，并且有许多关于月亮的神话故事，如嫦娥奔月、玉兔捣药、吴刚伐桂等。民间拜月、祭月的习俗与帝王祭月的影响及神话故事有着密切的关系。根据中国阴阳五行说，太阳为阳，月亮为阴；男人为阳，女人为阴，所以拜月、祭月往往是女人的事。清代北京有一种说法“男不拜月，女不祭灶”，这大概与月神是女性，拜月、祭月时祈求祷告的内容又多与女性的爱情婚姻有关。当然在不同的时代、不同的地方，习俗也有所不同。

中秋节赏月风俗在很早就有了，只是宋代更加盛行赏月之风。孟元老的《东京梦华录》记载，京城开封中秋夜晚，家家户户在高台、酒楼设宴赏月。贵族子弟和富豪之家，登上高楼、殿堂观赏月亮，在乐曲声中，举行丰盛的宴席，人们边喝边唱，通宵达旦。至于普通人家，则在露天平台上安排家宴，阖家团聚。这一夜，大街上通宵叫卖，赏月的游人来往于市，直到天亮。

2. 吃月饼

月饼早时叫小饼或甜饼，因是中秋团圆节所专用，故又称团圆饼。早在唐代，已有专门制作月饼的店铺。月饼的制作方法很讲究，明代府家做的花边月饼，是用生面拌猪油，经多次按压后，才放入枣肉做成馅，大小如碗，用手将四边压成菱形再烤熟。清代名师刘方伯制作月饼，用山东飞面作酥皮，中间用松仁、核桃仁、瓜子仁的末加入冰糖和猪肉做馅，吃着香松柔软。

今天月饼品种繁多，而且各地都有自己独特的风味。月饼上多绘有精美的图案，有九龙戏珠、嫦娥奔月、天女散花、银河夜月、西施醉月、平湖秋月等，不胜枚举。而且农家自制的月饼也是别有一番情趣，如位于甘肃省兰州市北部的武威，那里的农家月饼一个个都像草帽那么大。

3. 兔儿爷

兔儿爷是一种泥塑的神像，在中秋节时备受青睐。最初出现于明代，清代极盛。北京的兔儿爷用泥或黄土抟做成兔首人身，有的穿衣戴帽端坐如人，有的头戴金盔，身披战袍，左手抱臼，右手持杵，背插伞或旗帜。底座是虎、鹿、狮子、莲花或骆驼等。

（七）重阳节

中国人自古把“九”看成阳数，九月九日是两个阳数相重，所以叫重阳，又叫重九。因“九九”与“久久”谐音，所以古人认为这是一个十分吉利的日子。重阳节历史悠久，起源于何时尚无定论。重阳节有登高、吃重阳糕、饮菊花酒、赏菊、插茱萸等习俗。

1. 登高

历代帝王都很重视重阳登高。南宋就有宫中九月九日隆重游乐的描述。明朝皇帝每年重阳节，或在御园或登香山。皇家登高，文人墨客也要登高，民间百姓就更

喜欢重阳登高了。西汉时期，长安附近有一座高台，每到重九等节日，就有很多人登上高台观景游玩。清代的北京人每到此时，都提着酒壶带着酒杯出城登高。

2. 吃重阳糕

“糕”与“高”谐音，重阳糕最初叫“饵”，意思是百事皆高，吃糕象征着步步登高，于是形成了重阳节吃重阳糕的习俗。《皇朝岁时杂记》记载，当时的重阳糕里都有大枣、栗、肉等。《东京梦华录》说，开封人用面粉蒸糕，糕上插小彩旗，里面掺入各种果实。元朝时出现了用菊花做的菊花糕。《帝京岁时纪胜·重阳》记载，京师重阳节花糕极胜，有油糖果炉作者，有发面累果蒸成者，有江米黄米捣成者，皆剪五色彩旗以为标帜。

3. 赏菊

中国人热爱菊花，赋予了菊花不怕寒冷、百花俱谢它独放的高洁品质，而且中国也是世界上最早栽种菊花的国家。东晋大诗人陶渊明被后人称为“菊迷”，他爱菊、种菊、赏菊、写菊，每到重阳节，携酒于菊丛，一面饮酒，一面赏菊。他写的不少诗中都提到菊，“菊花如我心，九月九日开；客人知我意，重阳一同来”；《饮酒》诗中的“采菊东篱下，悠然见南山”是被历代传颂的名句。清代有的地方在重阳节前后举行赏菊大会，在这“万菊竞艳，菊龙欲飞”的大会上，人们倾城出动，观赏菊花，热闹空前。

第四节　中国传统民俗信仰

一、中国传统民俗信仰及其目的

中国各地、各民族有不同的地方历史文化传统，各地民间的信仰也有所不同，呈现出多样性和区域性。普通百姓的信仰和崇拜活动并不具有很多宗教的色彩，而完全是出于实际生活的目的，带有显著的功利性和目的性。祈求福禄寿禧财，既是民间信仰的宗旨，也是老百姓生活的梦想。民间信仰将人们对未来的希求，对生活的理解借助一定的仪式或程式表达出来。中国民间信仰除了民间诸神崇拜和祭祀外，还有很多禁忌和消灾举措。

中国民间信仰的目的有以下几点：一为治病求医，身体安康。常常是在有了难以治愈的重病或没钱买药时；二为传宗敬祖、家族兴旺；三为升官发财、锦绣前程。所有这些既和人们的日常生活关系密切，又与中国传统思想相互交融。中国民间信仰活动中还保存了大量的神话、传说、歌舞等内容，对传播和发展文化、教育后人有深远影响。

二、中国传统民俗信仰对象

（一）灵魂

人类最初的信仰是从自身开始的，如对梦境和死亡的不解，导致人们相信人是由肉体和灵魂组成的，肉体是具体的、摸得着的，而灵魂附在肉体上，做梦、生病则是灵魂暂时离开肉体的反映，一旦灵魂离开肉体不归，人就死了，但是，灵魂却能变成鬼或鬼魂。起初，人们认为人死后灵魂归故乡，由祖先管理；后来又认为人死后的灵魂是由泰山神管理；佛教兴起后，阎王又成为阴间地狱的主宰。

灵魂信仰不限于人，也涉及自然神、图腾，包括人类自身役使的牛马和使用的器物。它们有些还被视为神灵，有牛神、马神、鸡神、门神、宅神、井神、灶神、仓神等，这都是万物有灵信仰的反映。

（二）自然神

1. 风神

风神又称风伯、风师。古人对风神的崇拜也经历了由星辰崇拜到人格化神的崇拜过程。汉代以前二十八星宿中的箕星就是民间信仰的风神化身。到了汉代，风神也开始人格化，因此出现了风伯的说法。据说风伯飞廉是蚩尤的师弟，他的身体像鹿，头像孔雀，而尾巴却像一条蛇，身上还长着豹纹。后来，道家吸收了这位风神，将风伯塑造成了白发银须的长者形象。

由于风伯的主要职能是“掌八风消息，通五运之气候”，即协助其他自然神催生世间万物，古代帝王也会祭祀风伯。据史书记载，自秦汉开始，对风神的祭祀已经被纳入了国家的大型祭典之中。清朝的雍正帝还在皇宫附近建造了一座宣仁庙，专门用来供奉、祭祀风伯。但是，风伯在辅助万物之外，有时也会形成风灾，造成人们财物的损失，因而民间有时也将风伯视为凶神。

2. 雨师

雨师又称玄冥，是古人信仰的掌管雨水的自然神，古人曾将天空中的毕星视为雨神的化身。民间传说雨师就是古代神兽商羊，相传商羊是一种独角神鸟，身有异

能，可以引水救枯。还有另一种说法认为雨师是上古仙人赤松子，据说赤松子是神龙时期的雨神，他可以化身为龙，兴云布雨。这两种说法在民间流传较广，因此长期以来商羊和赤松子被人们视为雨师。到了唐朝，民间还曾将李靖作为雨师祭拜。在道观中供奉的雨师，一般为手持装有龙的水钵的长须壮年人形象。

与风伯一样，祭祀雨师也被纳入了国家祭典之中，除此之外，民间还建有雨师庙。道教举行祭祀活动时，也要请出雨师神位，供信众顶礼膜拜，直到后来这种雨师崇拜逐渐被龙王崇拜替代，民间对雨师的祭祀也逐渐没落了。

3. 电母

电母又称金光圣母，在民间传说中是雷公的妻子，主管闪电。关于电母的由来，民间有一个很有趣的传说。传说古时候有一个寡妇非常孝敬自己的婆婆，虽然家境贫寒，但她始终让婆婆过着相对舒适的生活。为给婆婆做点荤菜，她毫不犹豫地割了自己身上的一块肉。而婆婆却以为是儿媳将好肉吃了，于是就对着天空许愿，让雷神将她家的不孝媳劈死了。直到婆婆看到寡妇手臂上的伤疤，才明白过来，她坐在棺材边上，泪流满面地忏悔，天上的雷神这才知道因为自己的莽撞害死了无辜的人，并将此事报告给了玉帝，于是，玉帝做主让冤死的寡妇做了掌管闪电的电母。

4. 雷神

古人对雷神的信仰很早就已经出现了，有人说这种信仰可以追溯到远古时期。原始人对各种自然现象不能完全理解，于是逐渐萌生出各种原始崇拜，雷神在我国古代是一位很重要的大神，民间也有很多关于雷神的传说，最有名的就是民间传说中的雷公。

据说雷公本是黄帝手下的一名臣子，当时的他，只是一名御医而非神。但后世雷公之所以长着一张鸟嘴，则与医者雷公的一次采药有关。人们传说雷公在黄帝麾下做医生的时候，派遣自己手下的一位助手去采药，这位助手在采药的过程中迷路了，无奈之下就化身成了一只啄木鸟。后来人们猜测雷公之所以有像鸟嘴一样有特色的雷公嘴也许与此有关。

随着时代的发展，人们逐渐将雷神信仰规范化，并构建了结构复杂的雷神系统。古人将道教元始天尊的第九子玉清真王视为众雷神之首，统领其他雷神。

(三)生育神

1. 子孙娘娘

中国自古就有“多子多福”的思想，再加上古人在生育问题上的无知，最终导致民间出现了大量的送子神，而子孙娘娘是古人信奉的送子神的统称。子孙娘娘在送子神中规模最庞大，成员极其复杂。据说广州香火最旺的求子神庙——金花庙中就供奉着二十多位送子娘娘。除此之外，北京的东岳庙和南药王娘娘殿中也供奉着九位送子娘娘。

这些在民间广为流传的子孙娘娘造型也很有趣。天津天后宫中的子孙娘娘中有两尊是双面神，她们一面慈眉善目，一面凶恶无比。据当地人解释说，刚送孩子们投生时，这两位子孙娘娘是用笑脸对着他们的，等到孩子要降生的时候，子孙娘娘怕孩子不听话造成难产，就用恶脸对着他们，这样一来，他们就会因为害怕而顺利降生了。

2. 助产神

由于古代医疗条件有限，不少妇女因生产而死，民间出现了一类特殊的神仙——助产神。在我国的历史上曾出现过大量的助产神，但影响力最大的只有一位，即顺天圣母陈靖姑，她是福建地区最有影响力的信仰女神之一，后来陈靖姑信仰还流传到了中国台湾及东南亚地区。

迄今为止，福建很多地方依旧有人在怀孕之后供奉陈靖姑，每逢初一、十五人们还要焚香祭拜。相传陈靖姑十八岁出嫁，二十四岁因难产而死。因此福州地区又有了一个奇特的习俗，即女子不在十八至二十四岁时结婚，因为人们认为在这段时间里结婚是不吉利的事情。

3. 送子观音

观音的说法来源于佛教，在正统佛教之中，观音全部为男性形象，但到了南北朝时期，观音逐步转变为女性形象。观音之所以受到人们的敬畏，除了她法力无边外，主要的还是因为观音多怀抱幼儿，让人们有了观音能够送子的想法。除了怀抱婴儿，观音的明显特征就是她专用的莲花灯，因此民间还流传着一个习俗，就是“盗莲灯”。由于“灯”与“丁”读音相似，因此人们认为送子观音的莲花灯也有添丁的意义。

(四)行业神

1. 造字神

在我国的神话故事中，有一位神仙被称为造字神，他就是仓颉。相传仓颉是一位长着四只眼睛的天神，他养了一只神龟，仓颉从龟背上的花纹受到启发而创造了象形文字，由此人们结束了结绳记事的生活。由于造字是一项辛苦而漫长的活动，凭借一人之力根本不可能完成，学者推断仓颉应该是一个对古文字的创造做出过重大贡献的人，后来人们为了纪念他的事迹才将他奉为造字神。

2. 药王

药王就是古人信仰的医药之神。在古代，药王信仰极其普遍，民间有许多祭祀药王的药王庙，其中供奉的神也是随着时间的推移而越来越多，药王往往不是单纯地指某一个人，而是一种统称。百姓崇尚药王的心理来源于对生病的畏惧，因而他们信仰的药王从上古时期尝遍百草的神农，到春秋时期的名医扁鹊，再到唐朝的名医孙思邈，与时俱进，时刻翻新。

3. 茶神

我国是茶文化的创始国，古人很早就有了饮茶的习惯，唐朝还出现了一位茶神——《茶经》的作者陆羽。《茶经》是世界历史上第一部研究茶的专著，陆羽对茶文化贡献卓越，被后世称为茶圣，从唐朝开始，以茶为生的人就将他视为茶神供奉了。

江南的茶农和开茶店的人一般都会供奉茶神。民间还有另一种说法，如果茶店生意不好，老板就会把店里供奉的茶神像扔到锅中，用热茶水浇灌。对于这种“虐待”茶神的行为，茶店老板的解释是：如此一来，茶的味道会更好，而且茶店的生意也会更红火。

4. 鲁班

鲁班是中国家喻户晓的木工、建筑师、思想家、发明家、军事思想家和政治家，被认为是中国土木建筑的开山鼻祖和保护神。

人们在大兴土木、修桥建房、制作家具等时经常先祭拜鲁班祖师爷，祈求工程顺利，房屋坚固，路桥通顺，家具美观耐用等。

三、中国传统民俗信仰的表现方式

(一) 占卜

“占”意为观察，“卜”就是以火灼烧龟壳，认为就其出现的裂纹形状，可以预测吉凶福祸。它通过研究观察各种征兆所得到的不完全依据来判断未知事物或预测将来。中国的占卜术有两个流脉：一是以八卦为基本符号的“易经”，起源于上古时代的龟甲兽骨占卜；另一个是以天干地支为基本符号的“术数”。即使如此，更多的“占卜术”

则横跨了这两大流脉，如风水等。

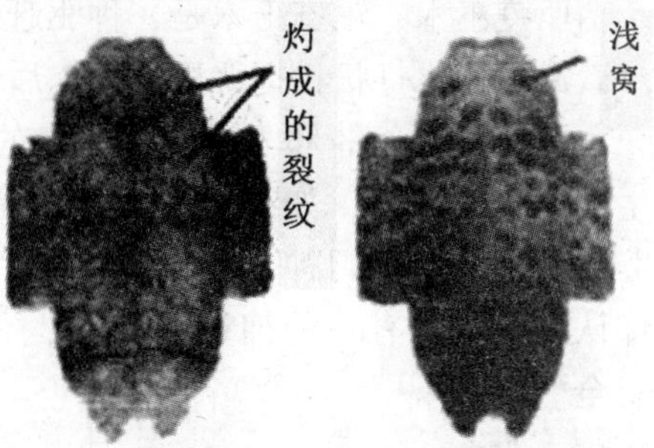

占卜的方式，在不同的时期、不同的地点都是不同的，其基本方式有：相术，指根据对人的神态、面目、身体部位等的观察来预测祸福吉凶；占星，占星在中国被称为七政四余，主要是可以昭示国家及君主的祸福，治理与否，早期与天文联系紧密，后来逐渐分离；卜筮，指用龟甲、筮草等工具预测某些事项；星命，用生辰八字地理方位等与自然相像进行比拟预测；占梦，依据梦里的情况，借用自然或其他的人事进行类比，得出一些预测结果；占气，利用天空等表现出来的色彩等情况进行预测，主要用来预测战争的情况，在古代的军事著作中，这样的章目必不可少。

（二）祭祀

祭祖是中国古代社会生活中最重要的祭祀活动，从远古时代起，人们就以牺牲祭奠。《尔雅》里说，祭特指天祭，祀特指地祭，其实祭祀互义，不必矛盾。在甲骨文中，把“祭”字写成“丁”状，为生殖符号男根的倒悬，象征创造生命的本源生生不息，已有父系氏族时代的浓重意味。祭祀是人们表达对自然神祇和祖先神祇的崇拜，祈求愿望的特定仪式，但这仪式所蕴涵的人类信仰与精神的价值却不是那么简单。

祭祀是民众向民间神祇祈求福佑或驱避灾祸的一种行为惯制，它是世代传承的、具有相应的仪式的一种制度。人们认为祭祀是通神的主要手段，是祈神、谢神的基本形式，其用意在于防灾殃、求好运；同时，祭祀也能加强家族、氏族、部落内部的团结，提高战斗力。此外，祭祀时所保存的神话传说、歌舞等活动，在客观上也起到了传播文化、进行社会教育的作用。

（三）巫术

巫术是企图借助超自然的神秘力量，对人或事物施加影响以达到某种目的的手段，是最古老、最普遍的信仰方式。巫术本来是很低级的准宗教现象，与鬼神无关，但随着鬼神观念的发展和巫术形式的变化，民间巫术多掺入了鬼神观念。以下是几种常见的巫术：

招魂巫术。招魂巫术比较复杂，形式颇多。一种是在人刚死时，要进行“喊魂”，目的是把刚刚走失的灵魂找回来，使其复活。一种是小孩或成年人生病时，这被认为是灵魂暂时出走，丢了魂，必须把魂找回来，病才会好。还有一种是祭祖时，也要招祖先亡灵回来享祭，祭毕再把他们送走。

驱疫巫术。驱疫巫术是一种驱赶恶鬼、瘟疫、灾难的巫术，最早的驱疫，就是拿着武器作驱打状，把恶鬼赶走，后来就发展成为傩戏、傩仪。

辟邪巫术。辟邪巫术利用一定的物件防止鬼神来犯，最初的辟邪巫术有的是生产工具、武器，如在门上悬挂弓箭、刀、枪，令鬼神望而生畏；后来才以神灵辟邪，如图腾、门神、钟馗等；最后还发明了专门的辟邪物，如照妖镜。民间信仰认为辟邪物有一种神秘的威力，可以与鬼神对峙，抵御鬼神闯入，保佑家庭安全。

(四)择日禁忌与民间禁忌

民间的诸多禁忌其实来源于择日这种传统风俗，与择日一样，民间禁忌也体现出了人们趋吉辟邪的心理。

1. 择日与民间节日禁忌

春节作为中国历史最悠久的传统节日之一，其禁忌也是最多。例如摔破器皿、丧家拜年、大吵大闹在春节期间都是禁止的。如果真的不幸摔碎器皿，也要说两句“岁岁平安”的吉祥话，以破解其不吉的寓意。

还有一些地区的人在春节的时候忌讳扫地和倒垃圾，他们认为这不是勤快，而是将一年的财气都倒掉了，是不吉利的。另外，春节也不能请医生进家或剃头理发，“正月里剃头死舅舅”的说法在民间一直广为流传。说起正月不剃头的习俗又必然会提到每年二月初二的中和节。民间讲究在这一天不使用剪刀和针一类的利器，也不能碰到井壁，据说这是为了防止伤害到龙神。

除此之外，清明节禁烟火、七月十五鬼节忌半夜外出，重阳节不准回娘家，这些都是民间的节日禁忌。

2. 择日与民间行业禁忌

民间称三百六十行，行行出状元，每个行业究竟能出什么样的状元，谁也不清楚，但无疑每个行业都有自己的禁忌。

医药界就有很多忌讳。医生出诊时将敲患者家的门视为“掉价”的行为。由于医生是一个特殊的职业，他虽然能够救死扶伤，但有时也是距离死神最近的人，为了避开“死神找上门”的凶兆，同时患者也不希望医生敲自家的门，患者会想尽办法用其他的方式将医生请进门。医生治病还有一种“施药不施方”的习俗，医生能送给病人药，但不能直接送给病人药方。而且，据说在药房工作的人不能事先闻药味，将药递给对方的时候也不能借他人之手，在给别人送药的时候也要说“送补药”。

商人的禁忌也很多，其禁忌大多围绕着输、亏等不吉利的兆头展开。相传由于书与输同音，有不吉的寓意，因此有些商铺的老板禁止员工在店里看书，说这些行为会冲撞“财神”，导致生意惨淡。

3. 择日与民间婚姻禁忌

在择偶方面，人们一般会从以下几个方面考虑：第一，不能同姓结婚；第二，婚前要“合八字”，就是两人的生辰八字要相合。

在择日方面，婚礼要选择一个最佳的黄道吉日。在古代人们忌讳在没有“立春”这个节气的年头里结婚，这样的年被人们称为寡年，民间说在寡年结婚会导致守寡、缺子等人生憾事。另外，遭逢太岁即本命年也是不能结婚的。关于婚礼的具体日期，人们会根据双方的年龄查阅《嫁娶周堂图》，这种图详细解说了当年的吉日。相对于黄道吉日而言，每年还有很多黑道日，因此没有人会选择在黑道日内完婚。一般来讲，每个月的初五、十四、二十三都是不吉利的日子，统称为“月忌”。

4. 择日与民间丧葬禁忌

古人非常看重丧葬之事，因此民间关于丧葬的禁忌也很多。对于非正常死亡者，人们一般忌讳将这样的死者放在家中，而是将他们的尸体停放在专门场所中。在搬运这些死者时也不能采用正常的方式，而是要用脚朝前、头向后的摆放姿势搬运。

据说古人忌讳在入殓时给死者穿黑色或皮质的服装，人们认为穿了黑色的衣服，死者下辈子会投胎成一头驴，而穿了皮衣就会变成野兽。同时参加入殓仪式的人们不能将自己的眼泪滴落在尸体上，否则死者就会舍不得离开，滞留在人间而误了投胎的时辰。人们将死者入殓的时候，一般还会在他的口中放上一块玉，即使是穷人家也要在死者口中放上一块饭团，这主要是因为死者的家属不忍心让自己的亲人空口离开人世。

本章小结

俗话说，“千里不同风，百里不同俗”。不同的民族、不同的地区在长期历史发展中形成了鲜明独特的民俗。本章节主要从民俗的概念说起，并逐步介绍了人生礼仪习俗、岁时节日习俗和民俗信仰。这些民俗无不反映了中华民族的历史及其决定的民族心理特征与文化特征。民俗广泛地影响着一个民族的生活，左右着民族的未来，是民族文化中的一个重要方面。了解一个民族的民俗，有助于充分认识这个民族。

课后习题

一、简答题

1. 简要说明民俗的含义和特征。

2. 中国的传统春节大致有哪些程序？

3. 民间传统祝寿习俗有哪些？

4. 中国有哪些传统文化节日？

二、实训题

1. 你参加过哪些中国的民俗活动呢？

2. 对比本章中的中国传统婚姻习俗，说说中国现代婚姻还在延续哪些传统婚姻习俗。

第七章 中国民间美术

第一节 中国民间美术的概念与特征

民间美术是由社会普通劳动大众创造的一种艺术形式，是以美术的形式自然形成的、具有地域特点和民族标志的一种本原文化。从历史的角度来看，民间美术始终保持着人类文化艺术最基本的形态，并且以自己特有的方式在不同的地域、不同民族中产生、流转和发展，是世界民族艺术的重要组成部分，是一切美术形式的万川之源，并具有母体符号的性质特征。

人类最初的活动都是从造物开始，大量的民间美术作品都离不开实用性这一根本，所谓的审美功能是对实用性的一种本能的原始体现。如我国黄河流域新石器时期彩陶器皿的生产，就是根据人们取水、存食、食用的需求进行的一种实用性的创造。虽然它的形式具有审美意义，但这并不是创作的初衷，其最初的目的是生存的需要，审美只不过是人类在劳动中的情感意识的自然反映，这就是民间美术起源的本性特征。

民间美术是原始艺术的延续，体现了实用和审美共存的统一，强调人类与自然的密切关系。它始终根植于人类的日常生活中，包括衣食住行、节日风俗、祭祀活动等。作为一种媒介和工具，民间美术既是劳动人民思想感情和审美情趣的自然反映，又是艺术和文化载体，强烈地体现了特有的民族性和地方性，是人类劳动生活中最原始、最质朴的艺术思想和艺术语言的集中体现。它的创作和流传往往是以集体传承的方式进行的，既有传统性又有变异性，就地取材。另外，还与宗教和风俗有着密切的联系。在艺术创作上，民间美术涉猎广泛，情趣盎然，注重自然，朴实无华。这种艺术形式直接来源于群众之手，并装饰、美化、丰富了社会生活，表达了人民群众的心理、愿望、信仰和道德观念，既世代相传，又不断创新、发展，成为富有民族乡土特色的艺术形式。

数千年来，民间美术在其基础上已经发展演变出各种门类，成为民族文化之源泉，为其他艺术提供了用之不竭的养分和启迪。它既是美术之源，又是美术之流，也是一切美术形式的本体和创作的基础，因为根植于民间的东西，才有具有生生不息的旺盛活力，它是民族精神成长的深厚沃土。从这个意义上来说，民间性构成了不同民族、不同地域民间美术各自独特的奇异景观，因为有了这些不同，才有了世界文化百花园中的姹紫嫣红。

一、中国民间美术的定义

从广义上讲，民间美术是人类对客观世界本源认识的一种反映和概括，是社会演变发展的必然产物。在形式上它是艺术范畴的一个分类，在内容上则是对生活感受的直接反映，是一种以传承为主要特征的艺术形态。

民间美术是美术分类的一种特殊范畴，特指在历史发展过程中，主要由身处社会下层的普通劳动群众根据自身生活需要而创造、应用、欣赏，并与生活完全融合的美术形式，是创作者对外界真实的感悟，包括民间绘画、民间雕塑、民间建筑、民间工艺美术等各种不同形式，归属于一个相当宽广的艺术范畴。民间美术不仅指其绘画和工艺，还包括一切民间具有美术因素的文化物质。作为一个艺术门类，民间美术是一个民族文化的活化石和博物馆。它具有自娱性、群众性、地域性、传承性的特征，尤其是它的艺术形式是与当地生活方式紧密相连的，是因地制宜地利用当地资源，并稳定地在此区域中流传，因而具有鲜明的乡土文化的特征，又被人们称为“乡土艺术”。

在世界范围内，所有在民间由劳动群体创造的有形艺术，都属于民间美术的范畴。民间美术也因为其地域性、民族性和种族性差异而具有了国家的特征。中国民间美术是中华民族文化传统的重要组成部分，主要指农业经济时代、边远地区的农猎畜牧混合经济时期形成的，包括民族美术在内的各民族民间美术。这种共性也组成了全世界民间美术的特性和普遍规律。

二、中国民间美术的文化根源

1. 民俗性

民间美术是民俗的物化与载体，它借审美的视觉形式蕴藏着深层的文化内涵。民俗就是民间风俗，是世界各社会生活的本质特征之一，每个民族和地区都有其独特的风俗习惯，它沿革流传，具有悠久的历史文化传承。它体现在社会组织、日常起居、岁时节令、人生礼仪、劳动娱乐和民间信仰等多个方面；它表现为语言、行为或表现为文学艺术，同时互相渗透、互相结合，形成错综复杂的文化现象。民间美术也是如此，它与上述各方面相互融合，以其独有的方式展示着民俗的特征。从某种意义上说，民俗活动是民间美术赖以生存和发展的基础；同时，民间美术的内容与形式又充分反映民俗的各种形象；民间美术与民俗文化密不可分，互为表里，相辅相成。

民俗是民间美术生产和发展的生态环境。一方面，民俗为民间美术的创造提供了大量的素材与原动力；另一方面，民间美术又充实了民俗活动的内容与活动情境。民间美术和民俗活动的关系十分密切，很多民间美术就是在民俗活动中产生与发展的。在民间的节日庆典、婚丧嫁娶、生子祝寿、迎神赛会等活动中，民间美术的创作表现最为活跃。例如，中国春节前后用年画、剪纸、春联装饰环境，为孩子赶制服装，社火花会的戏具，庆贺元宵节的花灯纸扎，端午节悬挂的天师符、钟馗像、五毒服装饰件及龙舟彩船；中元节的荷花灯、中秋节的月饼花模、泥塑兔爷儿；结婚用的嫁衣、喜花、喜帐；祝贺幼儿百天和生日用的虎头帽、虎头鞋、长命锁、长命衣。少数民族民俗节日歌舞集会时的服饰布置也用丰富的美术品点缀。此外，还有藏族供神的酥油花，傣族泼水节男女互赠的花荷包等。

民间美术丰富了民俗活动，加强了民俗的功用，扩大了民俗的影响与传承。因此，民俗性是民间美术的重要特征之一。

2. 文学性

民间美术与民间文学的关系密切。民间口头文学和口头表演艺术本身便是艺术民俗的部分内容。那些仪式歌谣和生活礼仪中的口头表演既是民间文学的表现方式，也包含着民间美术的内容。民间美术中大量的题材来源于广为传播、为人熟识乐道的民间故事、地方戏曲、小说演义等民间文学，民间文学的高度想象及艺术构思通过美的载体和表现形式传达出来，形成了内涵丰厚、寓意深刻的民间美术作品。中国古代文学中的名著《三国演义》、《水浒传》、《西游记》、《红楼梦》、《西厢记》和《白蛇传》，以及大量的传奇小说、杂记、戏曲名著中都有对民间风俗的描绘，它们犹如一幅展开的风俗画卷，我们可以从中提炼出当时民间美术的艺术风格、时代特征、丰富品类，从而掌握民间美术的发展规律。当然，对于古代文学著作中的人物、情节、场景，民间百姓往往会加以艺术化的概括，通过民间喜闻乐见的方式表现出来，比如民间影戏在剧目、腔调、伴奏、影偶等各方面都是从民间文学戏剧中得以借鉴、吸收和发展的。小说戏曲中的人物故事成为民间年画的重要内容。至今见到最多的门神秦琼、尉迟恭，便屡见于杂纂小说、口头传说。剪纸人物形象也多来源于民间文学中的戏曲、传说等，还有的通过单张或多张的屏条式的方式展现出连环的文学故事。民间美术中所反映的民间文学的内容，既带有娱乐性，又起着传播历史知识，民间传说等民间文学的作用。

三、中国民间美术的价值

民间美术一直备受社会各界关注，并且成为各个学科领域研究的热点。作为一种传统文化长期积累之大成，民间美术是所有劳动者的艺术，是民族从原始到今天的历史文化积淀，也是全人类文化的智慧结晶，其价值远远超过了民间美术自身。尊重和研究民间美术，就是对民族文化传统及传承方式的继承和发展。

民间美术的内涵因时空的转换而有传统与现代之分。早期的民间美术是平民的文化，与封建社会中的宫廷士大夫美术、文人绘画相异。在近现代，由于民间阶层的生活方式随着社会的变革出现了根本性的变化，导致了以农村为主体的民间美术不能摆脱时代的烙印，去按照自己的意愿而特立独行。但不论是在过去还是现代，民间美术之所以能在重重困难与阻碍中不断地发展壮大并延续，必定有它生存发展的理由和规律，其价值是不言而喻的。

民间美术作为原始生活记录的一种特殊方式，它烙下了人类社会发展进程中的各种历史信息，反映了各个民族在特定的社会发展进程中创造的文化艺术成就，成为当今世界文化多样性的重要资源，是民族优秀文化艺术的基础和根源。

民间美术是一切艺术之源，也是人类文化、美学的基础。从历史的演变中我们发现，民间美术始终保持着人类认知艺术的最初形态，它在各族人民群众中的产生、流传和发展过程，就是艺术萌芽、生长、发展壮大的过程。这既是世界民族艺术的原始构成，也是世界艺术本源产生的缘由。

人类美学的客观来源，是长期实践中对真善美的界定。因为人类最基本的目标就是保障个体、种族的生存发展，这是衡量一切功利的标准，也是人类一切观念形成的起点，当然也包括美学的观念。长期的实践证明，人类对创造物所具有的天然美感，它所产生的愉悦、欢乐的情绪和感悟，是人类美学得以奠基的最为基本的条件。

人类思维模式的共性，决定了人类文化规律的共性。远古时代的原始艺术，之所以今天仍然能够放射光华，吸引着当代人的审美兴趣，那是因为我们同远古的祖先至今还保留着基本一致的思维模式。

现代心理学证明："以象征符号和神话为特点的原始艺术和古代艺术，以强有力的方式激发思维活动，因而必然会在全世界各种文化中反复出现。"所以，只要有民间美术的熏陶和影响，就会有美的共性规律的体现，这是人类审美本质的共性所为。我们之所以能够以共同的审美尺度去看待被人类历史所"美化"的世界，正是由于民间美术在经历了漫长悠远的岁月和历史积淀的检验之后，才具有比"纯审美"更富有生命力的价值。因此也就具有了能够震撼人类心灵的永恒力量，"美在民间，永存不朽"就是对民间艺术价值最有力的肯定。

四、本源文化的艺术魅力

（一）民间美术的学术价值

民间美术是以劳动人民为主体的民间文化，是群体性的文化艺术，也是不同国家、不同民族劳动群众文化艺术的母体。它的文化内涵与艺术形态，是不同历史时期社会生活的真实反映，积淀着深刻的历史内容。因此其社会价值远远超越了它自身的艺术价值。民间美术里包容的哲学、美学、艺术学、考古学、历史学、民族学、社会学、民俗学和人类文化社会学等多学科的文化学术价值，对我们认识和了解一个国家、一个民族的生存和发展以及众多学术领域都有着极高的参考价值和学术研究价值。

(二)民间美术的社会价值

民间美术是原始艺术的延续，继承并发扬了原始艺术实用和审美共存的性质。从古代起，我们的祖先就把自己的聪明才智表现在一些日常物品上。石器、彩陶、青铜器、漆器、汉画像石(画像砖)和陶瓷等民间生活用品，无不代表了整个社会的历史进程和社会风貌。而以民间美术为特征的器物演变发展与人类的生存进程是密不可分的，它从侧面展现了不同时期的社会发展，成为佐证历史的重要依据。所以今天的很多考古工作和历史文化研究，都需要从民间艺术品中去探究、挖掘和考察。

(三)民间美术的美学价值

民间美术具有美学上的民族特色和地域特色，清新明快、活泼健康，散发着浓郁的乡土气息，体现了劳动人民特有的审美情趣和追求幸福的美好愿望。无论是瑰丽艳美的刺绣、古拙朴实的泥塑，还是那些极富装饰情趣的剪纸，或灵巧细腻、生趣盎然，或直率坦荡、粗犷豪放，都给人以质朴、稚拙、和谐的独特感受。

对形式美感的敏锐，是民间美术的一大特征，它具有重要的文化价值和特殊的审美价值。在劳动生活中去发现美、感受美、欣赏美和创造美，这是民间美术的创作原则，也是民间美术对人类艺术的最大贡献。从民间传统的木版雕刻、剪纸、雕塑、绘画、织绣、陶瓷、家具等，到民间艺术家通过造型、线条、色彩、材料等因素构成一个个美妙绝伦的现代形象，都是民间美术在不同历史时期美学价值的生动体现。民间美术的博大精深、神秘浪漫，令人叹为观止，成为获取艺术灵感、开拓创作空间取之不尽、用之不竭的源泉。

民间美术的另一个特征就是与宗教和民俗的深厚渊源，这是民间精神生活在宗教信仰、民俗活动中必然的需求。那种善良的祝愿，对幸福生活的追求，对未知世界的探求，对天界神灵的敬畏，对神秘图腾的崇拜，都构成了完整、圆满、和谐、独特的艺术形式，成为民族文化心态的基础特征。所以，传统的民间艺术构成了最原始，也是最典型的审美理想，它是整个人类美学的基础和宝贵资源。

五、对现代美术的促进作用

现代美术是一种具有装饰性和符号性特征的艺术，它以反映当下一种社会气质和情感流露为创作前提。在艺术表现手法上，往往用一些极为夸张的表现形式，来体现现代人的情绪和所处的环境，而民间美术的一些特质，恰恰与此不谋而合。

(一) 民间美术具备现代艺术的造型特质

现代艺术的最大特点就是装饰性强，艺术形式极度夸张。这种表现手法是基于现代生活的需要而出现的，也与艺术自身发展的规律有关。它必须从现代社会繁杂多样的表象中进行提炼、概括、抽象，以符合现代人的审美经验和审美心理。而民间美术的发展也是基于这个原则，虽然它的这些特质在表现形式上可能比较原始和单纯，但依然不失为其他衍生艺术启蒙和借鉴的对象。原始人类由于对地平线的经验感觉所提炼出的横线形式，给人以最直观的审美感受；高耸的悬崖给人以竖线的概念，体现挺拔、伟岸的美感；波浪形的线条来自于对江河海洋等流水的观察；三角形是对山丘、石块等形状的模仿，同时因为三角形的利器能带来猎物，所以带来相关的审美联想；鱼作为人类美食，就化为美的纹饰；瓜果、麦粒、禽蛋等既是人类生存的食物，又是繁衍的象征，由于这些果实表面光滑圆润，这又使得圆形具有了完美的品质，从而使圆成为美的形式。

随着人类意识形态的丰富发展，从自然界和实用性中提炼出来的各种形式美，逐渐成为意识美的法则和大众认可的语言符号。这种从古至今形成的一个源远流长、丰富多彩的视觉符号，是在漫长的体验过程中积淀出来的形式美规范，也是现代艺术在此审美经验基础上进行创作的依据。所以民间艺人对自然、物、人的最初模拟，就是现代艺术中所谓对称、对比、协调、均衡等形式规律造型的总结和提炼。正是有了如此造型独特、图案变化丰富的艺术宝库和丰厚的美学积累，才为现代艺术的崛起提供了深厚的历史文化资源。

(二) 民间美术具备现代艺术的精神特质

民间美术与现代艺术在精神层面是相通的，因为两者都最大限度地反映了人类的精神追求和世界的客观真实。虽然民间美术大多是以人们美好的祈愿来展现，而现代艺术则用快乐和忧虑的双重混合特征来表现，但这并不矛盾，因为艺术的发展轨迹从来都不可能由个人的主观意志所主宰，而是由当时社会的物质与精神生活的导向来决定的。任何一个民族、地区的民间艺术，它之所以能长久不衰，就在于它扎根于人的生活方式里，永无止境地追寻前方美妙的生活，对未来充满向往与想象，由此构筑起绚丽奇妙的精神大厦，这是上天赋予人的一种特殊能力，是任何生物都无法替代的。同时，人们对既有的生活环境永远不能满足，即使物质的极大丰

富，也无法替代和涵盖人们在精神领域永不知足的追求。在民间美术里，它在创作上的奇思妙想，不论其展现的是何种形式，但在内容上都反映了人类改造生活和世界的渴望。民间艺术中夸张的手法、非写实的表现形态，都是人类不满足于现实的客观存在，要用自己的主观意志，艺术化地创造出一个理想的对象，来改变其所不满的现实存在，这恰是人类精神层面的追求在艺术美学上的显现。在民间艺术作品里，常常可以见到腾云驾雾、神灵创造万物、不同季节不同时空的东西荟萃一堂等。总之，人们可以在艺术中实现一切在现实中无法实现的理想，这充分表现了人类欲主宰大自然、改造大自然的强烈愿望。这种随心所欲创造理想世界的艺术，表现出对生命的永恒探索，同现代艺术追寻的精神意向如出一辙。

正是因为现代艺术具备了与民间美术一样的精神追求，并成功地吸收借鉴了原始艺术和民间艺术的精华，才使得现代艺术具有鲜活的生命力。民间美术展现出的这种旺盛持久的生命力，正是现代艺术家不断地从原始艺术、民间艺术中寻找通向新的艺术自由之门的动力。

民间美术表现的主题，不论其内容和形式发生什么变化，但诉求的核心始终是精神的释放和追求。它的一切超自然形态、超客观逻辑的综合造型，是人类改造世界、创造幸福理想的展现。民间美术与现代艺术就其发源来说，在时间上刚好是过去和现在的两端，虽时空跨度如此之大，但是它们在创作表现手法上却有着某种共性，比如单纯、简洁、概括、抽象等形式颇为相似，情感表达真挚、直率，都具有浪漫的精神气息。它们之间在认知上沟通流畅，仿佛有着天然的亲缘性，这也为民间美术与现代艺术的融合铺平了道路。民间艺术最基本的美学理论，正是现代艺术创作生成的基石，也就是一切艺术形式存在的共有价值。

民间美术是世界文化多样化的重要资源，也是民族文化艺术的根基和源泉。

第二节　民间剪纸艺术

一、民间剪纸与民俗

剪纸又称刻纸，它是以纸为加工对象，以剪刀或刻刀为工具的创造艺术。剪纸在汉代的《史记》中就有记载，它是中国民间艺术中，群众性最广泛、地域性最鲜明、历史文化内涵最丰富和最具代表性的美术形态之一，与人们的生活最为密切，成为广大群众装饰环境、美化生活、抒发情感的重要手段。

民间剪纸与民俗有着紧密的联系，中国民俗文化里所反映出来的心理对民间美术有着直接的影响。很多关于民俗文化的内容和题材，以及劳动人民对美好生活的向往和祈求神灵帮助等愿望，都常常反映在剪纸艺术里。那种民俗理念中所表现出的对于生命和生殖的渴望，对于幸福安康的执著追求，都毫无保留地体现在创作的作品里。如陕西关中地区的大头娃娃剪纸，画面构图上是两个头顶着头的娃娃，表现了民众对坏天气的咒语，乞求日出天晴。

民间剪纸一般与民间习俗相对应，结婚嫁人会剪“凤穿牡丹”、“鱼戏莲”，生孩子时剪“葫芦生子”，春节或其他节日时会剪具有吉利与祝福的主题剪纸。这不仅表现了人们的心情和愿望，同时也体现出创作者的才能智慧和审美情趣。

二、民间剪纸的类别

民间剪纸由于其工具简单，可操作性强，成为最为普及的民间艺术。它根植于民间美术，因不同地域、民族文化的滋养，生发出风格各不相同的剪纸品种。民间剪纸按具体用途可以分为四大类：第一类是张贴用的，即直接张贴在门窗、墙壁或彩灯和彩扎上用作装饰之用，如窗花、墙花、顶棚花、灯笼花、纸扎、门笺等；第二类是摆衬用的，即用于点缀礼品、嫁妆和旧时祭品、供品等，大多作装饰物来用，如喜花；第三类是刺绣的底样，用于衣服、鞋帽、枕头等，如鞋花、枕头花、帽花、衣袖花等；第四类是印染的图案，用于衣料、被面、门帘、头巾等。

三、民间剪纸的表现方法与艺术特色

民间剪纸是在平面的基础上进行雕、刻、镂、剪、剔的艺术。它的艺术特点是各造型要素必须连接在一起才能构成画面。因此，画面上的点、线、面，在构思时就需组织有序，做到心中有数，这也是民间剪纸形成自身特点的原因。

民间剪纸的题材内容和造型表现与劳动者的日常生活息息相关，是创作者情感和愿望艺术化的集中体现。剪纸艺术简约而富有生气。在创作材料、工具和形式上，剪纸有着其他艺术种类不可替代的特点，以此构成其独具特色的艺术形式。

四、民间剪纸的现状与未来

民间剪纸是世界历史文化遗产的衍生物。在世界范围内，中国是唯一保存了群众性民间剪纸的国家。

中国的民间剪纸艺术，犹如一株常春藤，既

古老悠久，又青绿鲜活。它特有的普及性、实用性、审美性成为符合普通民众审美心理需要的艺术象征。作为传统意义上的民间剪纸艺术，在今天它存在着被现代文明冲击而消亡的危险。所以，如何保留、发展、创新，并且将这一古老的艺术形式转化为现代人所能够接受和欣赏的艺术，的确是一道难题。另外，如何创作出能体现时代意义、反映现代生活的剪纸作品，也是一个值得思考的问题。

第三节　民间刺绣艺术

一、民间刺绣与民俗

刺绣，又名针绣，俗称绣花。刺绣在中国源远流长，早在原始社会向奴隶社会的过渡期间，华夏民族的部族联盟首领在举行重大庆典和祭祀等礼仪活动时，就必须穿着绘绣有日、月、星辰等图纹的上衣和有水藻、火等图形的下裳(裙)礼服。春秋战国时期，随着农业的发展，男耕女织的生活方式日趋稳定，种植桑麻，从事纺织，成为妇女的一项普遍性家庭劳作，刺绣工艺便在这样的背景下渐趋成熟。

民间刺绣多出自妇女之手，主要用于服装、鞋帽、床帐、荷包、肚兜、香包等的装饰。从民间刺绣的表现形式看，它大多将实用性、装饰性同人们追求美好生活的愿望结合在一起。在实用性的前提下，追求形式美感，又寓意吉祥幸福，通过借物传情把人们真实的情感以朴素的形式展现出来。经过刺绣工艺美化的生活实用品，不仅美观大方，还能经磨耐用。

二、民间刺绣的种类及特点

(一)四大名绣

中国传统刺绣在明清时期进入创作发展的巅峰时期，出现了苏绣、粤绣、蜀绣和湘绣四大名绣。

1. 苏绣

苏绣因发祥于苏州而得名，自古以绣工精细、雅洁著称。苏绣具有图案秀丽、色彩典雅、针法丰富、绣工精细的特色，所绣人物、花鸟、山水形象生动，富有装饰性。

2. 粤绣

粤绣是广东地区刺绣作品的总称，刺绣作品主要有衣饰、屏风，扇套等。粤绣的风格受到当地风俗习惯的影响，富有装饰性，多以凤凰、松鹤、鹿、鹅、孔雀等动物为题材，构图繁而不乱，色彩浓艳，对比强烈，追求华美艳丽的观感。在制作材料和工艺上，绣线多样，针线长短参差，针纹重叠，颇具西方绘画的韵味。

3. 蜀绣

蜀绣也称为川绣，是以四川成都地区为中心的刺绣。蜀绣具有严谨细腻、光亮平整、色彩艳丽等特点。蜀绣多用于制作被面、枕套、衣服、鞋及画屏等日用品，取材多为花鸟虫鱼、传统纹饰等，颇具喜庆色彩。清朝中后期，蜀绣在当地传统刺绣技法的基础上吸取了顾绣和苏绣的长处，技法独特、用针工整，多以软缎、彩丝为主要原料，用线工整厚重，成为当时全国最重要的商品绣之一。

4. 湘绣

湘绣是以湖南长沙为中心的刺绣工艺品的总称，是在湖南民间刺绣工艺基础上，吸取了苏绣和粤绣的精华而发展起来，并逐渐形成了自己独特的风格。湘绣强调写实，其绣品形象生动，风格质朴而优美，其独特之处在于用丝纤细。湘绣多以中国画为题材，形态生动逼真、风格豪放，曾有“绣花花生香，绣鸟能听声，绣虎能奔跑，绣人能传神”的美誉。

(二) 少数民族刺绣

1. 苗族刺绣

贵州地区的苗族姑娘从十二岁开始就学习刺绣。刺绣的题材来自现实生活，如马、羊、牛、鸡、鸟、蝴蝶、石榴、桃花以及游鱼、水草等，这些人们所熟悉的自然景物，都栩栩如生地出现在她们的绣品上。苗绣最突出的特点是运用色彩的高反差、高纯度，以此形成强烈的对比，因此绣品色彩浓艳华丽，图案造型夸张。苗族的刺绣艺术是苗族历史文化中特有的表现形式之一，是苗族妇女勤劳智慧的结晶。

2. 维吾尔族刺绣

新疆维吾尔族的刺绣具有悠久的历史，男女老少的绣花帽以及面巾、裤子、鞋、箱套、羊皮外衣等都饰以绣纹图案。维吾尔族绣品色彩鲜艳、图案精美、式样独特、线条粗壮有力、风格朴实敦厚，反映了牧民豪迈直爽的性格特征。

维吾尔族的民间刺绣工艺发达，其中以绣花帽最具特色。花帽不仅是他们的生活必需品，而且也是一种具有强烈民族特色的工艺品。花帽图案种类繁多，形式多样。

中国幅员广阔，少数民族众多，他们创造了中华民族灿烂的刺绣艺术，如苗族、瑶族、壮族、彝族、白族、土家族、藏族、蒙古族、维吾尔族等民族，都有自己富于特色的刺绣艺术，很值得我们学习和鉴赏。

三、民间刺绣的图形与工艺

民间刺绣遍布全国各地，极富地方特色，是以广大劳动妇女的创造为主体的艺术。刺绣艺术是一种用织物、颜色和多种针法形成的有主题、有造型、有创意、给人以全新感觉的民间艺术。刺绣作为一种在织物上再创作的艺术，不仅仅是针线和颜色简单的增加，而且在视觉上形成与原物浑然一体又极具自然美感的强烈的艺术化效果。作为工艺美术的品种，刺绣艺术同样是科技与艺术结合的产物，因为优秀的设计思想、丰厚的文化内涵，必须通过材料与工艺的实施方能实现。绣品图形的实现过程，决定性的环节是针法(指绣线的各种组织形式与实施的方法，或者叫作“绣法”)。民间刺绣积千百年经验，反复实践、不断创新，逐渐形成了一整套行之有效的刺绣针法。古代民间刺绣工艺主要有绣花、挑花、贴花三种。

绣花是用彩线按设计好的图案在织物上绣出纹络，古代叫“黹”或“针黹”。绣花针法有铺针、乎针、缠针、敞针、套扣、盘金等，形式活泼，注重变化。

挑花又称十字绣。挑花图案以十字形直角构成，有独特的几何形装饰风格，而且在刺绣时不伤布丝，能够加固织物的耐磨损性，所以受到人们的喜爱。挑花装饰题材以花卉、动物和楼阁为主，一般在布面中心挑绣大图案，四角边沿挑绣小型的角花、边花，讲究匀称的构图方式。

贴花是一种用彩色小布块拼成各种图案，作为用品装饰的刺绣方法，又称“补花”。贴花常用来装饰服装、帐帘、枕头等，多与绣花结合运用，通过花卉、动物图案形成凸凹的、浮雕般的效果。“百家衣”就是贴花的代表性作品。所谓百家衣，原始含义就是把向邻里收集来的各种颜色的小布块，拼制成为童衣，以取百家保护，福佑平安之意。

民间刺绣的运用十分广泛，工艺精巧，品类繁多，涉及生活的方方面面。人们的衣饰、烟袋、荷包、香包、枕套、铺布、靠垫、鞋帽、屏风、壁挂等生活用品，还有寺庙佛堂的神佛绣像、菩萨龙帐、宝盖光幡以及戏装等，都是刺绣的对象。

第四节　民间木版年画的题材和内容

一、民间木版年画的种类

民间木版年画最初是以驱凶避邪、祈福纳祥为目的，在发展过程中逐渐世俗化，出现了戏曲传说、传统风俗、喜庆装饰等表现内容，呈现出百花争艳的面貌。根据图形内容的不同，其题材可以分为以下几种。

(一)神像

民间木版年画中神的形象起源于神话传说，因此，神仙题材一直是民间木版年画的主要表现题材。神仙年画的初始功能带有一种宗教信仰、驱邪避凶、迎祥纳福的寓意，而现代社会中民间对神仙年画有大量需求，主要表现人们对理想的追求和对美好生活的企盼，如天官赐福、八仙过海等多采用拟人化手法，并赋予内容深刻的社会含义。神像年画以室内贴挂居多，并有固定的龛位和相应的位置。如中国北方民间民俗中，在炕边灶台供奉灶王爷之神龛；东南亚一些国家的华人、中国香港和澳门等地的人们在殿堂供奉财神、福星、关公等。

（二）民间寓言传说

民间寓言传说是木版年画创作内容和选题的一个重要来源，多采用拟人化手法，追求一种趣味性。

（三）戏文故事

民间戏曲这类作品多是群众喜闻乐见的题材，人们在欣赏时既增长了知识，接受了传统道德的教育，又得到了娱乐。在物质生活和精神生活都极度贫乏的条件下，这类作品在用以装饰、美化环境的同时，满足了人们的精神需求，具有教化功能，如《三国演义》、《西游记》、《西厢记》中的故事等。

（四）吉祥图符

吉祥图符是指采用具有喜庆意义的动植物或文字图形，通过一定的组合来构成画面，用谐音、隐喻、象征等手法来表现祥瑞吉庆的内容。代表吉祥的图形很多，有龙、凤、麒麟等瑞兽祥鸟，也有牡丹、菊花、梅花等花卉，代表作品有《三羊开泰》、《松鹤延年》等。

（五）娃娃和美人

娃娃和美人题材是最常见的传统年画，虽是人物画，但都反映了人们渴望家庭美满、后代健康、生活幸福的憧憬，因此一直深受民众喜爱。其造型和色彩十分讲究，内容和意义完全是为表达迎祥纳福的观念。比较经典的有人物众多的《百子图》和表现历史传说中的女英雄《花木兰》等，都是人民群众所喜爱的。

（六）风俗与传统

风俗与传统类题材年画主要关注现实生活，以表现社会风俗和家庭生活场景为主。这种节令画多表现新年、元宵节、端午节、中秋节等传统节日的欢乐场面，营造一种佳节喜庆气氛，表达人们喜庆、愉悦的心情。除了节令画，还有大量表现社会风俗场景和生活场景的年画，如灯会、庙会、花会等题材的年画等。

二、民间木版年画的表现形式与审美

民间木版年画的题材丰富，形式多样。根据不同的题材需要，采用不同的表现形式，以适合不同的装饰要求。如门笺、喜画、纸马、门神等多种不同题材的表现形式，可用在不同场合、不同时节。

在中国传统文化和民风民俗的影响下，民间木版年画形成了自己独特的艺术特征。它是一种雅俗共赏的艺术形式，深深根植于民间土壤，贴近劳动人民的审美要求并适应民风民俗。由于其创作的内容和形式表现出鲜明的主观倾向，它对中国传统道德观念也有一定的影响和传承。民间木版年画是劳动人民世世代代智慧与艺术的结晶，具有较高的审美价值，并在不同的地域和人文环境的影响下，形成了不同的艺术特征。北方地区的民间木版年画一般风格粗犷、造型夸张，注重色彩艳丽；而南方地区则风格细腻、讲究造型的准确。不论是哪种风格或流派，都是以线造型，用不同的线条和颜色表现不同的对象。

三、民间木版年画的衰落和拯救

在中国较有影响的民间木版年画雕版印刷作坊中，天津杨柳青、苏州桃花坞、山东杨家埠、陕西凤翔、四川绵竹和河南朱仙镇是我国民间木版年画的经典代表。20世纪80年代以来，现代印刷技术的突飞猛进，使批量生产的工业年画迅速占领市场，纯手工的民间木版年画由于成本太高，逐渐淡出历史舞台。这种冲击加快了民间木版年画的衰败，散落在民间的画版基本上被破坏殆尽，真正的民间木版年画传人也所剩无几，虽然一些地方还在坚持生产，但大多是旧版新印，年画已经失去了发展的动力。随着当下传统回归意识的觉醒和增强，人们开始懂得了传统的意义和价值，自觉、清醒、全面地发掘和挽救民族文化遗产正在成为潮流。

第五节　中国民间泥塑艺术

民间泥塑以泥土为原料，手工捏制成形。泥塑俗称“彩塑”，为中国民间传统的一种雕塑艺术品。经过数千年的文化传承，泥塑已经演变为与生活息息相关的艺术形式，具有浓郁的地方特色。

一、中国民间泥塑的发展

从考古资料看，中国泥塑的历史由来已久。泥塑起源于中国古代图腾崇拜、生殖崇拜、神灵崇拜。女娲抟土造人是中国神话传说中最有影响的泥塑创造活动。

两汉墓葬中发掘了为数众多的陶俑、陶兽、陶马车，陶船等。至唐宋时代，泥塑艺术发展到鼎盛期，著名泥塑有甘肃敦煌莫高窟的菩萨，山西太原晋祠的宫女等。泥塑艺术发展到宋代，不但宗教题材的大型佛像继续繁荣，小型泥塑玩具也发展起来。元代之后，历经明、清、民国，尤其以小型泥塑为盛，既可观赏陈设，又可让儿童玩耍。至清代，泥塑形成南北两个著名流派：北方有天津“泥人张”，南方有无锡惠山泥人。

二、中国民间泥塑的地域特色

1. 陕西凤翔泥塑

凤翔泥塑取材立意极为广泛，戏剧脸谱、吉祥图案、民间传说、历史故事、乡俗生活等无所不有。凤翔泥塑造型夸张，神情生动，别具一格。凤翔泥塑共有170多个花色品种，制作中使用黑黏土、大白粉、皮胶等，有模具定型，造型简洁、夸张、装饰华美，色彩艳丽喜庆，形态生动可爱。

2. 江苏无锡惠山泥人

惠山泥人始于南北朝时期，距今已有1000余年的历史，明末清初开始出现了专业的泥人作坊，加之当时昆曲流行，以戏曲人物为题材的手捏戏文人物也应运而生。20世纪30年代，惠山泥人工艺中融入石膏制作的技法，自此产生了石膏工艺泥人的新品种，惠山泥人艺术家也逐渐发展成为富有江南地方特色的“惠山型”风格。

在惠山泥人中，人们最熟悉，也最受老百姓喜爱的就是惠山大阿福，在惠山还流传着这样的民间传说。在很早以前，惠山一带野兽横行，危害儿童。有个叫“沙孩儿”的小孩，勇斗猛兽，为民除害。为了纪念“沙孩儿”，人们用惠山的黏土塑造了勇敢的“沙孩儿”形象。后来，经过历代艺人不断的加工创造，这个寄托着人们对美好生活向往的艺术形象，便在人们心中活了下来。

3. 山东高密泥塑

山东高密泥塑已有400多年的历史，泥塑造型憨厚朴实，上色浓郁艳丽，在中国泥塑中别具一格。塑造的事物中，有静有动，栩栩如生，甚至能发声，其中的“叫虎”，横眉瞪眼，胸挂桃红大花，既威风凛凛，又憨态可掬。高密泥塑无论是创作题材的选择，还是泥塑的造型、色彩的运用，都受到高密扑灰年画和剪纸艺术的深刻影响。在艺术造型上，高密泥塑向剪纸靠拢，大胆夸张，注重神似，力求简洁，与天津“泥人张”注重写真的艺术手法有所不同。在色彩运用上，高密泥塑追求鲜明醒目而又柔和动人，用色少但精细，以桃红和大绿两种颜色为主，却能把动物和人的神情衬托得恰到好处，又不失民间情调。

4. 天津泥人张

天津“泥人张”彩塑是清道光年间发展起来的，自张明山先生首创，流传至今已有180多年历史。泥人张彩塑具有鲜明的艺术特色，能真实地刻画出人物性格、体态；追求解剖结构，夸张合理，取舍得当；用色敷彩，典雅秀丽。泥人张彩塑适于室内陈设，一般尺寸不大，约40厘米，可放在案头或架上。它所用的材料是含沙量低、无杂质的纯净胶泥，经风化、打浆、过滤、脱水，加以棉絮反复砸揉而成的“熟泥”。经艺术家手工捏制成型，自然风干，再施以彩绘。

三、中国泥塑的传承与保护

近几年，国家对“非遗”的保护力度加大，重要泥塑产地进入国家级“非遗”名录，而且有了国家级传承人。但是，不可忽视的是，随着泥塑的制作群体趋于老龄化，其产地也出现濒危现象，个别已成为历史，对民间彩塑的抢救与保护迫在眉睫。

面临失传的危机，泥塑传承人们早已抛开了传统的传承观念，广收弟子。宁夏杨氏泥塑的传承人杨佳年给招收的学徒发工资，让他们学习杨氏泥塑。其实，大多数泥塑传承已不是传承人太多的问题，而是后继无人的问题。

第六节　中国民间书法艺术

一、中国民间书法的发展史及书法大家

(一) 甲骨文——奠定中国书法的基础

甲骨文发现于1899年，是殷商时期刻写在龟骨、兽骨、人骨上记载占卜、祭祀等活动的文字。甲骨文已具备了中国书法的三个基本要素：用笔、结字、章法。

(二) 小篆——开创秦代书法的先河

秦始皇兼并天下，并统一文字，这在中国文化史上是一个伟大功绩。秦统一后的文字称为秦篆，又叫小篆。

秦代书法与雄伟的万里长城和壮观的兵马俑一样，气魄宏大，堪称开创先河，是中华民族无穷智慧的结晶。

(三) 隶书大盛的汉代书法

汉代是汉字书法发展史上关键性的一代。在隶书成熟的同时，出现了隶书的变体，后发展成为行书。这一时期主要代表作品有《马王堆帛书》，它的章法也独具特色，总体反映了由篆至隶的隶变阶段的文字特征。

(四) 完成书体演变的魏晋书法

魏晋是书体演变承上启下的重要历史阶段。汉隶定型方块汉字的基本形态。隶书产生、发展、成熟的过程就孕育着楷书，行草书在隶书产生的同时就已经萌芽了。行书、草书的定型是在魏晋二百年间，这是书法史上了不起的时代，造就了两个承前启后，这个时期的代表书法家主要有钟繇。

(五)书学鼎盛的唐代书法

唐代文化博大精深，达到了中国封建文化的最高峰，书法对前代既有继承又有创新。唐代初期的书法家有欧阳询、褚遂良、颜真卿、柳公权。唐太宗李世民和诗人李白也是值得一提的大书法家。楷书、行书、草书发展到唐代都跨入了一个新的境地，时代特点十分突出，对后代的影响远远超过了以前任何一个时代。

(六)帖学大行的宋代书法

宋代书法发展比较缓慢，书法在很大程度上取决于帝王的好恶和大臣的书法字体。宋代有苏轼、黄庭坚、米芾和蔡襄四个代表性的书法家。

(七)由宋元上追晋唐的明代书法

明代近三个世纪中，历代皇帝都很喜欢书法。明成祖把北京作为首都以后，文学书法备受推崇。明代士大夫重视书法字帖，喜欢姿态雅丽的楷书、行书，整个明代书法字体以行楷居多。明代代表书法家有文征明、唐伯虎等。

(八)书法中兴的清代书法

中国清代书法在近300年的发展历史上，经历了一场艰难的蜕变，它突破了宋、元、明以来帖学的樊笼，开创了碑学，特别是在篆书、隶书和北魏碑体书法方面的成就，可以与唐代楷书、宋代行书、明代草书相媲美，形成了雄浑渊懿的书风。尤其是碑学书法家借古开今的精神和表现个性的书法创作，使得书坛显得十分活跃，流派纷呈，一派兴盛局面。清代代表书法家有王铎、傅山、刘墉、林则徐等。

二、中国民间书法类别

书法在久远的历史发展过程中，形成了独树一帜的民族艺术，具有鲜明的特色和深厚的传统。一般来说书法分为篆隶楷行草五种书体，如表7-1所示。

(一)篆书

篆书是大篆、小篆的统称。大篆指甲骨文、金文等，它们保存着古代象形文字的明显特点。小篆是秦朝的通用文字，大篆的简化字体，其特点是形体均匀齐整，字体比较容易书写。在汉文字发展史上，它是大篆与隶、楷之间的过渡。

(二)隶书

隶书，是汉字中常见的一种庄重的字体，书写效果略微宽扁，呈长方形状。隶书起源于秦朝，在东汉时期达到顶峰。

（三）草书

草书是汉字的一种书体，特点是结构简省、笔画连绵。它形成于汉代，是为了书写简便，在隶书基础上演变出来的。草书笔画省略，便于快捷书写，以符号代替偏旁部首，既具有法度的规范性，又具有极大的灵活性，是最善表达书者情感的书体。

（四）行书

行书是介于楷书和草书之间最适用的一种书体，接近于楷书的称为行楷，接近于草书的称为行草。行书中最著名的是王羲之及其《兰亭序》，被誉为“天下第一行书”。

（五）楷书

楷书，又称正楷，是汉字书法中常见的一种手写字体风格。其字形较为正方，不像隶书写成扁形。楷书是最晚形成的字体，始于汉代。在现代，楷书仍是汉字手写体的参考标准。

表 7-1　**书法字体概览**

书法字体分类	书法字体代表作	书法家	参考年代
篆书	泰山刻石	李斯	秦，公元前 219 年
隶书	褒斜道刻石	佚名	汉，公元 63 年
草书	草书状	索靖	晋，公元 239—303 年
楷书	宣示表	钟繇	三国，公元 151—230 年
行书	兰亭序	王羲之	东晋，公元 303—361 年

三、中国民间书法艺术的传承与保护

经过多年努力，中国书法终于被联合国教科文组织列入《人类非物质文化遗产代表作名录》。这表明，中国书法这一传统文化的典型代表，不仅属于中国，也属于全人类。历经 3000 多年的发展历程，中国书法创造了辉煌的历史，直到今天依然拥有广泛的群众基础和庞大的参与者及受众，在中国人的文化生活中占据重要地位。但是我们也清楚地看到，当代书法艺术赖以生存和发展的传统文化土壤正在弱化、变异，书法创作外在形式的张扬与内在文化的萎缩是不争的事实。对此，我们应怀有一种忧患意识，保持传统，坚守文化，使古老的书法艺术在新的时代得以传承与发展。

第七节　民间皮影艺术

一、民间皮影的造型特点

皮影是广泛流传于中国民间的一种戏曲艺术。它是根据剧情需要，将事前制作好的皮制偶具，通过布制银幕背后的灯光反射，形成剪影效果来进行演出的艺术。皮影在制作上，具有自己的特色工艺和色彩绚丽的形象，还具有个性化的造型特征和浓郁的地域性特点。皮影起源于汉代，到宋代已发展得非常繁盛和普及。元明以后，影戏盛行不衰，清代影戏则达到鼎盛时期。随着社会的进步，当代的皮影戏已经成为独特的地方戏曲艺术。

皮影在表现形式上受剪纸的影响颇多，影戏本身就是活动的剪纸。皮影的造型特点主要是影像造型。对于人物的造型，皮影有平面化、艺术化和戏曲化三个特征。平面化表现的是皮影二维空间的造型方式，影像的轮廓造型极度夸张，面部是刻画的重点。皮影的艺术化在造型上除了受剪纸的影响外，还受汉画像石、砖的影响，并从壁画、雕塑中吸取长处，采取抽象与写实相结合的艺术手法，注重描绘人物的性格特征。镂空的雕刻借鉴了剪纸的手法，使皮影在光线照射下，视觉效果剔透而完整。皮影的人物造型是按戏曲剧情设计的，所以皮影表现出的人与物造型，具有典型的戏曲化性格特征，或秀美俏丽，或奸猾险恶，丰富且精彩。

二、民间皮影的工艺制作

1. 原料加工

皮影的原料是驴皮或牛皮。制作时先刮去皮毛和脂肪，再打磨使其平整、光滑，达到玻璃般的透明效果。

2. 落样方式

落样是为雕刻提供依据。先把准备雕刻的图谱纹样、脸谱、服饰放在透明的皮革下，然后用钢针刺图进行纹样描绘，为下一步的雕刻提供依据。

3. 雕刻工艺

皮影采用平面装饰的表现方法，雕刻主要采用线条处理，实线表现形体轮廓，虚实线表现对象的结构、层次和块面的装饰。

4. 敷彩上色

雕刻好的皮影经过平整处理后就可以上色了，所上颜色最好为透明色，这样不影响透光性。着色主要采用平涂、勾线和晕染，彼此结合，可增加立体感。

5. 出水定型

这一步一般采用特制的土坯加热后熨烙皮影，具体做法是将皮影夹在两块热土坯之间，待冷却后取出。

6. 装订方法

装订是皮影制作的最后一道工序，主要是将各个部件连接组装在一起并固定。

三、民间皮影的地域特点

皮影戏在我国流传地域广阔，随着历史的沿革和地域文化的影响，形成了不同的风格流派。不同地区的皮影，在戏曲唱腔、制作材料、雕镂技巧、影偶形象的造型、花纹的繁简、线条的运用和色彩的明暗等方面，都有较大的差异。皮影的地域性则是由当地民众不同的审美观念和欣赏趣味所决定的。

陕西皮影制作精良，人物形象妩媚，轮廓简洁，图案花纹粗犷、大方，人物形象前额夸张，衣物多以雪花纹为代表；唐山皮影人物大多面部为通天鼻，镂空脸部，服装配有大块纹饰，具有强烈的装饰风格；北京皮影则造型精致，吸取了刺绣、蓝印花布的纹样特点；四川皮影造型夸张、滑稽，脸谱服饰仿自川剧，具有蜀地文化特色。

除了以上几个著名的皮影之乡外，还有河南皮影、湖北皮影、湖南皮影、甘肃皮影、山西皮影、东北皮影、广东皮影等，它们都各具特色，共同谱写了中国皮影蔚为壮观的艺术画卷。

第八节　民间印染艺术

一、民间印染艺术的用途和形态

染织是世界上最古老的集实用和装饰于一体的传统技术，中国的染织工艺早在西周时期(公元前11世纪—公元前771年)就已得到较大的发展。染织从其形态可由织、印、染、绣几部分组成。现实生活中使用的各种不同质地、花色的布料，都是通过染织工艺的加工过程制造出来的。印染艺术与民间风俗紧密相连，几乎在人们的日常生活中无处不在。

印染，是指在织物上印花，即把纺后的纱线或织出的布料上色染彩。最早用天然染色材料在布料上绘制图案的方法称作“画缋”，这种方法直到今天仍然很流行。

印染工艺在广大的农村地区被普遍应用，人们爱用蜡染和扎染等不同工艺形式，将花布做成被面、床单、门帘、桌布、包袱、围裙、兜肚、枕头盖等日常生活用品。

二、民间印染的制作工艺与特点

印染工艺在唐代就已经十分发达，其中，比较突出的有蜡缬、绞缬和夹缬，形成了中国古代三大印花技艺。

1. 蜡染

蜡染，用加热熔化的白蜡或黄蜡在布、帛上画出图案，蜡干后形成的各种蜡裂纹(大理石纹、碎石纹、网状纹、模型纹)可增加图案肌理韵味和装饰感。通过染煮上色，由于涂蜡部位有排染作用，高温染煮后被蜡涂抹过的花纹便会显现出来。蜡染作为中国古老的纺染工艺，历史悠久，早在秦汉时代，西南地区的苗族、瑶族、布依族等少数民族就已经掌握了这项技术，且风格多样。

2. 扎染

扎染，是我国特有的一种古老的采用扎结染色的民间印染工艺。秦汉时期已经流行。扎染是将织物依据一定的花纹图案，用针和线将织物缝成一定形状，或直接用线捆扎，然后抽紧扎牢，使织物皱拢重叠，这样在染色时折叠处不易上染，而未扎结处则容易着色，从而形成别有风味的晕染效果。东晋时，扎染工艺已在民间流传。现在我们能见到的古代最早的扎染实物是新疆阿斯塔那墓出土的晋代扎染绢，上面的针眼和褶皱仍依稀可见。

3. 夹染

夹染，是我国传统的纺染印花技术，其制作工艺是用两块镂刻有相同空心花纹的薄木板，将所染布、帛对折后夹住并加以紧固，以使织物固定，用绳捆好后进行染煮。由于染料只能注入板中的空心花纹，而由花板凸起部分紧夹着的布，则因燃料不能进去而形成花纹，待干后去掉夹板，布、帛就显出左右对称的花纹。夹染在秦汉时已有了应用，但到隋唐以后才盛行，唐以前夹染主要用于丝绸印花，宋以后随着棉织品的发展，民间夹染主要用于制作蓝印花布，蓝印花布用于衣服、床帐、被面、包袱、头巾等。

三、民间印染艺术纹样的内涵和审美

民间印染花布的图案一般多取材于百姓喜闻乐见的民间故事和戏剧人物，或采用动植物和花鸟组合成吉祥纹样，来进行暗喻、谐音和类比，以表达百姓对未来理想、信念的憧憬和追求。这也在一定程度上反映了民间传统习俗所赋予印染花布的特殊内涵。

民间印染花布纹样图案是展现在人们面前的一幅民俗风情长卷，它结合了各族人民的节令习俗、人生礼仪和游艺活动等，在民间的文化生活中发挥着巨大的作用。民间印染花布纹样的产生，不是简单纯粹的艺术抽象，它源自生活。因为人们的审美与现实的价值观是一致的，所以，所选用的纹样素材往往都直接或间接地反映了民族共同的心理状态，体现了传统的民间风俗和人民的审美情趣等。如传说中龙能降雨祈丰收，又象征皇权，“龙凤”、“比翼鸟”、“并蒂莲”等是美满幸福的象征。

本章小结

“艺术源于生活又高于生活”，而民间美术却深深烙印在每一位中国人的心底，衣食住行中时时能够瞥见民间美术清新淡雅的倩影。民间艺术是希望的艺术，是吉祥的艺术，是充满生命力的艺术。

课后习题

一、简答题

1. 通过本节的学习，请你谈谈民间剪纸艺术的类别和特点。

2. 简述中国四大名绣。

3. 简述中国民间泥塑的发展及其地域特征。

4. 根据工艺的不同，民间印染艺术可以分为哪几类？

二、实训题

1. 民间刺绣主要有哪些种类？选取其中你最喜欢的一种，谈谈它的特点。

2. 经过本章的学习，你觉得对于民间美术的传承与保护，我们可以采取哪些有效的措施？

3. 选择自己家乡所在地的一种民间美术作品，分析这一民间美术形式的艺术特点，并和同学们交流、分享。

第八章 中国传统戏剧与曲艺文化

中国传统戏剧，主要体现为一种表演形态的艺术样式，但它同时也是具有口传心授特色的口头文化，并且往往与传统的民俗礼仪、节庆紧密结合，呈现在一定的文化空间中。

第一节 中国传统戏剧的起源与发展

一、中国传统戏剧的起源

生活永远大于想象。对于中国传统戏剧的回溯，有时不妨借助于当下，在那些还保留着传统的社会和文化形态的乡村日常生活中，偶尔会闪现传统宗教仪式性的戏剧活动，而这些戏剧活动与远古时代的宗教戏剧有一种神秘的联系。

在戏剧的起源阶段，宗教与戏剧密不可分是中外戏剧史上的共通现象，但与古希腊戏剧直接起源于宗教祭祀活动不同，中国传统戏剧从原始宗教戏剧发展到公元12世纪的成熟戏剧经历了漫长的过程，即所谓中国戏剧的“晚出”。中国传统戏剧从起源到形成乃至成熟的过程，也是娱神向娱人转变的过程。

随着夏商周三代礼乐制度的崩坏，与雅乐相对的俗乐乘势兴起，先秦时代的王公贵族开始在宫廷集宴上享受娱人的娱乐，娱乐中出现了优这一较早的戏剧表演者和优戏这一偏重滑稽调笑的初级戏剧形式。

二、中国传统戏剧的发展历程

(一)元代戏剧(杂剧)的起源

宋金是戏曲的发展期。宋代的“杂剧”，金代的“院本”和讲唱形式的“诸宫调”，从乐曲、结构到内容，都为元代杂剧打下了基础。

到了元代，就是戏曲的成熟期。戏剧开始广泛采用“杂剧”这个名称，包括化妆人物以演述故事之类的各种戏剧性表演。“杂剧”就在原有基础上大大发展，并且由宫廷开始民间化，成为一种新型的戏剧。元杂剧的演出特点有：商业化，娱乐化。它具备了戏剧的基本特点，标志着我国戏剧进入成熟的阶段。

(二)明代戏剧质变

戏曲到了明代，传奇发展起来了。明代传奇的前身是宋元时代的南戏，南戏是南曲戏文的简称，它是在宋代杂剧的基础上，与南方地区曲调结合而发展起来的一种新兴的戏剧形式。

明代中叶，传奇作家和剧本大量涌现，其中成就最大的是汤显祖。他一生写了许多传奇剧本，《牡丹亭》是他的代表作。作品通过杜丽娘和柳梦梅死生离合的故事，歌颂了反对封建礼教，追求幸福爱情，要求个性解放的反抗精神。作者给爱情以起死回生的力量，它战胜了封建礼教的束缚，取得了最后胜利。这一点，在当时封建礼教牢固统治的社会里，是有深远的社会意义的。

(三)清代戏剧的展开

清代的戏剧，成就最高的在初清，著名的剧作家和作品都集中在这一时期问世，民间小戏普遍兴起，传统戏剧因此迎来了充满活力的地方戏时代。清中叶，传奇和杂剧渐趋衰落，地方剧开始盛行，最终引起了昆曲与其他地方戏的花雅之争(戏曲花部和雅部之间的竞争)，带来了四大徽班进京和京剧形成的新格局。到鸦片战争前夕，地方剧已得到很大的发展。代表作有洪升的《长生殿》和孔尚任的《桃花扇》。

(四)近代商业戏剧的形成

清代中期以后，都市市民观众层的一部分成熟起来，以此为背景，在一些大城市里出现了完全摆脱祭祀性、以营利为目的的定期表演的职业戏剧萌芽的倾向。由此，“戏园”、“戏庄”、“茶馆”等商业戏剧表演的场所逐渐兴起，戏剧演出逐渐成为稳定的商业活动。

第二节　中国京剧文化

希腊悲喜剧、印度的梵剧和中国的戏曲并称为“世界三大古老戏剧文化”。京剧，又叫做京戏、国剧，是中国传统名剧，已有200年左右的历史。在我国的传统戏剧中，京剧是具有全国性、典型性的剧种之一。其剧目之丰富、表演艺术家之多、观众之多、影响之深均为各剧种之冠。2010年，京剧被联合国教科文组织列入人类非物质文化遗产代表作名录。

一、中国京剧的起源和形成

虽然京剧形成于北京，但它并不是北京土生土长的戏曲，它是在进入北京的徽剧、汉剧的基础上，吸收昆曲、弋腔、秦腔和一些地方小调的精华，又结合北京的语言特点，逐渐融合、演变而形成的剧种，迄今已有200年左右的历史。

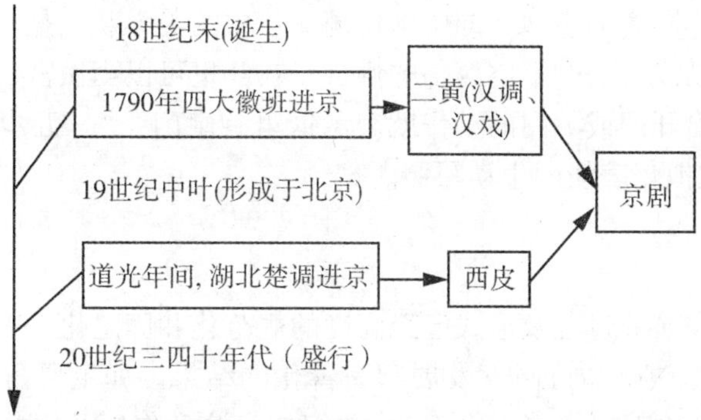

京剧前身是清初流行于江南地区的徽班。清代乾隆五十五年(1790年)，乾隆皇帝八旬大寿，全国各省有名的戏班都被召进北京演戏庆寿。三庆、四喜、春台、和春等戏班接踵而至，被统称为“四大徽班”。

徽班到京，发扬了其博采众长的传统，广泛吸收各种剧目及其舞台艺术体制，向我们今天所说的“京剧”演变。这一演变完成的重要标志是徽汉合流，形成了以西皮、二黄两种腔调为主的唱腔音乐体系，使唱念打做表演体系逐步完善。

汉剧又名楚调，是流行于湖北的地方戏。徽汉两调经过近20年的互相吸收、融合，又从昆曲、弋腔、秦腔不断汲取营养，最终形成了京剧。

在清朝的光绪和同治年间，有十三位演员最为有名，在京剧的形成上起了很大的作用，被称为“同光十三绝”。

京师里形成的皮黄戏，受到北京语音和腔调的影响，有了“京音”的特色。由于他们经常到上海演出，上海人就把这种带有北京特点的皮黄戏，叫做“京戏”，戏也是剧，因此京戏也叫“京剧”。又由于京剧的艺术水平在中国戏曲中名列前茅，后来在全中国流行，所以也被称为“国剧”。

二、中国京剧的基本特征

(一)综合性

综合性主要指多种表演形式在戏里综合成为一个有机的整体。

京剧中包含着丰富多样的艺术形式与内容——文学、音乐、舞蹈、美术、武术、杂技等。

京剧剧目的内容十分丰富，古今中外许多历史的与现代的、伦理的与爱情的、现实的与神话的都有。

(二)虚拟性

高度虚拟化表演可以引发观众的各种想象和意境，反映出京剧艺术在处理空间与时间问题上的智慧及灵活性。

这种虚拟的、写意的表演，同中国传统文化中的美学观点是一致的。如一根鞭子可以代表一匹马或一头驴；空荡荡的舞台，在戏里可以当做宫廷、王府或野外荒郊；演员用手做出开门或关门的动作就表示这里有扇门；“三五步走遍天下，六七人百万雄兵”是虚拟化表演的生动写照。

(三)程序性

程序性是指表演的过程及形式已经高度的规范化和固定化。表演上的程式化是戏曲(当然也包括京剧在内)高度发展和完善化的结果。如主要角色第一次出场时要念“引子”、“定场诗”和“自报家门”。他们的表演动作以及服装、脸谱、道具等都有相当严格明确的规定。

(四)娱乐性

戏曲的审美观与娱乐性要一致，一切表演都要追求好看与好听。京剧的程序性与虚拟性表演，使观众与欣赏对象保持一定的心理距离，这就保证了观众在看戏时容易达到产生美感和娱乐的目的。

(五)教育性

寓教于乐，使观众在娱乐的同时提升心理境界。京剧的故事情节大多包含着伦理道德观念，忠奸善恶，爱憎分明。

(六)历史性

京剧剧目中有大量的历史故事，可以使观众通过看戏了解历史。中国的传统文化中有很强的历史观念，而平民百姓正是通过看戏和听书得到了这种历史观念的熏陶。

(七)群众性

一方面是指京剧产生并植根于广大群众之中，拥有众多的爱好者；另一方面是京剧的观众习惯于在戏院里对表演立即表态，叫好或喝倒彩，这极大地影响着演员的表演。

三、四大行当

(一)生行

生行是扮演男性角色的一种行当，根据角色的年龄和社会地位分为老生、小生、武生三个门类。

1. 老生

老生是指中老年男子角色，在剧中多扮演正直刚毅的人物形象。因为演员演出时要带“髯口”(即假胡子)，又称“须生”。

2. 小生

小生是指京剧中扮演青少年男子的角色，表演时不戴“髯口”，演唱时采用真假声结合唱法。

3. 武生

武生是指京剧中扮演年轻男性武将的角色，他们经过打斗表演训练，演唱采用真假声结合的唱法。

(二)旦行

旦行是京剧中扮演女性的角色，也称旦角。“旦行”可细分为正旦、花旦、武旦和刀马旦、老旦、彩旦等。

1. 正旦

正旦又称青衣，是指京剧中大家闺秀和有身份的中青年女子。

2. 花旦

花旦是指京剧中天真活泼的少女或性格泼辣的少妇。

3. 武旦和刀马旦

武旦和刀马旦是指京剧中擅长武艺的女子。刀马旦擅长长枪、骑马等，武旦则常以短打扮示人，表演注重武技，常扮演神话中的灵仙妖怪。

4. 老旦

老旦是指京剧中老年妇女的角色行当。

5. 彩旦

彩旦也叫丑旦，是指京剧中滑稽、可笑的女性角色。

(三)净行

净行俗称花脸，大多是扮演性格、品质或相貌上有特异之处的男性人物，不同性格的人物所用的脸谱色彩和造型也不同。净行又分为正净、副净。

1. 正净

正净是指京剧中社会地位高，有着良好修养的人，常为朝廷大员等。

2. 副净

副净常画白脸，多指朝廷中的奸臣贼子。

(四) 丑行

丑行是指戏剧中的喜剧角色，因在鼻梁上抹一小块白粉，俗称小花脸。

丑行通常刻画不同的人物性格和人物形象，有的热心、淳朴，有的阴险、吝啬。丑行的表演重念白。

1. 文丑

文丑通常扮演剧中伶俐风趣或阴险狡黠的人物。

2. 武丑

武丑要求武艺高强，念白清晰、流畅，动作轻盈有力。

四、中国京剧的舞台造型

(一) 服装(行头)

京剧的服装又称行头，俗称戏服。京剧的服装以古代日常生活的服装为基础，经过艺术家们的美化和装饰，形成了一整套程式化的专用服装。

1. 京剧服装穿戴规则

戏装主要随角色的身份、职业与性别而定，如：

帝王将相等贵族穿"蟒"。男蟒是长到脚面的袍子上面绣龙的图形；女蟒较短，袍长不过膝盖，上面绣龙或凤。

"官衣"为一般文官服装，前胸和后背各绣有一动物形状的方块图案。

"靠"又叫"甲"，是武将的戎装，背颈部插有四面三角形的小旗叫"靠旗"。

非正统的武将头冠上常插两根"雉尾"。

"褶子"为戏中一般平民所穿的便服。

"富贵衣"为黑色褶子上缀有很多杂色的补丁，为目前穷困，但以后富贵的角色所穿。

2. 服装分类

(1) 长袍类，也可叫袍服类，包括蟒、帔、褶子、开氅箭衣、斗篷、长背心、旗袍等。

(2) 短衣类，包括短衣裳、短褂子、裤子、裙子等。

(3) 铠甲类，古代作战时，战士穿的铠甲，在京剧舞台上叫做靠，可分为硬靠、软靠和改良靠。

(4) 靴鞋类，戏装中的鞋，男性角色穿"靴子"，鞋底很厚，女性穿"彩鞋"，鞋面绣花，平底。

传统京剧中不管是哪个朝代的人物，基本上都是明朝的装扮，并且不受剧情中季节、地区的限制。

(二)脸谱

脸谱是中国传统戏曲演员脸上的绘画，用于舞台演出时的化妆造型艺术。有歌曲脸谱和电视剧脸谱。

脸谱对于不同的行当，情况很不一样："生行"和"旦行"的面部化妆比较简单，都是略施粉黛，而"净行"和"丑行"的面部绘画比较复杂，特别是"净"，都是重施油彩，图案复杂，故而也被称为"花脸"。戏曲中的脸谱，主要是指"净"的面部绘画。

初看净的脸谱，会产生一种狰狞、恐怖和丑陋之感，孩子看了可能会吓一跳。如果看多了，习惯了之后，会发现脸谱不仅色彩鲜艳，图形对称，线条流畅，而且造型生动、内容奇特，具有强烈的美感效应。所以说脸谱具有美与丑的统一效果和性质。

脸谱的基调色常用来表示角色的性格。

脸谱的谱色一般是：红脸多喻赤胆忠心，如关羽；粉红脸表示年老气衰者，如袁绍；紫脸体现刚毅果断，如廉颇；黑脸象征铁面无私或粗鲁刚猛，如包拯、张飞；蓝脸和绿脸代表骁猛强悍和暴躁蛮横。前者如单雄信，后者如程咬金；而白脸分为水白脸和油白脸，前者如阴险奸诈，善于心计的曹操，后者如刚愎自用的马谡；黄脸多是剽悍阴鸷的人物，如宇文成都；金银色脸多用于神怪和番邦将帅，如二郎神、金钱豹。

脸谱的图案有相当严格的规定。什么角色画什么样的图案已经规范化。例如楚霸王项羽的脸谱就相当固定，并为其专用，叫做"无双脸"。戏曲的脸谱还有夸大、浪漫和荒诞的特点。

脸谱的作用是多种多样的，除了表示人物的性格之外，还可以暗示角色的各种情况。例如：项羽的双眼画成"哭相"，暗示他的悲剧性结局。

脸谱的另一个重要作用是"间离化"，即拉开观众与戏的心理距离。因为脸上的图画使得观众辨不清演员的本来面目，并且与生活中的各种真实人物的相貌又很不一样，演员像是戴着假面具。这样就使得观众不容易"入戏"，避免产生幻觉，从而专心于审美和欣赏。

(三)道具

京剧的道具十分写意，比如一只马鞭就代表了胯下坐骑，两面绣着车轮的旗子就可以代表一辆车，而坐车人实际是走着。

1. 马鞭

代表一匹马。样式很简单，但当演员挥起马鞭，做出上马、下马、牵马、系马以及种种骑马、跃马的动作时，就使人产生一种人在马上的真实感。

2. 扇子

有折扇、团扇、羽扇等，生、旦、净、丑都使用它，它不仅仅是作为纳凉之用，而是通过扇子来发挥多样舞蹈动作，借以表现人物的思想感情。

3. 兵器

在戏里凡古代作战用的刀、枪、剑、戟、弓箭、藤牌等都是按照真的式样仿做的，尺寸比真的小，质料不用金属钢铁而用木、藤、竹，涂上金银彩色，为的是使用时轻便美观，有利于舞蹈。

4. 拂尘

古人用鹿尾系在木杆上，用来拂拭尘土，文人清谈时也常拿在手中。戏里是用马尾制的，凡隐士、和尚、尼姑、道士、神仙、妖怪出场往往都拿拂尘。

5. 车旗

用两块四方黄布或黄缎，上画车轮，或绣车轮，代表一辆车子 。

6. 桌椅

代表室内许多环境。

五、中国京剧伴奏乐器

1. 三弦

三弦又称弦子，是我国各地普遍流行的弹奏乐器。

2. 堂鼓

打击乐器。以木为框，形似腰鼓，两面蒙以牛皮。京剧用于战争、升帐、升堂、刑场、起更等场面，及唢呐吹打等。

3. 月琴

拨弦乐器。发音清脆明亮。

4. 二胡

拉弦乐器。胡琴的一种，比京胡大。

5. 唢呐

簧管乐器。发音尖而内亮，常用来烘托渲染发兵、饮宴、庆典等场面的气氛以及群吹曲牌时做伴奏。

6. 笙

簧管乐器。由簧片、笙管、斗子三部分组合而成，能奏和音，吹奏时声音清颤柔和，常与笛配合伴奏。

7. 笛子

横吹管乐器，是京剧吹奏曲牌的主乐器。

8. 锣

打击乐器。奏时左手持锣绳，使锣面垂直，右手持击槌，以槌头击打，锣音高亢，京剧中所用形体较小，称京锣。

9. 钹

打击乐器。铜制圆形，正中有孔，穿系绸条或布条。以两片为一副，相击发声。在大锣和小锣中间加强节奏，起联系作用。

第三节　中国传统相声

相声是中国传统的曲艺表演形式之一，擅长讲笑话，说滑稽故事。如果一定要在英语词林中找出一个类似的表演艺术形式，最接近的应当是 talkshow，也就是脱口秀。相声表演充满幽默、讽刺。可以说在中国，没有人不知道相声，没有人不喜欢听相声。相声语言一般为北京方言，有时也用其他地区方言。

一、中国传统相声的起源和发展

如果基于相声所具有的讽刺、幽默的特点向上推溯，我们可以发现，在西周时期就已经出现了以讽刺为职业的艺人了，他们开始是在民间，后来走进宫廷。当时人们把他们称为“俳优”。“俳”本身就有“滑稽”的含义，“优”则是艺人的通称，俳优的意思，用今天的话说，就是滑稽艺人的意思。当然，他们也兼有歌舞表演的技能。

相声有用讽刺的委婉方式来抨击政治的传统。到唐代有了新的发展，出现了“参军戏”的表演形式。“参军戏”至宋代发展为“滑稽戏”，在角色及表现形式上变得复杂一些，也叫宋“杂剧”。滑稽戏到元代，为中国戏剧的成熟提供了丰富的营养，而且保留和发展了滑稽讽刺的传统、插科打诨的方式。

相声的成熟，表现在它具有了日后众所周知的三方面的艺术功能。分别是：

1. 讽刺功能

一般说来，讽刺主要在于揭露社会生活和世间万物里的矛盾，发挥鼓励和警告的作用，推动事物向前发展，而矛盾正是构成相声“包袱”的基础。

相声的讽刺矛头可以指向形形色色的社会现象，概括起来，主要有两个方面。一方面是鞭笞腐朽、邪恶的势力和风气，通过高度夸张的喜剧手法，使之暴露在大庭广众之前；另一方面是揭露人性的弱点，讽刺自吹自擂。

2. 歌颂功能

歌颂成分存在于众多的相声段子之中。即使是讽刺为主的相声，也不完全排斥歌颂的元素，有时还要依靠歌颂来衬托，以加大讽刺的力度。

在歌颂类相声里，讽刺与歌颂的关系正好倒转过来，以歌颂为主，讽刺成分起着衬托作用，有助于增强喜剧效果。在新中国成立后出现的相声中，涌现了一大批歌颂性的段子。

3. 娱乐功能

在社会安定、百姓比较富足的年代，讽刺类和歌颂类相声的比重会有所下降，相声的娱乐功能得到凸显。也可以说，注重娱乐功能的相声更加接近和更加能够发挥相声这一曲艺类型的本质特性，有着更大的存在空间。

二、中国传统相声分类

1. 单口相声

顾名思义，一个人表演的叫单口相声，这个名称是和“对口”和“群活”表演形式相对的，它是从民间故事和笑话发展、演变而来，兼有故事和笑话的艺术特点。

与传统的叙事艺术(如评书、故事等)相比，单口相声在内容上侧重于反映人物之间的对话，并主要依靠对话构成包袱、塑造形象。

单口相声每段都有一定的故事情节，情节中产生一定的笑料即包袱，各段逐步发展，直到最后的故事高潮，相声的喜剧效果也在这样的发展中得到累积，到结尾在观众的感受中得到一个总的爆发，一个成功的相声段子宣告结束。

表演单口相声时，演员时而以第一人称，时而以第三人称出现，有时叙说的故事是在说自己，有时又作为一个局外人来讲述故事，这样在故事情节中时而跳出、时而跳入，在故事的叙述和品评上相当灵活。

2. 对口相声

对口相声是通过甲乙两人对话的方式进行表演的。它是从单口相声脱胎而来，但青出于蓝而胜于蓝，一经出现，便显示出经久不衰的艺术魅力。

对口相声的演员，通常分为逗哏的、捧哏的这两个角色。由于这两个演员所表演的人物不同，两人所负担的任务就不是平均的，一个是主要的叙述人，一个是辅助叙述的对话者。对口相声的长处，在于可以更便利地与台下观众进行沟通，捧或逗的一方可以将自己虚拟为与观众同等的位置，它的表演与欣赏在时空上是统一的。

节目中较大部分的笑料，是由逗哏的来表述的，观众的注意力也主要在逗哏的身上。但是，捧哏的在对口相声中的作用也不可忽视，捧哏的话是代表着观众的，代表观众来对逗哏表述的内容表达肯定或否定的观点，有时还给予必要的烘托。

3. 群口相声

群口相声是指三人或三人以上演出的相声，过去叫做“群活”，三人表演的叫做“三人活”。群口相声是在对口相声的基础上进一步发展、演变形成的，它将对口相声中的双边对话转变为多边对话，并且具有某些戏剧的成分。在近年幽默小品在电视媒体上长足发展的同时，群口相声的生存空间受到了一些限制。

以三人表演为例，群口相声的角色从左往右依次名称是：逗哏的（又叫“使活的”）、腻缝儿的、捧哏的（又叫“量活的”）。这三个角色以逗哏的为中心人物，捧哏的和腻缝儿的是辅助逗哏的来进行表演。

三、中国传统相声表演的基本功

中国传统相声表演的基本功分为“说、学、逗、唱”。说，即讲故事、说谜语、绕口令等，要求相声演员发音清晰。学，即模仿各种鸟兽的声音，各地方言，学唱戏曲、歌曲和舞蹈表演等。逗，即讲笑话，制造笑料。唱，即演唱无伴奏的玄子书、太平歌词。

相声艺人把“说、学、逗、唱”当作培训相声演员的“四门功课”。比如，通过说“绕口令”或“贯口”，练习语言节奏，矫正发音部位和发音方法。通过学“天上飞的，地下跑的，水里凫的，草里蹦的”，练习模拟生活的本领。通过你来我往、舌剑唇枪的打诨逗趣，练习抖落“包袱”，制造笑料。通过唱“太平歌词”、戏曲小调，练习演唱技巧。

以“说”为主的相声艺术，同时具备“学”、“逗”、“唱”的因素，而这四种因素结合一起，是为完成相声艺术反映社会生活的任务、表现相声艺术是一种独特风格服务的。

四、中国传统相声表演的常用道具

1. 醒木

醒木来自评书，经常在长篇单口相声中用到。

2. 折扇

折扇在表演中可以虚拟为其他物品，比如刀枪棍棒等。

3. 手绢

手绢可以在化妆时作为道具使用。

第四节　中国皮影戏

中国是皮影戏的故乡。皮影戏又称“影子戏”或“灯影戏”，属于傀儡戏的一种，是一种以兽皮或纸板经民间艺人用手工雕形、染色、熨平、组装制成各种角色和布景，以地方戏剧为内容，投影于白色幕布的表演艺术，在我国民间广为流传。

一、中国皮影戏的历史与传说

中国皮影戏艺术的起源，一直是戏曲学术界争论的话题。主要论点有“汉代说”、“唐代说”、“宋代说”。有文字记载的是，它最早诞生在两千年前的西汉，发源于中国陕西，成熟于唐宋时代的秦晋豫，极盛于清代的河北。

中国皮影戏历史悠久，关于它的起源，民间流传着许多美丽的传说：相传2000多年前的汉文帝时代，一位美丽聪颖的宫娥巧手将桐叶剪成各种人形，在阳光的照耀下，映在窗子上的影子上下飞舞，逗得小太子开心地笑：“汉妃抱娃窗前耍，巧剪桐叶照窗纱”，人们以此证明皮影艺术源远流长。

二、中国皮影戏的制作与造型

皮影的制作通常要经过选皮、制皮、画稿、过稿、镂刻、敷彩、发汗熨平、缀结合成等八道工序。

(1)选皮：较多使用牛皮、羊皮、驴皮等，其中牛皮是应用最广泛的材质。

(2)制皮：将选好的牛皮反复浸泡、刮制，直到把皮刮薄泡亮为止。刮好后撑在木架上阴干，晾到净亮透明时即可制作皮影。

(3)画稿：制作皮影时有专门的画稿，称为“样谱”，这些图稿世代相传。

(4)过稿：用钢针把各部件的轮廓和图案纹样描绘在皮面上。

(5)镂刻：雕刻刀具一般都有十一二把，甚至三十把以上，不同形制的刀具有不同的作用，分工很讲究。

刻镂手法分阴刻和阳刻。阴刻是以块为主，把图形的线刻去，即镂空形体线。阳刻是以线为主，把造型的线留住，其他部分刻去，即保留形体轮廓挖去余部。

(6)敷彩：老艺人大多自己用紫铜、银朱、普兰等矿植物炮制出红、黄、青、绿、黑五种纯色着色。把制好的纯色与用精皮熬制的皮胶一起加热，使胶色交融成为粥状，趁热敷在影人上。

(7)发汗熨平：敷色后还要给皮影脱水，这是一项关键性工艺，目的是使敷彩经过适当高温渗入牛皮内，并使皮内残留的水分挥发。

(8)缀结合成：将制作好的各部分连缀组合成整体。

皮影人物各行当脸谱造型和行头均源于戏剧，文影装一只手，武影装两只手。地域性特征也十分鲜明。从大范围上讲，以陕西为代表的中国西北部地区传统皮影，人物造型的特点是小巧、精细、秀丽；对生、旦采用阳刻空脸；身条纤瘦，莲指修长，面容轮廓线不涂色；人物的长须发常是用真头发贴上去的；男角靴底是前脚平后脚翘，带有动感。而南方传统皮影，人物造型淳朴粗犷，身条浑厚；生、旦阳刻空脸的面容轮廓线着黑色，于幕前观看十分清晰透亮。人物的长须长发也是皮刻而成，除甩发用黑线制作外，一般不用真发。男角两脚靴底都在同一水平线上，以便在表演时动静分明。

其他地域的皮影造型也各不相同。

三、皮影戏中的舞台艺术——剧目与声腔

皮影戏反映的故事内容绝大部分是以稗史、传说为基础，宣扬一种惩恶扬善、携手团圆的美好愿望，有历史演义戏、民间传说戏、爱情故事戏、神话寓言戏等。折子戏、单本戏和连本戏的剧目繁多，常见的传统剧目有白蛇传、拾玉镯、西厢记、秦香莲、牛郎织女、杨家将、岳飞传、水浒传、三国演义、西游记、封神榜等。近代新发展出了现代戏和童话寓言剧，常见的剧目有兄妹开荒、白毛女、小二黑结婚、红灯记、龟与鹤、东郭先生等。

各地皮影的音乐唱腔风格与韵律都吸收了各自地方戏曲、曲艺、民歌小调等音乐体系的精华，从而形成了异彩纷呈的众多流派，如华县皮影戏、沔阳皮影戏、唐山皮影戏、潮州皮影戏、阿宫腔、弦板腔等。

河北、北京、东北、山东一带的各路皮影唱腔，虽同源于冀东滦州的影调，但各自的唱腔分别在京剧、大鼓、梆子和民间歌调的滋润下，又形成了不同的流派，其中唐滦地区的掐嗓唱法十分独特。

其他如湖南、湖北、江浙、福建各地，皮影戏音乐及唱腔也都带有本地地方特色。

四、中国皮影戏的地域特点

由于皮影戏在中国流传地域广阔，在不同区域的长期演化过程中，形成了不同流派，地域特色鲜明。

1. 陕西皮影

陕西皮影历史最为悠久，有其自身独特的艺术魅力。所使用的都是牛皮影人，在造型上大多参考汉唐碑刻和陶俑的风格形态，线条生动有力度；在腔调上不与本地盛行的秦腔等戏曲相近，而与昆曲相近。其影调多腔，最为复杂，影卷之高雅尤为全国之冠。

陕西皮影以西安为中界线，分东路影系和西路影系。

陕西东路皮影以华县皮影为代表。华县皮影不仅是中国乃至世界上最古老的艺术品种，而且是国内外皮影界公认的皮影艺术之集大成者，最有资格代表中外皮影艺术的最高水平。华县皮影在造型上的主要特点是小巧玲珑，雕刻精致细腻，色彩鲜明强烈。影人身高约 33 厘米，头部造型突出，比例较大，带有民间剪纸人物的特点；基本以正侧面单目塑造面型，个别丑、怪形象塑造为半侧面双目形象。

陕西代表性西路皮影人影约 43 厘米，为陕西最大皮影品种。特点是头帽雕刻繁杂，人物面部阳刻的，都涂以墨色；身躯细长，靴子底薄。

2. 陇东皮影

陇东皮影出自于中国西北甘肃、宁夏农村地区。陇东皮影选用质坚而柔软的牛皮，着色纯正绚丽、对比强烈、皮影平整、透明。

3. 山西皮影

山西皮影的艺术风格及工艺手段与陕西皮影相似。皮影的用线除了虚线、实线之外，虚实线、绘线及暗线的运用更为别致。虚实线常用于皇宫贵族的建筑、摆设、衣饰等，显得富丽堂皇；绘线以墨线代刀，在难以雕镂的微小装饰物上描绘，细致精彩。

4. 滦州皮影

滦州皮影始创于明朝万历年间，昌盛于清朝入关。滦州皮影擅用驴皮雕刻，影人一般 26 厘米，雕镂精巧，面部使用通天鼻梁，除眉、眼、口外全部镂空。中正者刻成正侧面，奸邪者刻成斜侧面。影戏唱腔丰富，据说有女 9 腔男 18 调。

5. 唐山皮影

唐山皮影在中国皮影艺术中占有重要地位。其艺术特色鲜明：有一套独特的操纵技巧；以唱功著称，有独特的唱腔；自清代咸丰年间就开始用手指掐喉头发声，经挤压发出的声音具有一种怪异味道，恰好与影人的形象动作浑然一体；语言通俗易懂；影人用驴皮雕刻，历来以雕刻精细、形象俊美、色彩鲜艳、结构严谨著称。

6. 湖北皮影

湖北皮影戏主要分“门神谱”(大皮影)和“魏谱”(小皮影)两大类：“门神谱”主要集中在江汉平原的沔阳(今仙桃)、云梦、应城等地以及黄陂、孝感、汉川等县的部分地区；“魏谱”皮影分布在鄂北和鄂西北一带，其形制及风格与陕豫皮影相似，是陕豫鄂三地民间文化交流融合的结果。

身高二尺二寸左右(70~80 厘米)的江汉平原大皮影代表了鄂地皮影的主流，它比四川、陕西皮影高四寸，高大的尺幅使其在视觉上更清晰。它用上等黄牛皮为原材料，正派人物用阳刻手法，花脸、丑角等用阴刻手法，雕刻工艺总体上讲究圆润、厚重，既有装饰美，也充分体现夸张、浪漫的手法。唱腔以渔鼓腔、歌腔为主，配打击乐伴奏，以一唱众和的形式进行演唱。

7. 四川皮影

四川皮影也是大型牛皮影，影人一般高 60~80 厘米，结构复杂，有 14 个关节，造型有棱有角，雕刻精美，色彩鲜艳，唱腔多依川剧，尤以高腔最具特色；创作题材广泛，就保留远古文化内涵的质量而言，四川皮影占有独特的位置。

8. 杭州皮影

杭州皮影长期以羊皮彩绘为主，较少雕镂。全身分六节，头一、身一、下肢二、上下臂二，脸为实心，下颚很短，造型似窗花、剪纸，富有装饰味。因杭州影戏只有一只手臂挥舞，动作较简单而灵便，善于演出武打戏。声腔以乱弹、高腔、徽调为主。

9. 潮州皮影

潮州皮影分皮影、纸影两种；全身12关节的羊皮影传自杭州，但风格与杭州不同，影偶为双臂影人。纸影源于剪纸，近似“走马灯”，以土纸多层(一般为7层)裱糊成纸壳刻镂、着色、涂蜡而成，造型浑圆，面部多为7分脸，比北方影人大一倍多，衣服精美，有的还嵌以彩色透明纸。

第五节 中国东北二人转

二人转是一种边走边唱边舞的走唱类曲艺形式。因主要流行于中国辽宁、吉林、黑龙江三省和内蒙古自治区东部，并且用东北方言说唱表演，所以被称做东北二人转。

一、中国东北二人转的起源

二人转起源并流行于东三省，至今已有三百多年的历史。但由于清末的社会动荡以及战争的缘故，文献记载大多不全，长期以来仅是在民间流传，具体无从考证。

中华人民共和国成立后，“二人转”的叫法才得以流传。20世纪60年代，“二人转”的剧种建设取得了长足的进展。加强了编导工作，开拓了二人转的新剧目，丰富了音乐伴奏，改进了服饰，充实了舞蹈美术，演员手持道具的种类有了发展变化。在内容上对古典剧目取其精华、去其糟粕，音乐唱腔要克服“单调、贫乏的倾向”；在表演上要求做到“唱得好听，舞得优美，逗得风趣，扮得逼真，绝活精湛”，五功综合，雅俗共赏。

二人转有不少俗称，有的叫它“双玩艺儿”，有的叫它“双条”，还有的叫它“对口”，很多人还叫它“蹦蹦”。二人转是中华人民共和国成立后的称呼。

二、中国东北二人转的表演技巧与形式

二人转是中国东北的一个流派，是当地民间歌舞。它通常由两个人表演，一个男演员和一个女演员，两人演多角，叙事兼代言，跳出跳入，载歌载舞。二人转非常受欢迎，因其幽默的对话和对人物的刻画，使其超过了旧的舞蹈和歌曲。

近些年由二人转走出的演员和它风趣、淳朴的表演风格正以“戏剧小品”的形式活跃在全国的电视晚会及文艺舞台上，其中许多优秀演员更是成为家喻户晓的喜剧明星。

1. 四功一绝

“四功”即唱、说、做、舞；“一绝”指用手绢、扇子、大板子、手玉子等道具

的特技动作。四功以“唱”为首，讲究味、字、句、板、调、劲；“说”指说口，以插科打诨为主；“做”讲究以虚代实；而“舞”主要指“三场舞”。二人转的“一绝”，以手绢花和扇花较为常见，这部分与东北大秧歌相似；持大板子和手玉子的舞者倒是别具一格。右手持大板子的舞者，左手通常持甩子，能舞出“风摆柳”，“仙人摘豆”，“金龙盘玉柱”，“黑虎出山”，“金鼠归洞”，“缠头裹脑”等高难度动作。

2. 表演形式

二人转的表演形式大致可分为三种。

(1)一种是二人化装成一丑一旦的对唱形式，边说边唱，边唱边舞，这是名副其实的“二人转”；

(2)一种是一人且唱且舞，称为“单出头”；

(3)一种是演员以各种角色出现在舞台上唱戏，这种形式称“拉场戏”。

3. 扮装种类

传统二人转的旦角装束分为两种正装和月装。正装即戏曲装，旦角需要在额前贴片子，还需要挂顶花和偏凤，后面要带线尾子等，有些还需要在戏服上加水袖，如“穆桂英”装即仙姑头。不需要戴顶花，而是戴假发套，后面可以用模仿真发的假发套，例如胡玉娘。

二人转下装的化妆分为三种，即小生装、丑装、武生装。

本章小结

中国传统戏剧从原始宗教戏剧发展到公元12世纪的成熟戏剧经历了漫长的过程，即所谓中国戏剧的“晚出”。中国传统戏剧从起源到形成乃至成熟的过程，也是娱神向娱人转变的过程。京剧演变完成的重要标志是徽汉合流，形成了以西皮、二黄两种腔调为主的唱腔音乐体系，使唱念做打表演体系逐步完善。相声的成熟，表现在它具有了日后众所周知的讽刺功能、歌颂功能、娱乐功能三方面的艺术功能。由于皮影戏在中国流传地域广阔，在不同区域的长期演化过程中，形成了不同流派，地域特色鲜明。中国传统戏剧与曲艺文化在历史长河的发展中，也在不断汲取新时代的文化。

课后习题

一、简答题

1. 简述京剧的形成过程。

2. 京剧中的“富贵衣”是给哪一类人穿的？这说明了什么？

3. 简述相声的三种分类。
4. 湖北皮影和四川皮影各有哪些特点?
二、实训题
1. 谈谈中国皮影戏的传承与发展。
2. 什么是东北二人转中的四功一绝?

第九章 中国杂技与中国功夫

以鲜明的民族风格和高超的艺术技巧而著称于世的中国杂技，是世界上最古老的技巧表演艺术之一。而中国功夫，则是世界上独一无二的“武文化”。

第一节 中国杂技

杂技，指柔术(软功)、车技、走钢丝、马戏、舞狮子等技艺。现代杂技特指演员靠自己的身体技巧完成一系列高难动作的表演性节目。中国的杂技艺术以其绚丽多彩而古朴大方的特点，在世界杂技之林中独树一帜。2006 年，中国杂技被列入中国国家级非物质文化遗产名录。

一、中国杂技的起源

杂技的起源有种种说法，如源于劳动技能的艺术化、原始畜牧业的提炼——最早的驯兽节目、武技的超常表演、部落战争的影响(如原始时代的蚩尤戏)、巫术的变换神奇、原始乐舞中的特技等。

大约在新石器时代，中国的杂技就已经萌芽。原始人在狩猎中形成的劳动技能和自卫攻防中创造的武技与超常体能，在休息和娱乐时，在表现其猎获和胜利的欢快时，被再现为一种自娱游戏的技艺表演，这就形成了最早的杂技艺术。

杂技学术界认为中国最早的杂技节目是《飞去来器》。这是用硬木片削制成的十字形猎具，原始部落的猎手们常用这种旋转前进的武器打击飞禽走兽，而在不断抛掷中，他们发现不同的十字交叉，在风力的影响下，能够回旋“来去”，于是它就成了原始部落的氏族盛会中表演的节目。

总的来说，杂技艺术中的很多节目是生活技能和劳动技术、武术技巧的提炼和艺术化。由于杂技艺术来源于五花八门、缤纷多姿的现实生活，“杂”成为它的整体特征，故而“杂技”之名就在历史长河中被确定下来。

二、中国杂技的发展历程

杂技艺术在中国已经有2000多年的历史。杂技在汉代称为“百戏”，隋唐时叫“散乐”，唐宋以后为了区别于其他歌舞、杂剧，才称为杂技。新中国成立之后，杂技艺术焕然一新，许多省、市成立了专业剧团，创造了许多新节目，增添了灯光、布景、乐队。许多杂技艺术团先后出国访问，并屡获国际大奖，使中国成为世界著名的杂技大国。

公元前770年至前221年是中国的春秋战国时代，列国兼并激烈，群雄角逐，竞相养士。这些士中当然也有口把式，以出谋划策、能言善辩的说客为代表，但更多的是身怀奇技异巧的人或勇力过人的大力士。这些作为杂技艺术的正式形式，经过魏晋南北朝160多年的大动荡和民族文化的大融汇，至公元589年隋代统一中国，杂技艺术已经极为成熟，至唐代成为宫廷和民间共盛的艺术。

北宋的首都汴梁(今河南开封市)、南宋的首都临安(今浙江杭州市)有了各种街坊、市场的演出场所，当时称瓦子乐棚。杂技、舞蹈、武艺、说唱各种形体表演艺术，同场献艺、互相观摩，无疑对中国独特的戏曲艺术的形成起了促进作用。而元代在元杂剧中因为当时的戏剧艺人和杂技艺人同场献艺，并在元代鼎盛成熟起来，研究者认为，“杂剧”所以有此名称。

明清两代杂技与舞蹈等传统表演艺术很少在宫廷演出。清代杂技艺人进一步沦落江湖。但戏曲却勃兴起来，形成以武戏为主的繁荣景象。清代杂技艺人生活凄苦，在艰难的环境中，保持和发展了自己的艺术，“蹬技”和“古彩戏法”都有了新的创造，“耍坛子”、“剑、丹、丸、豆”系列幻术，都达到了较高水平。

三、中国杂技的种类及艺术特色

(一)中国杂技的种类

1. 柔术

柔术，作为杂技家族中一个传统项目，被誉为“超越极限的人体艺术”。柔术隶属于杂技范围，与一般的杂技不同，柔术更多的是追求人的视觉感受和人的极限，一般杂技大多以惊险或者高难度、复杂著名。

2. 马戏

原为古代一种技艺。唐宋(7—13世纪)时，马戏专指驯马和马术表演，相当流行。现在马戏成为各种驯兽乃至杂技表演的统称。演员指挥经过驯导的各种动物，表演各种技巧动作，并穿插杂技和丑角的表演。

3. 耍花坛

演员将各种大小不同的瓷花坛轮番用头顶、手扔、脚踢，使之翻滚旋转。还有双人表演，两个演员用头将花坛顶来顶去，叫“对顶花坛”。

4. 走钢丝

表演者一至四人，演员在一根两头拴住的钢丝上来回走动，表演舞蹈和各种杂耍等。有软钢丝、硬钢丝、走大绳等数种表演形式。

5. 爬竿

从置竿的形式上区分，大致有三种形式，一般是立金属长竿于地，一人或数人爬至竿的上端，表演各种惊险动作。

6. 转碟

也叫“耍花盘”。演员双手持二三根细竿，各顶一个碟子的底，借腕力使之飞快转动。要求在做难度很高的动作时碟子不跌落。

(二) 中国杂技的艺术特色

中国杂技有鲜明的中国特色。中国杂技基本功好，造型优美，表演细腻，刚柔相济，不仅给人一种美的享受，更传达出一种积极向上、顽强拼搏的精神。有外国友人说，看了中国杂技，感到中国人没有克服不了的困难。丰富多彩的节目，悠久的传统，构成了中国杂技独树一帜、绚丽多彩而古朴大方的艺术特色。

中国杂技概括起来可以七大特色称之：

第一是特别重视腰腿顶功的训练。

第二是险中求稳、动中求静。

第三是平中求奇。

第四是轻重并举，通灵入化，软硬功夫相辅相成。

第五是超人的力量与轻捷灵巧的跟斗技艺相结合。

第六是大量采用生活用具和劳动工具为道具。

第七是古朴的工艺美术与形体技巧的结合。

这些艺术特色构成了中国杂技的独特魅力。

四、中国杂技的主要流派及代表作

中国的杂技艺术历史悠久，源远流长，是中华民族珍贵的优秀文化遗产。中国的杂技之乡有多个，像山东的聊城、江苏的建湖、河南的周口、濮阳、湖北的天门、安徽的广德、天津的武清、河北的沧州吴桥、肃宁、霸州等。但是，就历史悠久、群众基础雄厚和在海内外的影响而言，最著名的要数沧州吴桥了。沧州吴桥县志记载，在沧州吴桥，每逢佳节“掌灯三日，放烟火，演杂技，士女喧阗，官不禁夜”。

杂技艺术中的很多节目是生活技能、劳动技术和武术技巧的提炼和艺术化。因此，各地的杂技艺术在表演的风格、内容、形式上也不尽相同。其中最为典型的要数河北的吴桥杂技和山东的聊城杂技。

1. 吴桥杂技及其代表作

蚩尤戏是古代杂技的雏形，也是吴桥杂技的起源。吴桥杂技是由“角抵”萌芽，并逐步发展起来的。吴桥县是驰名中外的杂技之乡，杂技历史悠久，是国家首批文化产业示范基地和河北省文化生态示范区，有着培育发展杂技文化产业得天独厚的条件。近年来，该县把“杂技拉动”摆上促进县域经济发展的战略位置。目前，已形成以杂技文化为内涵，杂技旅游、杂技教育、杂技演出、杂技服装道具和杂技影视出版五大产业为主体构架的杂技文化产业发展格局，杂技文化产业成为县域经济三大支柱产业之一。不仅如此，吴桥县还有世界唯一的一座吴桥杂技大世界主题公园。所有这些条件为吴桥杂技发展提供了源源不断的动力。

在近代，吴桥杂技队伍更加壮大，众多的吴桥杂技艺人活跃在世界各地。吴桥县还在1987年举办了第一届中国吴桥国际杂技艺术节。30多个国家和180多个节目参加过中国吴桥国际杂技节。在全国，任何一个杂技团队都有吴桥艺人的身影。吴桥民间还流传着一首诗，“上至九十九，下至刚会走，吴桥耍杂技，人人有一手”。因此，在中国的杂技界有一句话“没有吴桥不成班”，就是说没有吴桥人，不成杂技班。

吴桥作为闻名世界的“杂技之乡”，概括地说有如下几个特点：

第一，历史久远。

第二，文化底蕴深厚。

第三，广泛的群众基础。

第四，生活气息浓厚。

第五，吴桥艺人勇于学习，勇于进取。

中国吴桥杂技艺术发展迅猛，经杂技艺术家的精心努力创作了许多民族风格独特和乡土气息浓烈的吴桥杂技，如《狮子舞》、《晃板》、《顶技》、《双层秋千》、《柔术滚杯》、《龙舞》、《空中技巧》等。

2. 聊城杂技及其代表作

聊城作为中国杂技的发祥地之一，素有“中国马戏之乡”的美誉。新石器时代晚期，聊城是东夷人活动的主要区域，当时东夷人首领蚩尤据说便是一位杂技高手，古代杂技就源于角抵戏(蚩尤戏)。聊城杂技现分布于东阿、茌平、阳谷等县及其周边地区。春秋战国时期，聊城杂技马戏得到初步发展，到汉代已经基本成熟。

三国时期，杂技马戏在聊城的东阿一带已很盛行，成为一种以杂技为主兼有其他技艺的表演形式。地处黄河故道的聊城，在历史上一度受到了黄河泛滥的严重侵害，为了生存，不少人家把孩子送进马戏团。在贫瘠中传承的杂技艺术，越发焕发出它的蓬勃生机。清末民初，聊城民间曾出现了李半仙、张大辫子、草上飞等全国知名的杂技高手。

聊城杂技主要包括马戏、魔术、表演三大种别，重视腰腿顶功，突出新、难、奇、美、险，艺术风格朴实，素有“齐鲁英豪”之称，深受广大群众喜爱。其代表作有《小小炊事员》、《梅花桩飞叉》等。聊城杂技依靠朴实细腻的表演，在国内外舞台和同行中留下了良好的口碑，聊城杂技艺人将这门传统的民间艺术演绎得淋漓尽致。

五、中国杂技的传承与发展

作为一门古老的肢体表演艺术，中国杂技已有2000多年的历史。杂技是在不断借鉴和吸取其他艺术门类的表演程式和技巧的过程中逐渐成长起来的。同时，杂技在体现社会人文精神方面，始终受到社会、政治、经济、人文学科的深刻影响。阳翰笙先生曾在《杂技艺术教程》一书的序言中写道：“在漫长的历史发展进程中，杂技艺术受到中国古典哲学、民俗学、传统宗教和文化艺术等的影响、制约，是中国传统文化的组成部分。”然而，随着社会的进步和科学技术的飞速发展，杂技艺术如何在继承传统的基础上不断发展创新，是杂技工作者必须解决的一个重要课题。

中国杂技是一个取之不竭用之不尽的艺术宝库。经过千百年的发展和整合，杂技艺术已经形成了翻腾、平衡、抛接、魔术、健身等门类，且每一个门类都有一些传统的表演节目。杂技的传承，就是对那些最基本的技能和通过历史检验、优秀的表演形式的发扬光大。而发展，就是对传统的改革和突破。杂技是一门综合艺术，它展现给观众的不仅是感官上的享受，而且要传达一种思想。因此，杂技的创新不仅要在形式和内容上有所突破，而且必须做到形式和内容的和谐统一，让观众在感官和精神上得到耳目一新的享受。

杂技虽然有着自己的特点，但是不断地从其他姊妹艺术中吸取营养，仍然是其创新的一个重要途径。纵观杂技的发展历史，许多传统的优秀杂技节目无不蕴涵着其他艺术行当的基本要素。

现代杂技发展创新的另一个重要方面就是必须注重和提高杂技的表演形式，对杂技表演的舞台、灯光、音乐、服装、道具等进行大胆的改革，使杂技在表演形式上更具时代气息。最近几年，主题晚会成为中国杂技表演的流行做法。

时代在前进，科学在发展，观众的欣赏水平也在不断提高。杂技艺术要想永远赢得观众并在艺术的百花园中长盛不衰，就必须在继承传统的基础上不断创新。创新才能生存，创新才能发展。

第二节　中 国 功 夫

在汉字中，武=止+戈。从这里可以看出，中国武术精神底蕴，就是止戈，就是不要动武。或者说，武术追求的最高境界并不是单纯的胜负，而是中国儒家学说中的“致中和”的精神，是道家学说中的“无为无不为”的精神。

一、少林功夫

中国武术门派众多，少林功夫是其中历史最悠久、体系最完备、技术水平最高的武术流派之一，是在河南嵩山少林寺特定佛教文化环境中逐渐形成的武术体系。少林功夫2006年被列入中国国家级非物质文化遗产名录。

（一）少林功夫的历史起源

少林寺因少林功夫而名扬天下，号称“天下第一名刹”。

少林功夫的起源，应该与嵩山少林地区的历史、地理、文化及其风俗习惯等有直接关系。我国古代将地域划分为九州，河南一带属豫州，豫州处九州之中，又称中州。中岳嵩山位于河南省西部，气势雄浑磅礴。少林武术是中国最有影响的一个武术流派，因形成于少林寺而得名。少林寺位于中国中部河南省登封县嵩岳少室山北麓五乳峰下，始建于北魏孝文帝太和十九年。据史料记载，少林寺习武始于南北朝而盛于隋唐。

少林武术的形成，是一个历史的过程，包括少林武术的起源、发展和完善。对于少林武术的起源，通常说法有两种。一是认为少林武术是达摩创造，有《易筋经》及“罗汉十八手”为证。理由是，达摩在五乳峰上的那个天然石洞（现在叫达摩洞）里面面壁九年，结果创造了“罗汉十八手”，传下了《易筋经》。后来有人觉得达摩传《易筋经》有些可疑，因为《易筋经》具有更多道家的气息而少有佛意，于是有了第二种说法，认为少林武术起源于少林寺第一代祖师跋陀的弟子僧稠。

稠禅师在32岁（约公元512年）才来到少林寺，稠禅师是少林寺的第一个武僧，在他之前没有任何僧人习武的记载。跋陀是少林寺第一代方丈，稠禅师去少林寺后拜其为师学习佛法。他在去少林寺之前就会武功，是“带艺进寺”。后来，稠禅师成了少林寺第二代方丈，他也就将武术传授给了少林寺的弟子，使得少林寺习武风气渐浓，并在特定的社会历史环境和条件下，形成了精湛而丰富的少林武功。

（二）少林功夫的主要内容及文化特征

少林功夫在国内外均享有盛名。它以强身健体、祛病延年、保护名山、镇守古刹、防身抗暴、杀敌制胜为目的。以朴实无华、套路繁多、功法繁衍、内外武功著称。以技击性强、利于实战为风格。以拳打一条线、威发卧牛地、打人不见形、打了还嫌迟、内静外猛、刚中透柔、劲似曲蓄而有余、借力打人、四两拨千斤、拳打一气连等特点，而独创一家。少林功夫的内容包括：拳术、散打、气功、点穴、擒拿。少林寺有三绝闻名海内外：气功、点穴、擒拿。

1. 气功

宗旨：以静深静，静中求动。

静者为内功，可以稳神养性，防治疾病，祛病延年，动者可以迸发虎劲，助生推山之力。内外相兼，独树一帜。

2. 点穴

点穴者，为擒拿术之冠，技击法之妙，是少林家传武技之宝囊也。点穴者，系以星斗山河之象，沙虫猿鸟之形，据其部位，仿其动作，而演变为拳法奇技，渐而丰增武林之彩。历代武僧告诫弟子曰："练点穴之法，必高武德，立苦恒志，数十年如一日，方能独得真功。"

3. 擒拿

擒拿是武术四击"踢、打、摔、拿"之一，是以反关节或抓筋拿穴为主要方法，迫使对方关节反折或超限度捩扭，使其关节及韧带受挫，产生剧烈疼痛，从而丧失反抗能力，而束手就擒。擒拿一般又分为大擒拿和小擒拿。

4. 少林代表拳

少林代表拳有龙拳、虎拳、豹拳、鹤拳、蛇拳。

(1)龙拳

龙拳以身姿步法的灵活多变、变幻莫测著称。其拳法之活，不同于蛇拳的外形灵活，而是以神意之活带动遍体活泼。因此在练习龙拳时，要神意活而百骸活，进而引动龙形之身法、步法。

龙拳在少林五形拳中属于练神的功夫。龙拳修习的内在的神意功夫要点是：周身无须用力，暗听气，气注于丹田，五心相印，神意活跃，遍体活泼。

(2)虎拳

虎爪的作用在虎拳中是最重要的。

以形为拳，以意为神，以气催力，发劲时怒目强项，虎视眈眈，有怒虎出林，两爪拔山之势。

(3)豹拳

豹之威不及虎，而力则较虎为巨。

因豹喜跳跃，腰肾不若虎之弱也。练时必须短马起落，全身鼓力，两拳紧握，五指如钩铜屈铁。故豹式多握拳，又名金豹拳也。

(4)鹤拳

此拳以缓急适中为得宜，盖取象于鹤之精足神静，故练习时须凝精铸神，舒臂运气，所谓神气自若，心手相应，独立华表，高悬千仞，瞑心孤往，久练精熟，自能于言外得之，非仓促所能领悟也。

(5)蛇拳

蛇拳的动作开合得宜，刚柔相济，以柔为主，柔中有刚；上体要求松柔，下肢则要灵活，做到步活而桩实。

少林功夫的产生与发展与其所处的文化环境有着必然的联系。它是中华武术的重要流派，蕴含着十分丰富的文化内涵。

少林寺1500多年来历经沧桑坎坷，形成了中国佛教中最大的一个宗派，可以说它是儒学化了的佛教。禅和拳本来是两个截然相反的形态，禅以静为其特征，拳以动为其特点。禅的内涵是“修心”、“修性”。因此，少林功夫十分重视心性的修炼，这也奠定了少林功夫形成的思想基础。为了追求武术出神入化的境界，少林历代武僧将禅宗“入定”的修炼方法引入少林武术。

少林武术还有一大特征就是戒约，它是习武者追求高尚武德和修炼少林武功的要旨。儒家的思想道德观不仅影响了少林拳研究，这些戒约的制定还对长期流传于民间的少林拳技击观产生了深刻的影响，少林习武“十禁”这种技击观的产生，是少林拳走向成熟的标志。

(三)少林功夫的传承与保护

少林功夫的传承，是严格按照师徒制度进行的。这种师徒关系是少林寺传统的宗法门头制度的最基本表现。宗法门头制度的核心内容是师父的言传身教和弟子的勤学苦练相结合。少林寺的宗法门头制度对少林寺及少林功夫都产生了深远影响。

另外，少林功夫由于其存在的环境和传承的特殊性，在社会的发展进程中也在不断地继承与创新。从历史的角度看，它从诞生之日起，就以较强的开放性为发展动力。比如说少林棍法就是一个典型代表，少林棍法是少林武术标志性的武术精华，而少林棍法的形成却恰恰来自于少林武术的开发和吸纳。

少林功夫的形成与发展应该是整个中华武术不断传承与发展的结果。然而，随着社会的发展与时代的变迁，少林功夫也面临着极大的冲击。

随着经济的发展，现在少林功夫也面临着逐步边缘化的境地。少林功夫的文化内涵也受到不同程度的冲击，可以说直接危害了少林功夫本身。

少林功夫作为珍贵的非物质文化遗产表现形式，具有明显的活态属性，它传承的核心是生活在该文化空间或习得文化表现形式的特定的人。少林功夫的传承主要靠师徒之间的口传身授，虽有一些拳谱口诀，但是要想达到拳禅合一就必须通过长期的不断修炼才能办到。

20世纪以来，许多身怀少林武功的高僧相继离世，拳谱秘诀和禅武合一的精髓也逐步消亡。另外少林武僧人群不稳定，出家还俗的流动日益频繁难以保证少林功夫的正常修炼和传承。因此，作为中华武学史上重要的拳种流派少林功夫亟待抢救、保护、继承和发展。

二、武当武术

中华武术素有“北崇少林，南尊武当”之说，武当武术是中华武术中的一块瑰宝，饮誉海内外。武当武术作为中国武术一大名宗，历史悠久，蕴含着十分丰厚的文化内涵。它不仅有独特的拳种门派，而且理论上也独树一帜，二者交相辉映，使武当武术得以在武术百花园中焕发异彩。

（一）武当武术的历史起源

武当武术与武当道教的渊源很深。武当道士在修炼学道时，常常伴以练习武功。

玄妙的说法认为张三丰“夜梦玄帝授之拳法”，次日便身怀神勇杀敌数百人，绝技遂此传名于世。当然，这一玄之又玄的说法是无实可考的。

另外一派“效法自然”者认为，武当内家拳的祖师张三丰，在武当山修炼时曾看到喜鹊和蛇的一场争斗。它们的这种姿势给张三丰极大启示，使他悟通太极妙义，创造了风格独特的武当拳术，武当武术从而闻名于世。根据武当武术的起源之说，武当武术以蛇在攻防时采取的姿势，非常形象地演示出武当内家功夫的真谛，那就是“以柔克刚，以静制动，后发制人，辨位于尺寸毫厘，制敌于擒扑封闭”。

这些关于武当武术与张三丰的不同说法，虽然至今还没有定论，但是并不影响大家对武当武术的喜爱以及对其价值的肯定。

武当武术在历史的发展过程中已经形成的拳法和门派很多，但是由于复杂的历史原因，有些门派传承关系较为清楚，而有些门派则不甚清楚。在拳理上它们却有着武当武术的普遍共性，即特色。武当武术的特色，概括起来可以体现在以下几个方面：以道理为指导，以养生为宗旨，以技击为末学，以道德为门风，以自然为神韵。

（二）武当武术的主要内容及文化特征

武当武术源于道家，它是一种多功能的文化现象和活动，是在漫长的社会发展过程中逐步形成的。它在长期的发展过程中形成了许多拳种、门派，如内家拳法。武当武术以其松沉自然，外柔内刚，行功走架如浮云流水连绵不绝的独特风格，在武林中独树一帜，成为中华武术的主要流派。武当武术与道教渊源甚深，阴阳消长，八卦演变等是武当武术的理论核心。武当拳法运用太极说、五行说、阴阳说、八卦说的原理，形成了具有“顺其自然，以静制动”等多种特点的独特拳法体系，在中国武术中占有重要的地位。

武当太乙五行拳。第八代宗师张守性所创，传人为浙江金子弢先生。此拳以松柔圆活、固守待进、养身健体为特点组成套路。行拳讲究腰随胯转，两手抱怀，脚进弧线，动如蛇行，静似蚕做茧。

武当太和拳。武当太和拳是武当道教本山拳。此拳是以桩功为基础，以内气运行为主导，注重桩、步、腿法等下盘功夫和内丹气的修炼。

提起武当派的器械，首推武当的镇山之宝——武当剑，可以有单剑、对剑和散剑等形式。

太乙玄门剑是武当山护山剑法之一，其剑法以劈、挂、撩、刺、点、挑等为主，风格独特。

除以上之外，武当暗器有绳镖、脱手镖、单筒袖箭、梅花袖箭、流星锤、柳叶飞刀等。

武当武术的内容十分丰富，以上我们只是选取了较有代表性的内容做一介绍。

(三)武当武术的传承与保护

武当武术是以武当山为文化空间，经过数百年的演变，逐步发展而成的。

但是，随着现代社会的发展，武当武术的传承也出现了一些障碍。首先，武当武术早期受道教“隐秘单传”思想束缚；其次，现在的一些传人大多年事已高，且散居全国各地，挖掘利用武当武术资源受到限制；最后，武当武术理论研究工作不够，其文化意义有待深入挖掘。在此形势下，有必要迅速制定合理可行的措施，对武当武术进行抢救、保护、整理和开发。

近代，武当拳法的研究得到很高的重视。新中国成立以后，武当武术得到了广泛推广，尤其在1978年以后，更有长足的发展。“武当拳法源流、拳系及内容研究”被列入原国家体委的第一个武术科研课题。

目前，国家非常重视非物质文化遗产的保护，正在积极挖掘、整理武当武术，使濒临失传的武当拳法又得以发扬光大。2006年5月20日，武当武术遗产经国务院批准列入第一批国家级非物质文化遗产名录，这奠定了武当武术非物质文化保护工程的坚实基础。

武当武术是中国武术界、体育界、文化界的一大瑰宝。如今，武当武术已经名扬海内外，在传播武术精髓的同时，也宣扬了中国古典文化。这无疑是令人欣喜激动的，但我们也应意识到，对于武当武术来说，最重要的还在于实施有效实用的保护措施，使武当武术的非物质文化可以持续发展下去，这也是我们保护武当武术不可推卸的光荣责任和历史使命。

三、太极拳

太极拳是中华传统体育宝库中的一颗璀璨的明珠，有着400年左右的历史和广泛的群众基础，它以其深厚的文化底蕴和显著的健身效果而享誉于世。2006年太极拳被列入中国国家级非物质文化遗产名录。

（一）太极拳的历史起源

太极拳究竟为何人所创？又是何时所创？这是既不能回避又难以定论的问题。综合各家观点大体有以下两种说法：

有人认为是张三丰创立了太极拳。历史上有关张三丰的传说最多，争论也最大，众人称其为太极拳鼻祖。清末民初太极拳名家杨澄甫的《太极拳使用法》中讲述了一个奇妙的故事。

张三丰在武当山修炼时，有一天在屋里诵经，听到院中有喜鹊在叫，好像是和什么东西争吵。张三丰从窗口往外看，只见一只喜鹊在一棵柏树上，像老鹰一样往下注视着，而地上有一条长蛇，盘成一个圈，头往上，盯着树上的喜鹊。这一蛇一鹊像在争论着什么。

争着争着，只见喜鹊鸣叫着俯冲而下，展翅打地上的蛇，蛇的头稍微一摆刚好躲过喜鹊的翅膀。喜鹊的一击不中，又飞回树上。隔一会，喜鹊性躁，又飞下来用翅膀击打蛇身，只见蛇身蜿蜒，轻身闪过，仍作盘形。如此连续多次，喜鹊都未打到地上的蛇。后来，张三丰从屋里走出来，喜鹊飞走了，蛇也爬走了。

张三丰由此悟出太极以柔克刚之理，并根据太极阴阳变化的原理初创太极拳。

另外，还有一种观点，也是目前武术界普遍认可的就是陈王廷创拳说。持这一观点的代表人物是著名武术史学家唐豪先生和顾留馨先生。他们认为，太极拳为明末战将陈王廷所创。其主要依据有三点：第一，《陈氏家谱》中陈王廷之名旁注有“陈氏拳手、刀枪剑棍创始人也”语句；第二，陈家沟旧抄本《长拳谱》中有二十九式的名称，与戚继光《纪效新书·拳经捷要篇》所载拳势名称相同；第三，陈王廷有遗词一首，其中有“到而今，年老残喘。只落得黄庭一卷随身伴，闷来时造拳，忙来时耕田，趁余闲，教下些弟子儿孙，成龙成虎任方便”等句。因而推断陈王廷参考了《黄庭经》呼吸、导引养生法和《纪效新书·拳经捷要篇》中的拳势创造了太极拳。

总而言之，从太极拳运动的发展来看，尽管太极拳创始人难以定论，但是从太极拳定名以来，太极拳的演变线索是较为清晰和公认的，这也构成了现在意义的传统太极拳主体。因此，可以肯定的是太极拳绝非一蹴而就，必然有一个萌生、发展、壮大、成形的过程，是经过数代人的努力形成的。

(二)太极拳的主要内容及文化特征

太极拳经过400年左右的流传衍变，发展出许多流派，流传较广或特点较显著的有陈、杨、吴、孙、武式等流派。其中，杨、武式太极拳直接出自陈家沟太极拳，孙氏太极拳衍生于武式。各大流派太极拳除拳套外，又各有推手和器械套路练法。

各种流派的风格、姿势虽不相同，但拳理一样，套路结构和动作顺序也基本一致，练拳的要领有许多也是相同的。

太极拳与其他拳术相比的一个最大特点，就是以柔克刚。在演练时，动作舒展柔缓，似乎不具丝毫攻击力，但是，当太极拳手进入实战状态时，便会以柔缓的动作巧妙地化解对方的攻击力，然后借力打力，以突然爆发的刚劲，将对手击倒或击退。各式太极拳除具有太极拳共性之外，都有各自的特点和风格。

陈式太极拳。由著名拳师陈王廷创始于明末清初，分老架和新架两种。所创老架路五套，陈式世代传习、演化，又增新架路两套。陈式太极拳的特点是显刚隐柔、刚柔相济，动作螺旋、缠绕。手法多变，忽隐忽现，快慢相间；呼吸讲究“丹田内转”；架势宽大低沉，并有发劲、跳跃和震脚动作。陈式太极拳的锻炼原则和练法还要求意、气、身三者密切配合，以意行气，源动腰脊，旋腰转脊，节节贯穿。

杨式太极拳。创自河北省永年县人杨福魁。杨福魁于1850年左右至北京传授太极拳。他为了适应清朝“玉体不动”的显贵达官和体弱年迈者的保健需要，扩大传习范围，删改陈式老架拳中的发劲、跳跃和难度较大的动作，创编成杨式太极拳架。后又经其子杨健侯、其孙杨澄甫等人修润，形成现在的杨式太极拳套路。杨式太极拳的特点是姿势舒展简洁，动作和顺，速度均匀，绵绵不断，整个架势结构严谨，中正圆润，轻灵沉着，浑厚庄重，能自然地体现出气派大、形象美的独特风格。正如杨澄甫所说：“太极拳是柔中寓刚、绵里藏针的艺术。”

吴式太极拳。创自河北省大兴县人吴鉴泉。其父全佑，满族人，初从杨露禅习杨式大架拳，复拜其次子杨班候为师学杨式小架拳，以善柔化著称。鉴泉自幼从汉，改姓吴，他秉承家学，擅长小架太极拳。他去掉小架太极拳中的发劲、跳跃和重复动作，突出轻柔、缓慢、圆活、连绵的运动特点，创编成吴式太极拳。吴式太极拳的特点是以柔化著称，动作轻松自然，连续不断，循规蹈矩，松静自然，独具静态之妙。

武式太极拳。创自河北省永年县人武禹襄，他自幼习武好文，师从杨露禅学得陈式老架太极拳，1852年途经河南怀庆府赵堡镇，从陈青萍学陈式新架太极拳，此后，钻研拳理，多有发悟，创编成武式太极拳。武式太极拳的特点是：姿势紧凑，强调左右手各管半个身体，出手不过肩，动作柔缓，步法小巧灵活，注重虚实变换和内气潜转。武式太极拳的身法主要有含胸拔背、裹裆、护臀、提顶、吊裆、沉肘、尾闾中正。

孙式太极拳。创自河北省完县人孙禄堂。孙禄堂自幼酷爱武术，最初从师李魁垣学形意拳，继而学于李之师郭云深，又师从程廷华学八卦掌。经多年研练，功夫深厚。后又师从郝为真学太极拳。之后他以武式太极拳为基础，吸取形意拳进步必跟、退步必撤的步法特点，八卦掌拧旋敏捷的身法特点，并融入这两门拳术的一些手法，融会贯通，创编成孙式太极拳。孙式太极拳的特点是动作小巧轻灵，架高步活，柔缓圆活，运动方向变化较多。

太极拳是中华武术文化中独具特色的一个拳种，有着广泛的影响力。它不仅具有保健、技击、陶冶性情、修养身心等功能，更以其深厚的哲学思想渊源而吸引着人们，从而使其产生浓厚的习练与研究的兴趣。太极拳还具有充分调动人的精神能动性的巨大作用。

总之，太极拳以人体生命的整体观，以及人与社会、人与环境的和谐统一，即“天人合一”观为其理论基础，同时兼容并蓄古代医学、兵学、美学等，逐渐形成了融拳、哲、医三理于一身，具有技术和健身等多重功能的优秀传统运动项目。

（三）太极拳的传承与保护

中华人民共和国成立后，由于国家的大力提倡，太极拳运动发展很快。1956年，由国家组织武术专家创编了《二十四式简化太极拳》，这个简化套路对普及太极拳运动起到了极大的推动作用。我国许多省、市、自治区成立了太极拳协会、研究会。

太极拳，作为中国文化的一个有机组成部分和独特表现形式，蕴含着十分丰富的思想内涵。随着人类社会的发展，太极拳作为一项强身健体的重要锻炼手段，越来越多地被世界人民所接受，它已经成为许多国家解决本国人口老龄化问题的重要手段。

随着社会的不断进步，人民生活水平的不断提高，不少人在追求一种身心兼备的运动，尤其是现代生活节奏的加快，人们也越来越需要一种节奏缓慢的运动来调节紧张的神经。

对此，我们应不断进行思索。弘扬太极拳文化，既要对太极拳渊源进行不断的研究，也要对太极拳发展与普及的方法进行探索，使太极拳的技术与理论更加完善。然而，回顾太极拳运动的发展与弘扬过程，我们发现目前太极拳运动的发展也存在一些亟待解决的问题。比如，如何加强太极拳基础理论研究问题，如何利用全民健身计划这个契机来规范、普及太极拳的问题，如何协调各个门派来共同谋求发展的问题等都需要我们认真思考、踏实研究。就太极拳的基础理论研究而言，就应从多方面进行。

太极拳这一古老的运动项目，在400年左右的传承中，从秘密到公开，从乡村到城市，从“江湖”走向“殿堂”，从一姓之私普及亿万之众，又从中国走向了世界，以它独特的运动风格和深厚的文化内涵为世人所瞩目。它不仅是中华民族优秀的文化遗产，而且被誉为世界文化宝库中璀璨的明珠。太极拳产生于中华文化的沃土，它揭示了人类健康、自强、进取的共同主题。因此，受到全世界人民的欢迎和喜爱。它自身所散发的文化魅力，感染着不同文化背景的人们。“越具民族性，越有世界性”这一文化传播法则，在太极拳运动上得到了最为充分的体现，也使太极拳这一国粹历经几百年的沧海桑田，依旧焕发着勃勃生机。太极拳运动这项民族瑰宝，必将跨过海洋、越过山川，遍及五湖四海，广受人们的青睐。

本章小结

杂技所表现的不是各种普通的技巧，而是超常的高超技巧或者惊世骇俗的异能奇巧。可以认为，“神奇性”是杂技与普通技巧的根本区别。中国杂技艺术以它无与伦比的精湛技艺，绚丽多层的传统节目，独特鲜明的民族风格，博得了国内外广大观众的赞赏和喜爱。杂技也分门派，我国著名的杂技门派有好几个，但最著名的要数吴桥杂技和山东聊城杂技，它们成功地走出了中国，在世界舞台上绽放光彩。中国功夫千万种，各领风骚数百年。人们最熟悉的就是少林功夫、武当武术以及太极拳。然而，当下杂技和功夫的传承都面临着危机。它们的历史渊源、主要内容和文化特征以及如何更好地传承并发展它们也值得我们去探讨。

课后习题

一、简答题

1.“杂技”一名是在何时被确立的？

2. 中国杂技有哪些种类？

3. 什么是少林三绝？

4. 武当武术起源于哪个教派？

二、实训题

1. 谈谈你了解的吴桥杂技表演项目。

2. 在武侠小说中哪种武功来自于少林？

参考文献

[1]郭煜，郭炫，等. 中国名山黄金指引[M]. 广州：广东旅游出版社，2007.
[2]付景川. 世界名山[M]. 长春：长春出版社，2004.
[3]苏雅麟. 名画观止：品读中国历代传世名画 · 山水卷[M]. 北京：光明日报出版社，2007.
[4]杨延阳. 中华名山纵览[M]. 北京：中国长安出版社，2006.
[5]刘娟娟. 青少年应该知道的五岳名山文化[M]. 北京：九州出版社，2012.
[6]王志玲. 中华美好山川：衡山(南岳独秀)[M]. 吉林：吉林出版集团，2013.
[7]宋维红. 中华美好山川：恒山(绝塞名山)[M]. 吉林：吉林出版集团，2013.
[8]王淑清. 中华美好山川：嵩山(中岳嵩高)[M]. 吉林：吉林出版集团，2013.
[9]林哲浩，崔哲浩. 试析中国佛教文化的旅游吸引力[J]. 延边大学学报：哲学社会科学版，2000(1).
[10]乌丙安. 中国山岳的文化版模[J]. 山岳文化国际学术研讨会，2001.
[11]朱汝兰. 长江传[M]. 保定：河北大学出版社，2009.
[12]陈梧桐，陈名杰. 黄河传[M]. 保定：河北大学出版社，2009.
[13]郭保林. 阅读大中国：大江东去[M]. 北京：石油工业出版社，2007.
[14]郭保林. 阅读大中国：黄河寻根[M]. 北京：石油工业出版社，2007.
[15]熊剑. 洞庭天下水：洞庭湖水文化研究[M]. 长沙：湖南大学出版社，2008.
[16]丁光勋. 长江文明的起源与开发[M]. 上海：格致出版社，2011.
[17]李虹，王青. 与湖泊对话[M]. 杭州：浙江大学出版社，2003.
[18]卫家雄，华林甫. 中华文明史话：长江史话[M]. 北京：中国大百科全书出版社，1998.
[19]薛小荣. 天下黄河：旅游人文[M]. 上海：上海科学技术文献出版社，2011.

[20]左世红，荣宪宾，左世红，荣新. 中国名湖观赏[M]. 北京：金盾出版社，2004.
[21]陈水云. 中国山水文化[M]. 武汉：武汉大学出版社，2001.
[22]胡自山. 中国饮食文化[M]. 北京：时事出版社，2006.
[23]杜莉，姚辉. 中国饮食文化[M]. 北京：旅游教育出版社，2005.
[24]吴澎. 中国饮食文化[M]. 北京：化学工业出版社，2009.
[25]王学泰. 中国人的饮食世界[M]. 上海：上海远东出版社，2012.
[26]王升. 古往今来话中国——中国的饮食文化[M]. 芜湖：安徽师范大学出版社，2012.
[27]高旭辉，刘桂华. 茶文化学概论[M]. 合肥：安徽美术出版社，2003.
[28]徐青青. 民间美术[M]. 北京：中国纺织出版社，2012.
[29]周路. 中国民间美术[M]. 合肥：合肥工业大学出版社，2011.
[30]张卉. 中国民间美术教程[M]. 重庆：重庆大学出版社，2011.
[31]王学锋，刘文峰. 中国戏剧[M]. 苏州：苏州古吴轩出版社，2010.
[32]骆正. 中国京剧二十讲[M]. 北京：化学工业出版社，2012.
[33]王重阳，王谦. 青少年应该知道的相声[M]. 北京：九州出版社，2012.
[34]杨飞，李毅民. 趣味皮影[M]. 北京：科学普及出版社，2013.
[35]严双军. 太极拳[M]. 北京：文化艺术出版社，2012.
[36]吕宏军. 少林功夫[M]. 北京：文化艺术出版社，2012.
[37]吕韶钧. 中国功夫[M]. 苏州：苏州古吴轩出版社，2010.
[38]傅起凤，傅腾龙. 中国杂技史[M]. 上海：上海人民出版社，2004.
[39]刘峻骧. 中国杂技史[M]. 北京：文化艺术出版社，1998.
[40]徐青青. 民间美食[M]. 北京：中国纺织出版社，2012.
[41]周旭. 中国民间美术概要 M]. 北京：人民美术出版社，2008.
[42]王平. 中国民间美术通论[M]. 合肥：中国科学技术大学出版社，2007.
[43]张卉. 中国民间美术教程[M]. 重庆：重庆大学出版社，2011.
[44]李敏. 中国古典园林 30 讲[M]. 北京：中国建筑工业出版社，2009.
[45]耿刘同. 中国古代园林[M]. 北京：中国国际广播出版社，2009.
[46]倪琪. 园林文化[M]. 北京：中国经济出版社，2005.
[47]曹林娣. 中国园林文化[M]. 北京：中国建筑工业出版社，2005.
[48]王蔚，等. 中国建筑文化[M]. 北京：时事出版社，2009.
[49]楼庆西. 中国传统建筑文化[M]. 北京：中国旅游出版社，2008.
[50]王其均. 中国传统建筑小品[M]. 北京：中国电力出版社，2009.
[51]王其均. 中国传统建筑屋顶[M]. 北京：中国电力出版社，2009.
[52]王其均. 中国传统建筑组群[M]. 北京：中国电力出版社，2009.